2014年第二季度
Quarter Two, 2014

中国货币政策执行报告
CHINA MONETARY POLICY REPORT

中国人民银行货币政策分析小组
Monetary Policy Analysis Group of the People's Bank of China

中国金融出版社
China Financial Publishing House

责任编辑：吕冠华
责任校对：潘　洁
责任印制：裴　刚

图书在版编目(CIP)数据

2014年第二季度中国货币政策执行报告(2014 nian Dier Jidu Zhongguo Huobi Zhengce Zhixing Baogao)/中国人民银行货币政策分析小组编.—北京：中国金融出版社，2014.10

ISBN 978-7-5049-7681-9

I.①2… II.①中… III.①货币政策—研究报告—中国—2014 IV.①F822.0

中国版本图书馆CIP数据核字(2014)第227374号

出版发行 中国金融出版社
社址 北京市丰台区益泽路2号
市场开发部 (010)63266347，63805472，63439533 (传真)
网 上 书 店 http://www.chinafph.com
(010)63286832，63365686 (传真)
读者服务部 (010)66070833，62568380
邮编 100071
经销 新华书店
印刷 北京侨友印刷有限公司
装订 平阳装订厂
尺寸 210毫米×285毫米
印张 11.5
字数 238千
版次 2014年10月第1版
印次 2014年10月第1次印刷
定价 98.00元
ISBN 978-7-5049-7681-9/F. 7241

本书执笔人

总　　纂：张晓慧　　张翠微

审　　稿：李　波　　纪志宏　　宣昌能　　盛松成　　张正鑫　　王　宇

　　　　　王允贵

统　　稿：李　斌　　张　蓓　　郑志丹

执　　笔：

第一部分：苏小竞　　曾冬青　　陈文弢

第二部分：赵　婷　　王文静　　穆争社　　燕　飞

第三部分：胡新杰　　庞业军　　马添翼

第四部分：徐　昕　　叶　欢　　马志扬　　林　毅　　杨　娉

第五部分：付竞卉　　刘　琨

附录整理：段　炼　　李文喆 等

提供材料的还有：管　化　　李亚奇　　邱潮斌　　罗　瑜　　史蓉菊

　　　　　　　　程艳芬　　林振辉　　李肖钰　　曹红钢　　侯蕴涵

　　　　　　　　于洋慧　　陆　杨　　陈建新　　陈　勉　　陈　敏

　　　　　　　　梁　斌　　丁　康　　徐彩霞　　杨　颖

英文总纂：张正鑫

英文统稿：曹志鸿

英文翻译：曹志鸿　　刘文中　　齐　喆　　齐　璠

英文审校：Nancy Hearst（美国哈佛大学费正清东亚研究中心）

Contributors to This Report

CHIEF EDITORS:

ZHANG Xiaohui ZHANG Cuiwei

READERS:

LI Bo JI Zhihong XUAN Changneng SHENG Songcheng ZHANG Zhengxin WANG Yu WANG Yungui

EDITORS:

LI Bin ZHANG Bei ZHENG Zhidan

AUTHORS:

PART ONE: SU Xiaojing ZENG Dongqing CHEN Wentao

PART TWO: ZHAO Ting WANG Wenjing MU Zhengshe YAN Fei

PART THREE: HU Xinjie PANG Yejun MA Tianyi

PART FOUR: XU Xin YE Huan MA Zhiyang LIN Yi YANG Ping

PART FIVE: FU Jinghui LIU Kun

APPENDIX: DUAN Lian LI Wenzhe et al.

OTHER CONTRIBUTORS: GUAN Hua LI Yaqi QIU Chaobin LUO Yu SHI Rongju CHENG Yanfen LIN Zhenhui LI Xiaoyu CAO Honggang HOU Yunhan YU Yanghui LU Yang CHEN Jianxin CHEN Mian CHEN Min LIANG Bin DING Kang XU Caixia YANG Ying

ENGLISH EDITION

CHIEF EDITOR: ZHANG Zhengxin

EDITOR: CAO Zhihong

TRANSLATORS: CAO Zhihong LIU Wenzhong QI Zhe QI Fan

PROOFREADER:

Nancy Hearst (Fairbank Center for East Asian Research, Harvard University)

内容摘要

2014年上半年，中国经济运行总体平稳，经济增长、城镇新增就业、价格总水平等处在合理区间，经济结构呈现积极变化。上半年，实现国内生产总值（GDP）26.9万亿元，同比增长7.4%，居民消费价格（CPI）同比上涨2.3%。

中国人民银行按照党中央、国务院统一部署，继续实施稳健的货币政策，针对经济运行面临一定下行压力、物价涨幅有所走低的形势，保持定力、主动作为，不断创新宏观调控思路和方式，丰富政策工具，优化政策组合，瞄准经济运行中的突出问题，用调结构的方式适时适度预调微调，促进经济行稳致远。灵活开展公开市场操作，搭配使用短期流动性调节工具（SLO）适时适度进行双向调节，保持流动性总量合理适度。开展分支机构常备借贷便利（SLF）试点，完善中央银行对中小金融机构提供正常流动性供给的渠道。两次实施“定向降准”，适当调整宏观审慎政策参数，新设并发挥信贷政策支持再贷款和再贴现政策的作用，优化流动性投向与结构，鼓励和引导金融机构更多地将信贷资源配置到“三农”、小微企业等重点领域和薄弱环节。有序推进利率市场化改革，进一步完善人民币汇率形成机制。将银行间即期外汇市场人民币兑美元交易价浮动幅度由1%扩大至2%。

总体看，各项政策有序落实，政策效果逐步显现。银行体系流动性充裕，货币信贷和社会融资增长较快，贷款结构继续改善，市场利率回落，汇率弹性增强。2014年6月末，广义货币供应量M2同比增长14.7%。人民币贷款余额同比增长14.0%，比年初增加5.74万亿元，同比多增6 590亿元。小微企业和涉农贷款增速均高于各项贷款增速。上半年社会融资规模为10.57万亿元，比上年同期多4 146亿元。金融机构贷款利率总体有所下行，6月非金融企业及其他部门贷款加权平均利率为6.96%，比3月下降0.22个百分点。6月末，人民币对美元汇率中间价为6.1528元，比上年年末贬值0.91%。

当前中国经济正处在增速换挡和转变发展方式的阶段，结构调整的阵痛以及调整和改革所激发的活力交织，传统增长引擎减弱与新兴产业蓬勃发展并存，增长、就业、物价、环境等经济变量之间的匹配关系正在变化，经济运行呈现出阶段性特点和新常态。在各方面积极因素和宏观政策环境的支持下，未来一段时期中国经济有望继续保持平稳运行态势。但也要看到，全球经济复苏仍面临一些风险，中国经济内生增长动力尚待增强，全社会债务水平上升较快，资源环境约束凸显，结构调整和改革的任务还很艰巨。

中国人民银行将按照党中央、国务院的战略部署，贯彻稳中求进、改革创新和宏观政策要稳、微观政策要活的要求，统筹稳增长、促改革、调结构、惠民生和防风险，继续实施稳健的货币政策，保持政策的连续性和稳定性，坚持“总量稳定、结构优化”的取向，既保持定力又主动作为，适时适度预调微调，增强调控的预见性、针对性和有效性，继续为经济结构调整与转型升级营造稳定的货币金融环境，促进经济科学发展、可持续发展。综合运用数量、价格等多种货币政策工具，健全宏观审慎政策框架，丰富和优化政策组合，保持适度流动性，实现货币信贷及社会融资规模合理增长。盘活存量，优化增量，改善融资结构和信贷结构。同时，寓改革于调控之中，把货币政策调控与深化改革紧密结合起来，更充分地发挥市场在资源配置中的决定性作用。针对金融深化和创新发展，进一步完善调控模式，疏通传导机制，通过增加供给和竞争改善金融服务，提高金融运行效率和服务实体经济的能力，多措并举，降低实体经济融资成本。采取综合措施维护金融稳定，守住不发生系统性、区域性金融风险的底线。

Executive Summary

In the first half of 2014, performance of the Chinese economy was stable. Economic growth, new jobs in the urban areas, and general price levels were all within a reasonable range and the economic structure experienced positive changes. In the first half of 2014, the GDP reached RMB26.9 trillion yuan, up 7.4 percent year on year; the consumer price index was up 2.3 percent year on year.

In accordance with the decisions and overall arrangements of the State Council, the PBC has continued its sound monetary policy, remained focused on the goal of macro-economic management, actively taken measures to respond to downward pressures and moderate growth in price levels, made innovations in the approach to macro-economic management, diversified policy instruments, optimized the combination of policy measures, dealt with salient issues in economic performance, and conducted pre-emptive adjustments and fine-tuning with a proper intensity at opportune times to promote stable and sustainable growth of the economy. The PBC has conducted open market operations flexibly and has used short-term liquidity operations to make adjustments in both directions in order to keep aggregate liquidity at a reasonable volume. Branch offices continued the pilot Standing Lending Facilities program to improve the regular channels for the central bank to provide liquidity to small and medium financial institutions. On two occasions, the RMB deposit reserve requirement ratio was lowered for selected financial institutions and the parameters of the macro-prudential policy were adjusted. A credit policy supportive central bank lending was added to the spectrum of central bank lending. The role of the credit policy supportive central bank lending and central bank discounts were used to optimize the distribution and structure of liquidity, to guide and encourage financial institutions to channel a larger share of their credit resources to key areas and weak links in the economy, including the agricultural sector, the rural areas, and the farmers, and small and micro enterprises. The market-based interest-rate reform progressed steadily and the RMB exchange-rate regime was further improved. The floating range of the trading price of the RMB against the US dollar was expanded from 1 percent to 2 percent on the inter-bank spot foreign exchange market.

In general, the various policies have been implemented in an orderly manner and the effects are still unfolding. Liquidity in the banking system was sufficient, money, credit and all-system financing aggregates were growing fairly rapidly, and the loan structure continued to improve. Market interest rates declined and the RMB exchange rate was more flexible. At end-June 2014, broad money M2 was up 14.7 percent year on year. Outstanding RMB loans were up 14.0 percent year on year and registered an increase of RMB5.74 trillion yuan from the beginning of 2014, RMB659 billion yuan more than the increase in the first half of 2013. The growth of small and micro enterprise loans and agro-related loans both exceeded that of total loans. In the first half of 2014, all-system financing aggregates totaled RMB10.57 trillion yuan, an increase of RMB414.6 billion yuan year on year. The lending rates offered by financial institutions were generally lower. In June, the weighted average interest rate offered to non-financial enterprises and other sectors was 6.96 percent, a reduction of 0.22 percentage point from end-March. At end-June, the central parity of the RMB against US dollar was RMB6.1528 yuan per dollar, a depreciation of 0.91 percent from end-2013.

The Chinese economy is changing gears and undergoing structural adjustments. Therefore, the side-effects of the structural adjustments and the vitality released by the adjustments and reform are both coming into play. While the traditional growth drivers are weakening, the newly emerging industries are very dynamic. Interactions among the economic variables, including growth, job creation, prices, and the environment, are changing and economic performance, with new features, has displayed a new normal state. Supported by the many positive factors and a good macro-economic policy environment, the Chinese economy is expected to maintain its stable growth during the coming periods. Yet, given the remaining risks in the global recovery, the yet-to-be-strengthened endogenous drivers in China, the rapidly growing indebtedness of the Chinese economy, and resource and environmental constraints, the structural adjustments and reforms still have a long way to go.

The PBC will follow the strategic arrangements of the Party Central Committee and the State Council, follow the requirements of seeking progress while maintaining stability, promoting reform and innovation, and maintaining stable macroeconomic policies but flexible micro policies, strike a balance among preserving growth, promoting reform, adjusting the economic structure, improving people's welfare, and preventing risks, press a head with the sound monetary policy, maintain policy stability and continuity, and continue the stance of keeping aggregates at stable levels and optimizing the structure. We will remain focused on macroeconomic management, adopt measures at our own initiative, conduct fine-tunings and preemptive adjustments when necessary, make adjustment measures more forward-looking, targeted, and coordinated, strike a balance among preserving stable economic growth, promoting reforms, adjusting the economic structure, improving people's welfare, and preventing risks, continue to provide a stable monetary and financial environment for structural adjustments, transformation, and the upgrading of the economic structure, and promote sustainable economic development. A combination of both quantitative and price-based monetary policy instruments will be employed, the macro-prudential policy framework will be improved, and the combination of policy measures will be further diversified and optimized to keep liquidity at a reasonable volume and to realize opportune growth of money, credit, and all-system financing aggregates. There will be continued efforts to mobilize the stock of credit assets, optimize the structure of new loans, and improve the financing and credit structures. Moreover, the reforms will be integrated with the macroeconomic management policies so that monetary policy will work closely with the reform measures to further tap into the decisive role of the market in terms of resource allocations. To improve the efficiency of the financial sector and its capacity to serve the real sector, and in light of the financial deepening and innovation, the mode of macroeconomic management will be improved and the transmission mechanisms will be straightened up, the quality of financial services will be improved by increasing supply and enhancing competition, and numerous measures will be adopted to reduce the financing costs of the real sector. A comprehensive set of measures will be put in place to safeguard the bottom lines of allowing neither systemic financial risks nor regional financial risks to emerge.

目 录

图

①数据来源：中国人民银行、国家统计局、商务部、海关总署、国家外汇管理局、世界银行、国际货币基金组织、世界贸易组织、联合国贸易和发展会议等。

②数据来源：相关中央银行、国家统计机构、世界银行、国际货币基金组织等。

Contents

Tables

Figures

1. Source: The People's Bank of China, National Bureau of Statistics, Ministry of Commerce, General Administration of Customs, State Administration of Foreign Exchange, World Bank, International Monetary Fund, World Trade Organization, and United Nations Conference on Trade and Development, etc..

1. Source : Central banks, national statistical agencies in relevant countries, The World Bank, IMF, etc..

第一部分 货币信贷概况

2014年上半年，银行体系流动性充裕，货币信贷和社会融资增长较快，贷款结构继续改善。

一、货币总量增速明显回升

2014年6月末，广义货币供应量M2余额为121.0万亿元，同比增长14.7%，比3月末高2.6个百分点。狭义货币供应量M1余额为34.1万亿元，同比增长8.9%，比3月末高3.5个百分点。流通中货币M0余额为5.7万亿元，同比增长5.3%，比3月末高0.1个百分点。上半年现金净回笼1 620亿元，同比多回笼1 025亿元。总体看，2014年以来M2增速波动上行，6月末已明显高于全年13%的预期目标，货币环境较为宽松。

6月末，基础货币余额为28.0万亿元，同比增长8.6%，比年初增加8 879亿元。货币乘数为4.32，比3月末和上年年末分别高0.10和0.24。金融机构超额准备金率为1.7%。其中，农村信用社为4.4%。

二、金融机构存款增长加快

6月末，全部金融机构（含外资金融机构，下同）本外币各项存款余额为117.3万亿元，同比增长13.1%，增速比3月末高1.6个百分点，比年初增加10.0万亿元，同比多增8 030亿元。人民币各项存款余额为113.6万亿元，同比增长12.6%，增速比3月末高1.2个百分点，比年初增加9.2万亿元，同比多增1 354亿元。外币存款余额为5 936亿美元，同比增长34.5%，比年初增加1 286亿美元，同比多增973亿美元，与2012年同期增量基本持平。值得注意的是，受表外理财集中到期、同业业务扩张等因素影响，季末存款“冲时点”现象较为突出。6月最后三个工作日人民币一般存款增加超过4万亿元，季初存款又出现较大幅度回落，这可能对货币供给形成一定扰动。

从人民币存款部门分布看，住户存款和非金融企业存款增速稳步回升，非存款类金融机构存款增长继续加快。6月末，住户存款余额为50.2万亿元，同比增长12.0%，增速比3月末高0.6个百分点，比年初增加4.1万亿元，同比略少增789亿元。非金融企业存款余额为38.4万亿元，同比增长9.7%，增速比3月末高4.1个百分点，比年初增加2.5万亿元，同比多增1 948亿元。财政存款余额为3.7万亿元，比年初增加6 541亿元，同比少增3 046亿元。非存款类金融机构存款余额为8.2万亿元，同比增长66.2%，增速比3月末高26.3个百分点，比年初增加2.3万亿元，同比多增2.3万亿元，这主要与商业银行表外理财、货币市场基金发展较快等有关。

三、金融机构贷款较快增长

6月末，全部金融机构本外币贷款余额为82.9万亿元，同比增长13.7%，增速与3月末持平，比年初增加6.2万亿元，同比多增6 702亿元。6月末，人民币贷款余额为77.6万亿元，同比增长14.0%，增速比3月末高0.1个百分点，比年初增加5.7万亿元，同比多增6 590亿元。

从人民币贷款部门分布来看，住户贷款增长略有放缓，非金融企业及其他部门贷款增长加快。6月末，住户贷款余额为21.7万亿元，同比增长19.3%，增速比3月末下降2.1个百分点，比年初增加1.9万亿元，同比少增1 941亿元。其中，个人住房贷款比年初增加8 704亿元，同比略少增92亿元。2014年以来，房地产市场有所分化和调整，一些商业银行在盈利压力增大、信贷政策投向引导力度较大的情况下，倾向于将有限的信贷资源更多地配置到收益更高的小微企业、个人经营贷款等领域，房地产信贷投放意愿有所下降。但个人住房贷款增量占比仍处于较高水平，上半年增量在全部新增贷款中占比为15.2%，高于2010～2013年的平均水平。6月末，非金融企业及其他部门人民币贷款余额为55.7万亿元，同比增长12.1%，比3月末高0.8个百分点，比年初增加3.9万亿元，同比多增8 538亿元。

从人民币贷款期限分布看，中长期贷款增长加快，短期贷款增长放缓。6月末，中长期贷款余额为43.2万亿元，同比增长13.9%，比3月末高0.5个百分点，比年初增加3.3万亿元，同比多增6 978亿元。中长期贷款增量在全部贷款增量中占比为57.2%，比上年同期提高6.3个百分点。其中，固定资产贷款投放贡献较多，上半年新增1.7万亿元，同比多增4 956亿元。这与近期基建项目投资力度加大有关，有利于投资逐步回稳。6月末，短期贷款余额为31.1万亿元，同比增长15.4%，比3月末低1.0个百分点。包含票据融资在内的短期贷款比年初增加2.3万亿元，同比少增907亿元。分机构看，各类机构普遍多增，其中中资全国性银行贷款同比多增较多。

外币贷款平稳增长。6月末，金融机构外币贷款余额为8 526亿美元，同比增长9.9%，比年初增加757亿美元，同比少增167亿美元。从投向看，贸易融资增加191亿美元，在全部外币贷款增量中占比为25.2%；境外贷款与中长期贷款增加248亿美元，在全部外币贷款增量中占比为32.7%。

四、社会融资规模创历史同期最高水平

初步统计，2014年上半年社会融资规模为10.57万亿元，比上年同期多4 146亿元，为历史同期最高水平。

表1　2014年上半年分机构人民币贷款情况

单位:亿元

	2014年上半年		2013年上半年	
	新增额	同比多增	新增额	同比多增
中资全国性大型银行①	26 940	3 654	23 286	1 141
中资全国性中小型银行②	15 950	2 001	13 948	677
中资区域性中小型银行③	8 834	655	8 179	1 371
小型农村金融机构④	9 002	188	8 814	224
外资金融机构	321	411	-90	-379

注：①中资全国性大型银行是指本外币资产总量大于等于2万亿元的银行（以2008年年末各金融机构本外币资产总额为参考标准）。

②中资全国性中小型银行是指本外币资产总量小于2万亿元且跨省经营的银行。

③中资区域性中小型银行是指本外币资产总量小于2万亿元且不跨省经营的银行。

④小型农村金融机构包括农村商业银行、农村合作银行、农村信用社。

数据来源：中国人民银行。

表2　2014年上半年社会融资规模

单位:亿元

时期	社会融资规模[①]	其中：人民币贷款[③]	外币贷款(折合人民币)	委托贷款	信托贷款	未贴现银行承兑汇票	企业债券	非金融企业境内股票融资
2013年上半年	101 529	50 792	5 791	11 118	12 365	5 169	12 164	1 248
2014年上半年[②]	105 675	57 382	4 632	13 511	4 601	7 871	13 025	2 022

注：①社会融资规模是指一定时期内实体经济从金融体系获得的资金总额，是增量概念。

②当期数据为初步统计数。

③表中的人民币贷款为历史公布数。

数据来源：中国人民银行、国家发展和改革委员会、中国证券监督管理委员会、中国保险监督管理委员会、中央国债登记结算有限责任公司和中国银行间市场交易商协会等。

上半年社会融资规模主要有四个结构特点。一是人民币贷款投放多于上年同期。上半年人民币贷款占同期社会融资规模的54.3%，比上年同期高4.3个百分点。二是外币贷款明显低于上年同期。上半年外币贷款折合人民币增加4 632亿元，比上年同期少增1 159亿元。三是直接融资活跃，占比有所上升。上半年企业债券和股票净合计融资1.5万亿元，比上年同期多1 635亿元；其中，企业债券融资1.30万亿元，同比多861亿元，创历史同期最高水平。四是信托贷款显著缩量，引致表外融资同比少增。上半年实体经济以委托贷款、信托贷款和未贴现的银行承兑汇票方式合计融资2.60万亿元，比上年同期少2 669亿元；其中，信托贷款增加4 601亿元，比上年同期少增7 764亿元。

五、金融机构贷款利率总体有所下行

6月，非金融企业及其他部门贷款加权平均利率为6.96%，比3月下降0.22个百分点。其中，一般贷款加权平均利率为7.26%，比3月下降0.11个百分点；票据融资加权平均利率为5.51%，比3月下降0.77个百分点。个人住房贷款利率小幅走高，6月加权平均利率为6.93%，比3月上升0.23个百分点。

从利率浮动情况看，执行下浮、基准利率的贷款占比上升，执行上浮利率的贷款占比下降。6月，一般贷款中执行下浮、基准利率的贷款占比分别为9.32%和21.57%，比3月

表3　2014年1～6月金融机构人民币贷款各利率区间占比

单位：%

月份	下浮	基准	上浮：小计	(1.0，1.1]	(1.1，1.3]	(1.3，1.5]	(1.5，2.0]	2.0以上
1月	8.20	22.81	68.99	17.90	27.39	11.00	9.78	2.92
2月	7.56	24.96	67.48	20.61	26.09	10.13	8.05	2.60
3月	8.35	21.40	70.25	18.81	27.69	11.17	9.56	3.02
4月	6.14	20.60	73.26	20.20	28.47	11.93	9.69	2.97
5月	7.35	19.81	72.84	20.45	28.12	11.97	9.52	2.78
6月	9.32	21.57	69.11	20.24	26.71	11.19	8.42	2.55

数据来源：中国人民银行。

分别上升0.97个和0.17个百分点；执行上浮利率的贷款占比为69.11%，比3月下降1.14个百分点。

外币存贷款利率在国际金融市场利率波动、境内外币资金供求变化等因素的综合作用下，总体较3月有所下降。6月，活期、3个月以内大额美元存款加权平均利率分别为0.22%和1.99%，比3月分别下降0.03个和0.61个百分点；3个月以内、3（含）～6个月美元贷款加权平均利率分别为2.87%和3.03%，比3月分别下降0.21个和0.17个百分点。

表4　2014年1～6月大额美元存款与美元贷款平均利率

单位：%

月份	大额存款						贷款				
	活期	3个月以内	3(含3个月)～6个月	6(含6个月)～12个月	1年	1年以上	3个月以内	3(含3个月)～6个月	6(含6个月)～12个月	1年	1年以上
1月	0.21	2.41	3.43	3.48	3.54	2.68	2.82	2.90	3.14	2.88	3.56
2月	0.20	2.50	3.54	3.68	3.66	3.08	3.08	3.13	3.46	3.10	3.08
3月	0.25	2.60	3.68	3.63	3.85	2.72	3.08	3.20	3.35	3.30	3.16
4月	0.27	2.45	3.56	3.70	3.66	2.81	3.11	3.24	3.59	3.52	3.47
5月	0.26	2.21	3.24	3.43	3.58	2.83	2.97	3.09	3.45	3.52	3.63
6月	0.22	1.99	3.03	3.17	3.69	2.78	2.87	3.03	3.37	3.42	3.45

数据来源：中国人民银行。

专栏1　关于社会融资成本问题的观察

近期以来，一些企业和地方反映资金紧张、融资成本上升较多，社会各界对此也比较关注。融资成本直接表现为资金价格的变化，从深层次看，则是国民经济总供求关系与一系列结构性因素在资金价格层面的反映。需客观、全面、动态地观察和看待这一问题。

随着金融市场发展和利率市场化不断推进，金融产品更趋丰富，利率品种也更加多元。观察融资成本变化，既需要考量贷款、债券、信托、民间融资等各类融资渠道的利率水平，也要观察不同利率期限结构状况，还应考察大企业、中小企业等不同主体融资成本的差异，此外也需要考虑非利率费用的高低。从2014年以来的情况看，贷款利率和企业债券利率有所下行，整体融资成本较上年年末稳中略降，但部分企业特别是小微企业融资不易、成本较高的结构性问题较为突出。

一般而言，利率变化具有自动调节资金供求的作用，从需求方面看，若经济主体感到融资成本过高，融资需求就会下降，货币信贷增长放缓，利率会随之回落，进而形成新的均衡。从供给方面看，货币信贷供给增加会使利率水平下降，从而自发起到调节资金供求的作用。但值得注意的是，在当前部分企业反映“融资难、融资贵”问题更加突出的同时，货币信贷总量仍保持了较快增长，6月末M2同比增速已超出第二季度GDP名义增速达5.7个百分点，流动性总体充裕，全社会债务率仍在上升。这表明经济中可能存在影响供求平衡的结构性问题。从经济理论的基本框架看，意愿储蓄和意愿投资共同决定（实际）利率水平。近几年来我国储蓄率降幅明显超出投资率降幅，这就可能出现在投资增速总体趋缓的情况下（实际）利率反而上升的情况，这反映出全社会投资和债务需求相对储蓄供给过于旺盛，同时供给面的一些结构性因素也会对融资成本产生影响。

导致全社会债务融资贵有多方面原因。一是企业债务率较高，债务负担与融资需求相互推动。近几年来，我国整体债务率尤其是非金融企业债务上升较快，由于前期杠杆率较高和融资较多，会产生持续的融资需求并可能推高利率水平。二是“财务软约束”拉高了融资利率。一些部门对资金价格不敏感，部分低效率企业占用了大量信贷资源，挤占了其他实体经济特别是小微企业的融资机会。而正因为有这些高承受力需求的存在，在一定程度上使得银行及理财产品、互联网金融等创新业务有能力向客户支付高息，导致银行负债端成本提升。三是股本融资发展不足，企业对债务融资依赖较高。国际金融危机之前的几年，企业在资本市场上的股本融资相对较多，企业债务率总体是下降的。但近年来股本融资萎缩，2013年企业境内股票市场融资仅为2 219亿元，企业对债务融资尤其是银行贷款的依赖明显上升。此外还应看到，部分地区金融供给和竞争不足、经济调整期加之小微企业和“三农”领域抗风险能力相对较弱等导致风险溢价提高、社会信用基础制度不完善、融资过程中存在一些不合理附加费用等也推高了企业融资成本。国外非常规货币政策回归常规的过程也产生了溢出影响。

综上所述，“融资难、融资贵”的成因非常复杂，既有宏观经济因素又有微观运行问题，既有实体经济因素又有金融问题，其中债务率较高及风险溢价上升是重要原因，这又与股本融资不足、部分主体存在财务软约束、经济增长对投资的依赖较大等体制机制性因素有关。解决“融资难、融资贵”问题要依靠全面深化改革，标本兼治。近日国务院常务会议就完善金融支持、多措并举缓解企业融资成本高问题进行了部署，这包括继续坚持稳健的货币政策，着力调整结构、优化信贷投向，抑制金融机构筹资成本不合理上升，缩短企业融资链条，清理整顿不合理收费，优化商业银行小微企业贷款管理，积极稳妥发展面向小微企业和“三农”的特色中小金融机构，增加金融供给，大力发展直接融资，完善商业银行考核评价体系，大力发展支持小微企业获得信贷服务的保险产品以及有序推进利率市场化改革等十方面举措。总体看，要通过进一步推动结构性改革和调整，深化金融体制改革，加强金融服务和监管，为做强实体经济、扩大就业和改善民生提供金融支持。

六、人民币汇率弹性明显增强

2014年以来，人民币小幅贬值，双向浮动特征明显，汇率弹性明显增强。6月末，人民币对美元汇率中间价为6.1528元，比上年年末贬值559个基点，贬值幅度为0.91%；2005年人民币汇率形成机制改革以来至2014年6月末，人民币对美元汇率累计升值34.52%。根据国际清算银行的计算，2014年上半年，人民币名义有效汇率贬值2.82%，实际有效汇率贬值3.97%；2005年人民币汇率形成机制改革以来至2014年6月，人民币名义有效汇率升值28.33%，实际有效汇率升值36.51%。

七、跨境人民币业务保持较快发展

初步统计，2014年上半年银行累计办理跨境贸易人民币结算业务3.27万亿元，同比增长59%。其中，货物贸易结算金额2.09万亿元；服务贸易及其他经常项目结算金额1.18万亿元。跨境贸易人民币结算实收1.23万亿元，实付2.04万亿元，收付比为1∶1.66。直接投资方面，上半年银行累计办理人民币跨境直接投资结算金额4 698.8亿元，其中，人民币对外直接投资结算金额为864.9亿元，同比增长2.94倍；外商直接投资结算金额为3 833.9亿元，同比增长1.37倍。

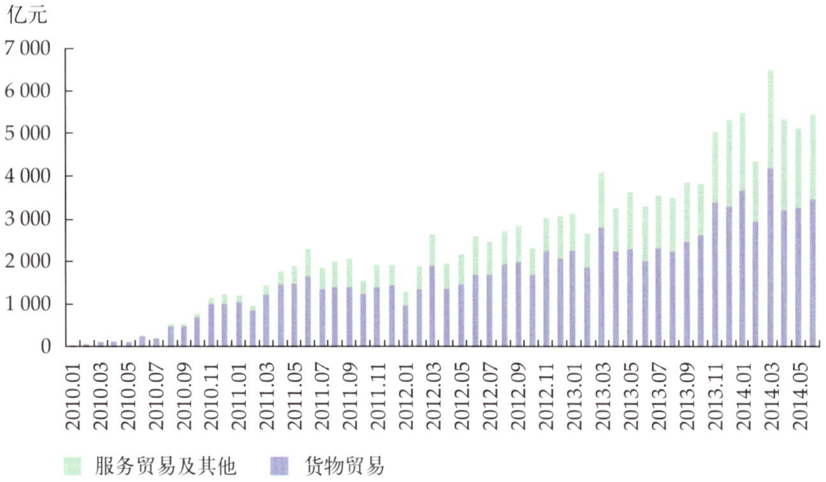

数据来源：中国人民银行。

图1　跨境贸易人民币结算情况

第二部分　货币政策操作

2014年以来，中国人民银行按照党中央、国务院统一部署，继续实施稳健的货币政策，针对经济运行面临一定下行压力、物价涨幅总体走低的形势，保持定力、主动作为，不断创新宏观调控思路和方式，丰富政策工具，优化政策组合，瞄准经济运行中的突出问题，用调结构的方式适时适度预调微调，促进经济行稳致远。

一、灵活开展公开市场操作，常备借贷便利余额保持为零

中国人民银行加强对银行体系流动性供求的分析监测，根据各阶段流动性供求变化合理把握公开市场操作方向、力度和频率，灵活适度调节银行体系流动性。第一季度，搭配使用公开市场逆回购、正回购及短期流动性调节工具，开展双向操作；第二季度以来，在影响流动性供求因素较为复杂的情况下，以28天期正回购操作为主开展公开市场对冲操作，有效应对多种因素引起的市场短期资金波动。上半年，累计开展逆回购操作5 250亿元，开展正回购操作约2.33万亿元。同时，保持公开市场操作利率稳定，有效引导市场预期和促进货币市场利率平稳运行。截至6月末，28天期正回购操作利率为4%。

根据货币市场流动性总体情况，第二季度人民银行未开展常备借贷便利操作，常备借贷便利余额保持为0。常备借贷便利利率发挥了货币市场利率上限的作用，有利于稳定市场预期，保持货币市场利率的基本平稳。

适时开展中央国库现金管理操作。上半年开展了六期国库现金管理商业银行定期存款业务，操作规模共计2 800亿元。其中，3个月期900亿元，6个月期1 000亿元，9个月期900亿元。

二、两次实施定向降准

为贯彻落实国务院常务会议精神，进一步有针对性地加强对“三农”和小微企业的支持，增强金融服务实体经济能力，2014年4月和6月，中国人民银行两次实施定向降准，分别下调县域农村商业银行和县域农村合作银行存款准备金率2个和0.5个百分点，对符合审慎经营要求且“三农”或小微企业贷款达到一定比例的商业银行（不含4月已下调过准备金率的机构）下调人民币存款准备金率0.5个百分点。此外，为鼓励财务公司、金融租赁公司和汽车金融公司发挥好提高企业资金运用效率及扩大消费等作用，下调其人民币存款准备金率0.5个百分点。

专栏2　定向降准

为贯彻落实国务院常务会议精神，进一步鼓励金融机构提高配置到“三农”和小微企业等需要支持领域的贷款比例，增强金融服务实体经济的能力，中国人民银行于2014年4月和6月两次实施了定向降准。

具体看，2014年4月实施的定向降准适用于所有的县域农村商业银行和县域农村合作银行，准备金率分别下调2个和0.5个百分点，主要是这两类机构对“三农”贷款比例都比较高。6月实施的定向降准则适用于符合审慎经营且“三农”或小微企业贷款达到一定比例的其他各类型商业银行，准备金率降幅为0.5个百分点。其中，“三农”和小微企业贷款达到一定比例是指：上年新增涉农贷款占全部新增贷款比例超过50%，且上年年末涉农贷款余额占全部贷款余额比例超过30%；或者，上年新增小微贷款占全部新增贷款比例超过50%，且上年年末小微贷款余额占全部贷款余额比例超过30%。满足6月定向降准标准的机构包括大约2/3的城市商业银行、80%以上的非县域农村商业银行、90%以上的非县域农村合作银行和数家股份制银行以及外资银行。这两次定向降准的实施范围基本上包括了除农信社和村镇银行以外的全部金融机构。由于农信社、村镇银行已执行显著低于商业银行的特殊优惠的准备金率，因此未再纳入定向降准范围。

定向降准主要发挥了信号和结构引导作用，通过建立促进信贷结构优化的正向激励来加大对“三农”和小微企业的支持力度。当前我国货币信贷存量较大，增速也保持在较高水平，不宜依靠大幅扩张总量来解决结构性问题。6月将定向降准与对余额比例指标和增量比例指标考核相结合，旨在对过去尤其是上一年“三农”、小微企业贷款投放比例较高的商业银行给予鼓励，未来还将定期对商业银行实施考核，并根据考核结果对其准备金率进行动态调整。通过上述设置，建立正向激励机制，引导商业银行用好增量、盘活存量，这有利于在不大幅增加贷款总量的同时，使“三农”和小微企业获得更多的信贷支持。

国际金融危机爆发以来，通过开展定向操作疏通货币政策传导机制成为主要经济体央行的新动向。如美联储实施“扭转操作”以打通短期利率向中长期利率的传导梗阻，欧央行推出“定向长期再融资操作”也是在引导资金通过信贷等途径流向实体经济。中国人民银行积极运用货币政策工具支持经济结构调整。两次定向降准体现了这一思路。

当然也应看到，货币政策主要还是总量政策，其结构引导作用是辅助性的。定向降准等结构性措施若长期实施也会存在一些问题，如数据的真实性可能出现问题，市场决定资金流向的作用可能受到削弱，准备金工具的统一性也会受到影响。从中长期看，经济内生增长动力的增强、经济结构的调整和转型升级、信贷资源投向的优化，根本上还是要依靠体制机制改革，发挥好市场在资源配置中的决定性作用。

三、加强宏观审慎管理，继续发挥差别准备金动态调整机制的逆周期调节和结构引导作用

继续运用差别准备金动态调整机制加强宏观审慎管理。根据国内外经济金融形势变化、金融机构稳健性状况和信贷政策执行情况，对差别准备金动态调整机制的有关参数进行调整。第二季度，人民银行适当加大了与小微企业、涉农贷款等信贷政策执行情况相关的政策参数的调整力度，进一步鼓励和引导金融机构提高对小微企业、“三农”及中西部欠发达地区的贷款比例，引导信贷合理增长。

四、加大信贷政策支持再贷款发放力度，支持金融机构扩大“三农”和小微企业信贷投放

2014年3月，人民银行等七部门联合下发《关于全面做好扶贫开发金融服务工作的指导意见》，对于贫困地区符合条件的法人金融机构发放的支农再贷款在现行优惠支农再贷款利率基础上再降低1个百分点。2014年6月末，全国支农再贷款余额1 842亿元，比上年同期增加237亿元。为贯彻落实5月30日国务院常务会议要求，人民银行进一步健全支小再贷款发放的正向激励机制，切实加大支小再贷款投放力度，支持地方法人金融机构扩大小微企业贷款。6月末，全国支小再贷款余额261亿元。地方法人金融机构借用支小再贷款发放的小微企业贷款加权平均利率低于其运用其他资金发放的同期限同档次小微企业贷款加权平均利率约2个百分点。总体看，信贷政策支持再贷款取得了较好的政策效果，有利于引导金融机构扩大小微、“三农”信贷投放，缓解“融资难、融资贵”问题。

五、加强窗口指导和信贷政策引导

中国人民银行继续发挥货币政策、宏观审慎政策以及信贷政策的信号和结构引导作用，加强信贷政策与产业政策协调配合，引导金融机构优化信贷结构。鼓励金融机构利用现代信息和管理技术，创新金融产品和服务，改进经营和考核机制。整合金融资源支持小微企业发展。加大对家庭农场等新型农业经营主体的金融支持力度。进一步发展消费金融。全面做好扶贫开发金融服务工作。继续完善民生金融和区域经济协调发展的金融服务工作。加大对有市场发展前景的先进制造业、战略性新兴产业、现代信息技术产业和信息消费、劳动密集型产业、服务业、传统产业改造升级以及绿色环保等领域的资金支持力度。保证在建续建工程和项目的合理资金需求，积极支持棚户区改造、铁路等既惠民生也能提升增长质量和效益的重大基础设施和民生工程建设。严格控制对“两高一剩”行业的贷款，支持对整合过剩产能的企业定向开展并购贷款，促进产能过剩矛盾化解。扎实推进扩大信贷资产证券化试点，发挥其盘活存量信贷资产的作用。积极改进完善信贷政策导向效果评估，发挥好评估工作的导向力和积极作用。

从实施效果看，信贷结构变化较好地支持了经济结构调整和转型升级。6月末，金融机构小微企业人民币贷款余额同比增长15.7%，比同期大型和中型企业贷款增速分别高5.6个和2.3个百分点；本外币涉农贷款余额同比增长16.6%，比同期各项贷款增速高2.9个百分点。6月末，主要金融机构本外币服务

业中长期贷款余额同比增长13.1%，增速比3月末高1.7个百分点，其中文化、体育和娱乐业贷款余额同比增长35.9%，批发和零售业贷款余额同比增长30.1%。

六、完善人民币汇率形成机制

继续按照主动性、可控性和渐进性原则，进一步完善人民币汇率形成机制，重在坚持以市场供求为基础，参考一篮子货币进行调节，增强人民币汇率弹性，保持人民币汇率在合理均衡水平上的基本稳定。上半年，人民币对美元汇率中间价最高为6.0930元，最低为6.1710元，119个交易日中51个交易日升值、68个交易日贬值。上半年最大单日升值幅度为0.22%（138点），最大单日贬值幅度为0.18%（111点）。

能面临一定的供大于求压力。

为促进双边贸易和投资，中国与英国自2014年6月19日起分别在中国银行间外汇市场和伦敦外汇市场同时推出人民币对英镑直接交易。总体上，银行间外汇市场人民币直接交易报价成交活跃，流动性继续提升，买卖价差收窄，降低了微观经济主体的汇兑成本，促进了本币在双边贸易和投资中的使用。

2014年上半年，在人民银行与境外货币当局签署的双边本币互换协议下，境外货币当局共开展交易5 110亿元人民币，对促进双边贸易投资发挥了积极作用。第二季度，人民银行在中韩本币互换协议下，首次动用4亿韩元（约合240万元人民币）资金用于支持企业贸易融资，这也是人民银行首次在双边本币互换协议下动用对方货币。

表5　2014年上半年银行间外汇即期市场人民币对各币种交易量

单位：亿元人民币

币种	美元	欧元	日元	港币	英镑	澳元	新西兰元	加元	林吉特	卢布	泰铢
交易量	122 018.72	1 103.98	2 517.49	821.53	257.68	806.01	118.42	2.19	4.27	62.45	0.47

数据来源：中国外汇交易中心。

人民币对欧元、日元等其他国际主要货币汇率双向波动。6月末，人民币对欧元、日元汇率中间价分别为1欧元兑8.3946元人民币、100日元兑6.0815元人民币，分别较上年年末升值0.29%和贬值5.01%。2005年人民币汇率形成机制改革以来至2014年6月末，人民币对欧元汇率累计升值19.29%，对日元汇率累计升值20.13%。

第二季度，外汇市场供求基本平衡，在人民币汇率双向波动增强的背景下，经济主体结汇意愿减弱，持汇意愿增强，外汇存款增加较多。未来若贸易收支增长和顺差扩大，外汇结汇增长可能加快，外汇市场有可

七、深入推进金融机构改革

进一步发挥开发性金融对棚户区改造的支持作用。4月2日，国务院第43次常务会议部署进一步发挥开发性金融对棚户区改造的支持作用。会议强调，必须抓住资金保障这个“牛鼻子”，把政策支持和市场机制有效结合，尤其要发挥好依托国家信用、服务国家战略、资金运用保本微利的开发性金融的“供血”作用，为棚改提速提供依法合规、操作便捷、成本适当、来源稳定的融资渠道，保证棚改任务的资金需要，并努力降低资金成本。

农村信用社改革成效显著，经营财务状况持续改善，继续发挥农村金融服务主力军作用。按照贷款五级分类口径统计，2014年6月末，全国农村信用社不良贷款余额3 809亿元，不良贷款比例为3.8%，比上年年末下降0.3个百分点；资本充足率为10.5%，比上年年末提高0.1个百分点。涉农贷款和农户贷款余额分别为6.7万亿元和3.3万亿元，比上年年末分别增长8.4%和9%。全国农村信用社产权制度改革稳步推进，股权结构不断优化，投资股占比达到90%以上。产权组织形式实现了多元化，截至6月末，全国共组建农村商业银行529家、农村合作银行113家、县（市）统一法人农村信用社1 637家。“三会一层”的法人治理组织架构和制度规则普遍建立并初步运行，内部管理水平有所提高。

八、深化外汇管理体制改革

着力提升贸易便利化水平。一是继续深化贸易外汇管理改革。深入推进货物贸易和服务贸易外汇管理制度改革，优化边境贸易管理办法，规范和便利边境贸易代理出口收汇和外币现钞结算。二是扩大支付机构跨境电子商务外汇支付业务试点，便利境内机构和个人网络购物的跨境收付汇和结售汇需要。三是在浙江、福建两地开展试点，简化个人贸易收结汇审核单证要求，便利个人开展外贸经营。

扎实推进资本项目可兑换。一是深入开展跨国公司外汇资金集中运营管理试点。允许境内外外汇资金集中管理、轧差净额清算、资本金意愿结汇、外债额度共享，切实降低企业的财务成本。二是进一步提升投资便利化程度，放宽境外直接投资前期费用审批、境外放款管理，简化利润汇出审核。三是稳步推进合格机构投资者制度。截至2014年6月末，累计批准QFII机构投资额度565.48亿美元，RQFII机构投资额度2 503亿元人民币，QDII机构投资额度804.96亿美元。四是完善外债管理。进一步简化跨境担保管理，取消内保外贷的数量控制、事前审批以及资格限制；简化外债转贷款外汇管理手续，将还本付息等业务流程下放到银行办理。五是加快推进上海自由贸易试验区外汇管理政策落地，明确多项外汇管理创新措施作为资本项目可兑换先行先试的探索。

加强跨境收支监测管理体系建设。一是进一步加强跨境资金流入和流出双向监测，通过建立指标及预测模型，加强跨境资金流动的影响因素分析。二是通过优化系统建设、加强外汇监管信息数据共享，为强化主体监管、事后监测分析和非现场监管能力奠定基础。三是严厉打击外汇领域违法犯罪，开展虚假转口贸易和远期结汇等专项检查，上半年共查处外汇违规案件684起，共处行政罚款1.29亿元人民币。

第三部分 金融市场分析

2014年上半年，金融市场平稳运行。货币市场交易量增速回升，市场利率有所下降；债券市场指数总体上升，债券发行规模扩大；股票市场筹资额有所增加。

一、金融市场运行

（一）货币市场交易量增速回升，市场利率有所下降

银行间回购交易量增速大幅回升，拆借交易量降幅收窄。上半年，银行间市场债券回购累计成交94.3万亿元，日均成交7 732亿元，同比增长18.6%，增速比第一季度高15.9个百分点；同业拆借累计成交17.8万亿元，日均成交1 458亿元，同比下降13.6%，降幅比第一季度收窄17个百分点。从期限结构看，市场交易仍主要集中于隔夜品种，上半年回购和拆借隔夜品种的成交量分别占各自总量的80.6%和82.7%，占比较第一季度分别上升2.6个和3.8个百分点。交易所债券回购累计成交40万亿元，同比增长51.2%，增速比第一季度末低11个百分点。

从融资主体结构看，主要呈现以下特点：一是大型银行仍是市场资金的主要供给方，资金融出量同比增加较多，上半年大型银行净融出量同比增长29.3%。二是证券及基金公司、中小型银行、保险公司是市场资金的主要需求方，其中证券及基金公司净融入量同比增长67.6%，高于中小型银行29.6%的增长水平。三是其他金融机构及产品累计净融入量同比下降16.9%。

人民币利率互换交易活跃度有所上升。上半年，人民币利率互换交易名义本金总额为16 982.9亿元，同比增长10.7%。从期限结构来看，1年及1年期以下交易最为活跃，

表6　2014年上半年金融机构回购、同业拆借资金净融出、净融入情况

单位：亿元

	回购		同业拆借	
	2014年上半年	2013年上半年	2014年上半年	2013年上半年
中资大型银行①	-302 248	-231 822	-29 964	-25 048
中资中小型银行②	92 232	71 558	-20 921	-16 551
证券及基金公司	124 114	73 112	36 580	22 751
保险公司	38 370	29 045	99	—
外资金融机构	9 195	8 307	-1 049	4 159
其他金融机构及产品③	38 337	49 800	15 256	14 690

注：①中资大型银行包括中国工商银行、中国农业银行、中国银行、中国建设银行、国家开发银行、交通银行、中国邮政储蓄银行。
②中资中小型银行包括招商银行等17家中型银行、小型城市商业银行、农村商业银行、农村合作银行、村镇银行。
③其他金融机构及产品包括城市信用社、农村信用社、财务公司、信托投资公司、金融租赁公司、资产管理公司、社保基金、投资公司、企业年金、其他投资产品等，其中部分金融机构和产品未参与同业拆借市场。
④负号表示净融出，正号表示净融入。
数据来源：中国外汇交易中心。

表7 2014年上半年利率衍生产品交易情况

	利率互换		债券远期		远期利率协议	
	交易笔数(笔)	名义本金额(亿元)	交易笔数(笔)	交易量(亿元)	交易笔数(笔)	名义本金额(亿元)
2013年上半年	12 540	15 335.7	1	1.0	—	—
2014年上半年	18 180	16 982.9	—	—	—	—

数据来源：中国外汇交易中心。

其名义本金总额为13 535.4亿元，占总量的79.7%。从参考利率来看，人民币利率互换交易的浮动端参考利率主要包括7天回购定盘利率和Shibor，与之挂钩的利率互换交易名义本金占比分别为78.5%和20.5%。

同业存单发行交易稳步推进。自2013年12月同业存单推出以来，发行人范围有序扩大、投资参与者逐步增多。截至2014年6月末，20家金融机构已在银行间市场发行同业存单，存单投资主体也已覆盖了商业银行、证券公司、信托公司和财务公司等各类金融机构。同时，同业存单一级市场发行日趋活跃，二级市场交易初具规模。上半年，银行间市场陆续发行同业存单93只，累计发行金额1 368.7亿元，二级市场交易金额898.7亿元。同业存单发行交易的稳步推进，既对规范金融机构同业业务发展、提高同业业务定价透明度发挥了积极作用，也为中长端Shibor报价提供了交易基础，同业存单市场发展与中长端Shibor基准性提高相互促进的格局正在逐步形成。

货币市场利率总体有所回落。6月，同业拆借和质押式回购月加权平均利率分别为2.85%和2.89%，比上年12月分别低131个和139个基点，比上年同期分别低372个和393个基点。6月末，隔夜、1周Shibor分别为2.91%和3.87%，分别较年初下降24个和138个基点；3个月和1年期Shibor分别为4.75%和5.00%，分别下降81个和上升4个基点。

（二）债券市场指数总体上升，债券发行规模显著扩大

银行间债券市场现券交易量同比降幅收窄。上半年，累计成交17.5万亿元，日均成交1 437亿元，同比下降45.8%，降幅比第一季度末缩小21.5个百分点。从交易主体看，中资大型银行由以往的净买入方转为净卖出方，上半年中资大型银行和中资中小型银行分别净卖出现券362亿元和5 352亿元，其他金融机构及产品和外资金融机构是主要净买入方，分别净买入现券3 261亿元和2 377亿元。从交易品种看，国债现券交易累计成交3.43万亿元，占银行间市场现券交易的19.5%，较第一季度提高5.6个百分点；金融债券和公司信用类债券现券交易分别累计成交7.29万亿元和6.74万亿元，占比分别为41.6%和38.4%。上半年，交易所债券现券成交1.08万亿元，同比增长32.8%。

债券市场指数总体上升。中债综合净价指数由1月初的96.03点上升至6月末的99.48点，升幅3.59%；中债综合全价指数由1月初的107.44点上升至6月末的111.84点，升幅4.10%。交易所国债指数由1月初的139.62点升至6月末的142.02点，升幅1.71%。

银行间国债收益率曲线显著下行。6月末，国债1年期、3年期、5年期的收益率水平分别较1月初下行23个、26个和38个基点，7年期及以上的收益率下行幅度在50个基点左右。

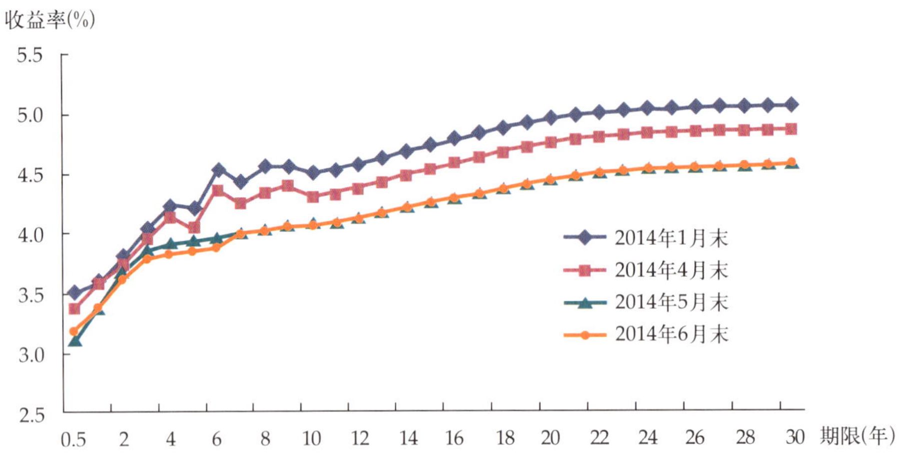

数据来源：中央国债登记结算有限责任公司。

图2　银行间市场国债收益率曲线变化情况

债券发行规模同比显著扩大。上半年，累计发行各类债券（含中央银行票据）5.38万亿元，比上年同期多发行1.13万亿元。金融债券和公司信用类债券发行同比增加较多，公司信用类债券中，非金融企业债务融资工具和企业债券发行额继续扩大。6月末，国内各类债券余额32.5万亿元，同比增长14.6%。

债券发行利率总体下降。6月发行的10年期国债利率为4%，比上年11月发行的同期限国债利率低8个基点。6月国家开发银行发行的10年期债券利率为4.9%，比上年12月发行的同期限债券利率低14个基点。6月主体评级AAA的企业发行的短期融资券（债项评级A-1）利率在4.7%～5.4%，低于上年12月6.25%～6.8%的水平；主体评级AA的企业发行的7年期企业债券（债项评级AAA）利率

表8　2014年上半年各类债券发行情况

债券品种	发行额(亿元)	比上年同期增减(亿元)
国债[①]	8 720	10
中央银行票据	0	-1 140
金融债券[②]	18 243	6 344
其中：国家开发银行及政策性金融债	13 525	3 896
公司信用类债券[③]	26 869	6 074
其中：非金融企业债务融资工具	21 197	5 489
企业债券	5 197	2 075
公司债	355	-1 270
合计	53 832	11 287

注：①国债含财政部代理发行的地方政府债券。

②金融债券包括国家开发银行金融债、政策性金融债、商业银行普通债、商业银行次级债、商业银行资本混合债、证券公司债券等。

③公司信用类债券包括非金融企业债务融资工具、企业债券以及公司债、可转债、可分离债、中小企业私募债等。

数据来源：中国人民银行、国家发展和改革委员会、中国证券监督管理委员会、中央国债登记结算有限责任公司。

为6.5%，低于上年12月7.9%～8%的水平。Shibor对债券产品定价基准作用不断提升。上半年，发行固定利率企业债368支，发行总量为4 392亿元，全部参照Shibor定价；发行参照Shibor定价的固定利率短期融资券5 773亿元，占固定利率短期融资券发行总量的98%。

（三）票据融资小幅增长，利率呈下降趋势

票据承兑业务持续增长。上半年，企业累计签发商业汇票11.0万亿元，同比增长2.5%；期末商业汇票未到期余额10.2万亿元，同比增长11.4%。6月末，承兑余额较年初增加1.2万亿元。从行业结构看，企业签发的银行承兑汇票集中在制造业、批发和零售业。从企业结构看，由中小型企业签发的银行承兑汇票约占2/3。票据承兑的持续稳定增长有效加大了对实体经济，特别是中小企业的金融支持。

票据融资余额小幅上升，票据市场利率呈下降趋势。上半年，金融机构累计贴现25.6万亿元，同比增长14.7%；期末贴现余额2.2万亿元，同比下降5.4%。第二季度，金融机构调整资产负债结构，适当增加票据融资规模，期末票据融资余额比年初增加2 433亿元，同比少增360亿元；占各项贷款的比重为2.84%，同比下降0.58个百分点。票据市场利率小幅波动，总体呈下行趋势。

（四）股票市场筹资额有所增加

创业板指数上升。6月末，上证综合指数收于2 048点，比上年年末下跌68点，下跌3.2%；深证综合指数收于1 097点，比上年年末上升39点，上涨3.7%；创业板指数收于1 405点，比上年年末上升101点，上涨7.7%。沪市A股加权平均市盈率从上年年末的11.0倍下降至9.8倍，深市A股加权平均市盈率从上年年末的28倍下降至26.2倍。

股票市场成交量同比略增。上半年，沪、深股市累计成交21.7万亿元，同比增长2.4%，日均成交1 820亿元。其中，创业板累计成交3.3万亿元，同比增长73.7%。6月末，沪、深股市流通市值20.3万亿元，比上年年末增长1.7%；创业板流通市值为1.1万亿元，比上年年末增长33.1%。

股票市场筹资额同比增加。上半年，各类企业和金融机构在境内外股票市场上通过发行、增发、配股、权证行权等方式累计筹资2 565亿元，同比多筹资601亿元。其中，A股筹资2 213亿元，同比多筹资689亿元。

（五）保险业投资类资产加快增长

上半年，保险业累计实现保费收入1.15万亿元，同比增长20.8%，增速比上年同期高9.3个百分点；累计赔款、给付3 532亿元，同

表9　2014年6月末主要保险资金运用余额及占比情况

单位：亿元、%

	余额		占资产总额比重	
	2014年6月末	2013年6月末	2014年6月末	2013年6月末
资产总额	93 737	78 840	100.0	100.0
其中：银行存款	25 618	23 405	27.3	29.7
投资	60 288	49 424	64.3	62.7

数据来源：中国保险监督管理委员会。

比增长19.2%，其中，财产险赔付同比增长14.6%，人身险赔付同比增长23.8%。

保险业资产加快增长，投资类资产增速更高。6月末，保险业总资产9.37万亿元，同比增长18.9%，增速比上年同期高2.5个百分点，比上年年末高6.2个百分点。其中，银行存款同比增长9.5%，投资类资产同比增长22%。

（六）外汇掉期和远期交易保持较快增长

上半年，人民币外汇即期成交2.07万亿美元，同比增长8.7%，增速比上年年末低12.7个百分点；人民币外汇掉期交易累计成交金额折合2.04万亿美元，同比增长35.1%，其中隔夜美元掉期成交1.01万亿美元，占掉期总成交额的49.5%；人民币外汇远期市场累计成交259亿美元，同比增长258.4%。上半年“外币对”累计成交金额折合285亿美元，同比下降16.1%，其中成交最多的产品为欧元对美元，占市场份额比重为43.4%。

外汇市场交易主体进一步扩展。截至6月末，共有即期市场会员429家，远期、外汇掉期、货币掉期和期权市场会员各92家、91家、81家和35家，即期市场做市商31家，远掉期市场做市商27家。

（七）黄金价格整体呈现小幅反弹行情

上半年，国际黄金价格最高1 385美元/盎司，最低1 221美元/盎司，6月末收于1 315美元/盎司，较上年年末上涨113.50美元/盎司，涨幅为9.45%。国内金价与国际金价走势总体保持一致，上海黄金交易所AU9999最高价为273.60元/克，最低价为238.85元/克，6月末收于261.86元/克，较上年年末上涨了25.40元/克，涨幅为10.74%。上半年加权平均价为256.92元/克。

上海黄金交易所总体交易规模有所下降。上半年，上海黄金交易所总成交金额为2.4万亿元，同比下降了7.5%。其中黄金累计成交6 579.1吨，同比增长21.6%；成交金额1.7万亿元，同比增长5.0%。白银累计成交15.5万吨，同比下降13.8%；成交金额6 442.5亿元，同比下降29.2%。铂金累计成交32.6吨，同比下降23.4%；成交金额97.4亿元，同比下降27.3%。

二、金融市场制度性建设

（一）积极发展银行间债券市场

完善银行间债券市场发行定价机制。调整非金融企业使用招标系统发行债券的门槛要求，为鼓励非金融企业招标发行债券提供制度支持。拓宽消费金融公司等非银行金融机构的融资渠道，合理调整金融租赁公司、汽车金融公司发行金融债券的条件。商业银行柜台债券业务品种由记账式国债扩大至国家开发银行金融债券、政策性金融债券和中国铁路总公司等政府支持机构债券后，国家开发银行、进出口银行相继通过商业银行柜台进行了首单债券分销，这是通过正规渠道满足居民多元化投资需求的探索和尝试。

（二）完善证券市场基础性制度建设

多层次资本市场制度建设取得重要进展。5月9日，国务院印发《关于进一步促进资本市场健康发展的若干意见》（国发[2014]17号），从发展多层次股票市场、规范发展债券市场、培育私募市场、推进期货市场建设、提高证券期货服务业竞争力、扩大资本市场开放、防范和化解金融风险及营造资本市场良好发展环境等方面指明了资本市场下一步发展的方向，有利于加快完善现代市场体系、拓宽企业和居民投融资渠道、优化资源配置和促进经济转型升级。

沪港股票市场交易互联互通机制（沪港通）持续推进。6月13日，中国证监会发布《沪港股票市场交易互联互通机制试点若干规定》，对境内证券公司开展沪港通业务提出原则性要求，明确了沪港通的业务范围、外资持股比例、清算交收方式、交收货币等相关事项，对投资者保护、监督管理、资料保存等内容提出了相关要求。

新三板做市商制度正式出台。6月5日，《全国中小企业股份转让系统做市商做市业务管理规定（试行）》发布，明确证券公司申请开展做市业务，应当具备证券自营业务资格、设立做市业务专门部门，配备开展做市业务必要人员，建立做市业务管理制度，具备做市业务专用技术系统等五项条件。

（三）完善保险市场基础性制度建设

推进保险机构市场准入退出机制改革。中国保监会从收购主体、程序、公司治理、信息披露、违规责任等方面规范保险公司收购合并行为，设定收购过渡期和股权锁定期，保护消费者、保险公司及股东的合法权益。同时，适度放宽资金来源和股东资质，不再禁止同业收购，鼓励境内外各类优质资本特别是民间资本投资保险业，促进保险市场资源的优化配置。

推动保险业服务新型城镇化发展。3月25日，中国保监会印发《保险业服务新型城镇化发展的指导意见》，提出充分发挥保险的资金融通和社会保障功能，加快产品服务、市场主体和保险监管创新，从统筹发展商业养老保险和医疗健康保险、创新保险资金运用形式、健全农业保险服务体系等六个方面推动保险业服务新型城镇化发展。

加强保险资金运用监管。进一步加强保险机构投资集合资金信托计划业务行为监管，规定保险资金不得投资单一信托，不得投资基础资产属于国家明令禁止行业或产业的信托计划。监管部门将每年对保险机构的资金运用内控与合规情况进行评价计分，将其分为四个等级，位于最后两个等级的保险机构被列为重点监管对象，中国保监会将采取限制资金运用渠道、范围或比例等监管措施。

开展老年人住房反向抵押养老保险试点。自2014年7月1日起两年的时间内，在北京、上海、广州、武汉等四地，针对60岁以上拥有房屋完全独立产权的老年人开展住房反向抵押养老保险试点。

（四）推动外汇市场、黄金市场发展

大力发展外汇市场。丰富外汇市场工具，在实需基础上允许银行对客户开展外汇期权及相关组合产品，满足企业避险需要。简化市场准入，降低外汇期权业务的准入门槛，下放管理权限，简化银行分支机构准入管理。完善外汇市场基础设施建设，推出货币经纪公司外汇期权经纪业务。

完善黄金市场制度体系。明确上海黄金交易所黄金拆借业务规则，推动黄金租借业务发展。完善询价交易规则、商业银行代理个人业务规则，防范业务风险。建立黄金询价交易尝试做市商制度，促进黄金询价市场价格发现，提高黄金询价交易流动性。

第四部分 宏观经济分析

一、世界经济金融形势

世界经济继续温和复苏。美国经济活动重新加速，但复苏势头仍待巩固；欧元区经济继续微弱复苏，面临持续低通胀压力；日本经济复苏步伐加快，但中长期前景仍待观察。新兴市场经济体资本流入有所增加，其中部分经济体仍面临经济下行压力。

（一）主要经济体经济形势

美国经济活动重新加速。随着恶劣天气影响的消退，美国工业生产和固定资产投资开始加速，家庭消费支出温和上涨，第二季度GDP环比折年率增长4.0%。制造业和服务业扩张加快，供应管理协会（ISM）公布的制造业PMI指数和非制造业PMI指数6月分别达到55.3和56.0。就业市场持续改善，6月失业率降至6.1%，为2008年8月以来的最低水平，但一些结构性问题依然突出。财政状况好转，截至6月末，联邦政府2014财年财政赤字为3 659亿美元，较上年同期减少1 440亿美元。

欧元区经济继续微弱复苏。第一季度GDP环比折年率增长0.8%，连续第四个季度正增长。6月，综合PMI为52.8，连续12个月位于50荣枯线以上。重债国经济形势趋好，国债收益率不断下降。5月17日，葡萄牙继爱尔兰之后退出“三驾马车”的国际援助。但总需求恢复缓慢，通胀处于低位，失业率仍

表10 主要经济体宏观经济金融指标

国别	指标	2013年第二季度			2013年第三季度			2013年第四季度			2014年第一季度			2014年第二季度		
		4月	5月	6月	7月	8月	9月	10月	11月	12月	1月	2月	3月	4月	5月	6月
美国	实际GDP增速(环比折年率，%)	1.8			4.5			3.5			-2.1			4.0(初值)		
	失业率(%)	7.5	7.5	7.5	7.3	7.2	7.2	7.2	7.0	6.7	6.6	6.7	6.7	6.3	6.3	6.1
	CPI(同比，%)	1.1	1.4	1.8	2.0	1.5	1.2	1.0	1.2	1.5	1.6	1.1	1.5	2.0	2.1	2.1
	DJ工业平均指数(期末)	14 840	15 116	14 910	15 500	14 810	15 192	15 237	16 086	16 577	15 699	16 322	16 458	16 581	16 717	16 827
欧元区	实际GDP增速(环比折年率，%)	1.3			0.4			1.2			0.8			—		
	失业率(%)	12.0	12.0	12.0	12.0	12.0	12.0	11.9	11.9	11.8	11.8	11.7	11.7	11.6	11.6	—
	HICP综合物价指数(同比，%)	1.2	1.4	1.6	1.6	1.3	1.1	0.7	0.9	0.8	0.8	0.7	0.5	0.7	0.5	0.5
	EURO STOXX 50(期末)	2 725	2 662	2 605	2 699	2 671	2 789	2 774	2 901	2 919	2 853	2 968	2 916	2 978	3 033	3 014
日本	实际GDP增速(环比折年率，%)	2.9			1.3			0.3			6.7			—		
	失业率(%)	4.1	4.1	3.9	3.9	4.1	4.0	4.0	3.9	3.7	3.7	3.6	3.6	3.6	3.5	3.7
	核心CPI(同比，%)	-0.4	0.0	0.4	0.7	0.8	0.7	0.9	1.2	1.3	1.3	1.3	1.3	3.2	3.4	3.3
	日经225指数(期末)	13 861	13 775	13 677	13 668	13 389	14 456	14 328	15 662	16 291	14 915	14 841	14 828	14 304	14 632	15 162

数据来源：各经济体相关统计部门及中央银行。

然较高，6月综合物价指数（HICP）同比增长仅0.5%，远低于欧央行2%的通胀目标，5月失业率为11.6%。

日本经济复苏步伐加快，但中长期前景仍待观察。受消费税上调前抢先消费和私人投资扩张的影响，第一季度GDP环比折年率增长6.7%，创两年半以来新高。通缩局面明显改善，第二季度核心CPI同比涨幅均维持3%以上，其中5月的3.4%为三十二年来新高。但4月1日消费税上调明显拖累第二季度经济增长。商品零售额4月和5月分别同比萎缩4.3%和0.4%。6月，制造业PMI反弹至51.5，服务业PMI仍在49.0的低位。6月贸易逆差8 220亿日元，已连续24个月出现贸易逆差。

新兴市场经济体资本流入有所增加，但部分国家经济下行压力仍然较大。受发达经济体持续低利率政策预期增强的影响，第二季度新兴市场经济体资本流入有所上升，金融市场总体趋于平静。据国际金融协会（IIF）估计，5月新兴市场经济体股票和债券市场共净流入434亿美元，创2012年9月以来的新高；6月净流入为371亿美元。但发达经济体经济复苏未能明显提振新兴市场经济体外需，部分新兴市场经济体国内结构性问题短期内难以得到实质性解决，经济增长放缓和较高的通胀压力导致货币政策面临“两难”，加之前期杠杆率上升较快，金融风险积累，仍存在一定的经济下行压力。

（二）国际金融市场概况

美、英等主要发达经济体金融市场表现持续向好。新兴市场经济体金融市场总体趋于平静，多数经济体国债收益率回落，股指上涨。

欧元对美元小幅贬值，日元和英镑对美元小幅升值，多数新兴市场经济体货币对美元汇率表现平稳。6月30日，欧元对美元汇率收于1.37美元/欧元，较第一季度末贬值0.6%。英镑和日元对美元汇率分别收于1.71美元/英镑和101.30日元/美元，较第一季度末分别升值2.5%和1.5%。同期，多数新兴市场经济体货币对美元汇率表现平稳，但印度尼西亚卢比对美元汇率贬值幅度较大，为4.7%；韩元对美元汇率升值幅度较大，为5.2%。

货币市场利率低位波动。受美国联邦基金目标利率继续维持低位预期影响，伦敦同业拆借市场美元Libor总体保持低位。6月30日，1年期Libor为0.5451%，比3月末下降1.3个基点。欧元区同业拆借利率Euribor受欧央行降息影响总体有所走低。6月30日，1年期Euribor为0.488%，较3月末下降10.2个基点。

主要发达经济体和多数新兴市场经济体国债收益率下行。6月30日，美国、德国和日本10年期国债收益率分别收于2.52%、1.25%和0.57%，较第一季度末分别下降了21个、32个和8个基点。同期，多数新兴市场经济体国债收益率回落，其中阿根廷、土耳其和巴西10年期国债收益率分别降低了890个、128个和60个基点。

主要发达经济体和多数新兴市场经济体股指上行。6月30日，道琼斯工业平均指数、欧元区STOXX50指数和日经225指数分别收于16 826.6点、3 014.2点和15 162.1点，较第一季度末分别上升了2.2%、3.4%和2.3%。同期，多数新兴市场经济体股市走高，尤其是第一季度金融市场表现不佳的部分新兴市场经济体股指回升较快。其中，阿根廷BUSE Merval指数和土耳其BIST指数分别上涨

23.7%和12.9%。

（三）主要经济体货币政策

主要发达经济体继续实施宽松货币政策，但有所差异。美联储继续稳步缩减QE规模，4月、6月、7月的例会后进一步缩减资产购买规模各100亿美元，并强调目前维持超宽松货币政策立场仍是合适的，未来将参考一系列更广泛指标来决定升息时间。欧央行在6月议息会议后出台了一揽子宽松政策，包括：一是将主要再融资利率、边际贷款便利利率和存款便利利率分别调降10个、35个和10个基点，其中存款便利利率降至-0.1%。二是拟实施一系列定向长期再融资操作（TLTROs），初期规模为4 000亿欧元，所有操作将于2018年9月到期。三是加快直接购买私人部门资产抵押证券的准备工作。四是在2016年年底以前继续通过固定利率全额配给方式向银行提供短期低息贷款，并暂停对证券市场计划的对冲操作。欧央行行长德拉吉在议息会议后的新闻发布会上表示，欧元区暂时没有通缩风险，但理事会成员一致同意必要时在欧央行职权范围内继续采用非常规政策工具。日本银行继续实施“量化和质化宽松货币政策”，将基础货币作为货币政策操作目标，以每年60万亿~70万亿日元的速度增加基础货币，以期在两年内实现2%的通胀目标。英格兰银行维持0.5%的基准利率和3 750亿英镑的资产购买规模不变，但在6月例会纪要中表示，英国消化闲置产能的速度或许将快于此前预期，政策制定者准备在年底前上调利率。

新兴市场经济体货币政策出现分化。为应对通胀压力，部分新兴市场经济体上调了政策利率。4月2日，巴西央行将基准利率上调25个基点至11%。4月25日，俄罗斯央行宣布上调基准利率50个基点至7.5%。此外，为应对过多流动性带来的价格和金融稳定风险，菲律宾央行于5月8日将银行存款准备金率上调1个百分点，6月19日又将特别存款账户（SDA）便利利率上调0.25个百分点至2.25%。与此同时，一些新兴市场经济体结合国内通胀和经济形势变化，下调了利率。土耳其央行在近期不确定性风险下降和通胀形势缓和的背景下，5月22日、6月24日和7月17日三次下调七天回购利率共175个基点至8.25%，但强调仍维持偏紧的货币政策。为推动经济加快复苏，墨西哥央行于6月6日下调基准利率50个基点至3.0%，匈牙利央行于4月30日、5月28日、6月25日和7月22日四次下调基准利率共50个基点至2.1%。

专栏3　欧央行推出负利率政策和定向长期再融资操作

鉴于欧元区经济复苏乏力，通胀率低位徘徊，为保持中期物价稳定，引导银行资金流向实体经济特别是刺激中小企业信贷，2014年6月5日欧央行宣布了一揽子宽松政策，包括实行负利率、引入定向长期再融资操作（TLTRO）、筹备资产支持证券（ABS）购买计划、延长固定利率全额配给主要再融资操作（MRO）至2016年年底、暂停证券市场计划（SMP）购债冲销操作等措施，其中负利率和TLTRO最引人关注。

欧央行通过利率走廊机制调控短期市场利率和银行体系流动性。利率走廊的下限为存款便利利率，即欧央行主动吸纳银行隔夜存款的利率；利率走廊上限是边际贷款便利利率，即欧央行向金融机构提供有抵押隔夜流动性支持的利率；主要再融资利率为基准利率。此次负利率政策指的是欧央行将存款便利利率由零下调10个基点至-0.1%，并适用于超额准备金利率，这意味着欧央行对银行的存款和超额准备金收费。与此同时，主要再融资利率、边际贷款便利利率分别下调10个基点和35个基点至0.15%和0.40%。利率走廊非对称下调，宽度由75个基点收窄至50个基点。欧央行强调，负利率针对的是银行，居民储蓄不会受到直接影响。

为提升银行对住户和非金融企业的信贷支持，欧央行引入TLTRO。与此前的LTRO相比，TLTRO期限更长，最长可达四年，且规模与银行对欧元区非金融私人部门的贷款额（居民按揭贷款除外，下同）挂钩，预计最高可达1万亿欧元。TLTRO分两阶段进行：第一阶段于2014年9月和12月分两次操作，银行融资规模最高可达该行对欧元区非金融私人部门贷款额的7%，额度预计为4 000亿欧元；第二阶段为2015年3月至2016年6月，按季度操作共六次，银行累计融资上限可达该行对欧元区非金融私人部门净贷款与所设定的贷款门槛值差额的3倍。两轮TLTRO均于2018年9月到期，利率为主要再融资利率加10个基点，银行可选择在借入TLTRO资金两年后部分或全额还款，但若银行在规定时间段内对实体经济的净贷款额未达到欧央行设定的门槛，则必须在2016年9月偿还TLTRO资金。

欧央行采取上述非常规政策组合拳，与欧元区严峻的经济金融形势密不可分。一是欧元区经济复苏乏力，2014年第一季度GDP初值同比仅增长0.9%，IMF预计全年增幅仅略高于1%。二是欧元区面临持续低通胀压力，综合物价指数HICP长期低于欧央行2%的目标，2014年5月、6月更是降至0.5%的水平，且欧央行预计短期内HICP仍可能继续维持在较低水平。三是货币环境出现收紧迹象。由于银行大规模偿还LTRO贷款，最近一年欧央行资产负债表规模缩水3 500亿欧元，市场流动性超宽松局面并不稳定，短期利率波动加大；货币增长迟滞，2014年以来广义货币（M3）月同比增速徘徊在1%左右；成员国信贷环境分化，货币政策传导不畅，欧央行投放的流动性大部分被银行用于购买政府债券，未能充分传导至私人部门，中小型企业融资成本居高不下。此外，欧元区间接融资比例较高，企业债券市场规模较小，欧央行难以仿照美联储大量购买企业债务工具。有鉴于此，欧央行推出负利率和TLTRO，旨在压低全社会融资成本，促进投资和消费，推动通胀回升，同时改善货币政策传导机制，鼓励银行将欧央行资金定向支持私营部门，激发中小企业活力。

短期看，欧央行负利率政策取得一定成效，欧元区货币市场利率有所回落，重债国国债收益率也明显下降，但长期政策效果仍有待检验。理论上，为避免向欧央行付息，银行可扩张信贷，以贷款创造存款，从而缴纳更多的法定准备金，令准备金从负利率的超额准备金账户向正利率的法定准备金账户转移。但也有一些分析人士认为，欧元区的问题是贷款需求不足，而负利率幅度很小，对刺激信贷需求作用有限，而且，如果出现类似丹麦的情况，即银行以提高贷款利率的方式转嫁负利率成本，反而会抑制贷款需求。

至于TLTRO，市场普遍认为将央行投放流动性操作与银行贷款行为相联系是拓展货币政策工具的有益尝试，中小企业融资环境将会有明显改善。由于贷款需求不足，且部分银行顾及信贷风险，TLTRO届时能否完全实现欧央行投放1万亿欧元的意向规模也还存在不确定性。从长远来看，单靠货币政策调整或难解决欧元区根本性问题，还需进行更深层次的财政和结构性改革。

（四）国际经济展望及面临的主要风险

总体看，全球经济复苏形势向好，经济增长有望加快，但结构性矛盾和不稳定、不确定因素依然存在，可能面临以下风险：

一是美国经济复苏势头仍待巩固。美联储宽松货币政策退出的影响存在较大不确定性，上半年美国金融市场波动率降至历史低位，市场担忧宽松货币政策退出节奏过慢导致"自满"的市场情绪，可能推高风险容忍度，鼓励风险行为，威胁金融稳定。此外，美国中期财政整顿并无实质性进展。

二是欧元区经济复苏前景不明。尽管欧央行6月出台了一揽子宽松政策以应对通缩风险，但能否增加银行对实体经济的信贷仍存在较大不确定性。此外，欧元区整体仍面临诸多长期性、结构性问题，如银行业去杠杆化、财政联盟建设、欧元区内部结构性失衡等。

三是日本经济仍存在下行压力。短期看，消费税上调明显拖累日本消费和内需的扩张，其负面影响的深度和持续时间仍待观察。长期看，结构改革进展缓慢，能在多大程度上提升日本经济竞争力存在不确定性。此外，日本政府还将长期面临削减债务和刺激经济增长的两难境地。

四是部分新兴市场经济体短期内面临的风险仍然较多。外部看，发达经济体经济温和复苏难为新兴市场经济体创造强大的外部需求。美联储退出量化宽松政策影响的不确定性以及投资者对于新兴市场经济体基本面的担忧可能对部分新兴市场经济体汇率、金融市场、资本流动等带来负面影响。内部看，国际金融危机之后，部分新兴市场经济体出现私人部门和公共部门杠杆率攀升、银行信贷规模较快扩张、宏观经济失衡加剧等问题，可能承受更大压力。

此外，地缘政治博弈和部分国家政局动荡也可能对全球经济产生负面影响。乌克兰局势未来走向仍不确定，解决难度大，可能影响欧洲能源供给和经济复苏。伊拉克暴力冲突升级，也可能减少国际原油供给，推高国际油价。

二、中国宏观经济运行

2014年上半年，中国经济运行整体平稳，结构调整呈现积极变化。内需继续成为推动经济增长的主动力，上半年内需对GDP的贡献是102.9%。消费、投资平稳增长，进出口增速由负转正。夏粮丰收，农业生产形势较好，工业生产增速回升。消费价格涨幅温和，就业形势基本稳定。上半年，实现国内生产总值（GDP）26.9万亿元，同比增长

7.4%，其中，第一季度增长7.4%，第二季度增长7.5%。居民消费价格（CPI）同比上涨2.3%，贸易顺差为1 029亿美元。

（一）消费、投资平稳增长，进出口增速由负转正

城乡居民收入继续增加，消费拉动作用增强，新兴业态消费增长较快。上半年，城镇居民人均可支配收入14 959元，同比增长9.6%，扣除价格因素实际增长7.1%；农村居民人均现金收入5 396元，同比增长12.0%，实际增长9.8%。上半年，最终消费对GDP增长的贡献率是54.4%，同比提高9.2个百分点；拉动GDP增长4个百分点，同比提高0.6个百分点。社会消费品零售总额为12.4万亿元，同比增长12.1%，扣除价格因素，实际增长10.8%。分城乡看，城镇消费品零售额10.7万亿元，增长12.0%；乡村消费品零售额1.7万亿元，增长13.2%。消费市场中新兴业态、绿色环保消费等增长良好。上半年，全国网上零售额11 375亿元，同比增长48.3%。

民间投资占比继续上升。上半年，固定资产投资（不含农户）完成21.3万亿元，同比增长17.3%。扣除价格因素，实际增长16.3%，与第一季度持平。其中，民间投资13.9万亿元，增长20.1%，占全部投资的比重为65.1%，占比较上年同期提高1.4个百分点。分地区看，中西部投资增速继续快于东部，东、中、西部地区固定资产投资比上年分别增长16.3%、19.2%和18.6%。分产业看，第一、第二、第三产业投资比上年分别增长24.1%、14.3%和19.5%。

进出口增速由负转正。上半年，进出口总额为20 209亿美元，同比上涨1.2%；其中出口10 619亿美元，同比增长0.9%；进口9 590亿美元，同比增长1.5%；贸易顺差较上年同期减少55亿美元。从区域结构看，对欧盟、美国、日本、东盟贸易保持增长态势。从商品结构看，第二季度机电、劳动密集型产品出口增速回升，部分大宗商品进口数量同比增速放缓。上半年实际使用外商直接投资633.3亿美元，同比增长2.2%；境内投资者共对全球146个国家和地区的3 224家境外企业进行了直接投资，累计实现非金融类直接投资

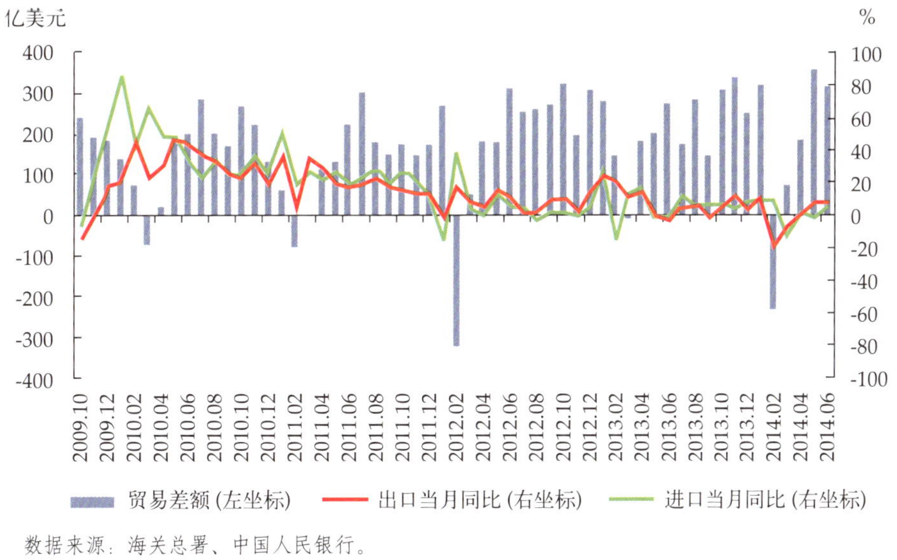

数据来源：海关总署、中国人民银行。

图3 进出口增速与贸易差额

433.4亿美元。

（二）农业生产形势较好，工业生产增速回升

第三产业增加值增长快于第二产业。上半年，第一产业增加值2.0万亿元，同比增长3.9%；第二产业增加值12.4万亿元，同比增长7.4%；第三产业增加值12.5万亿元，同比增长8.0%。三次产业增加值占GDP比重分别为7.4%、46.0%和46.6%。第三产业占比较上年同期提高1.3个百分点，高于第二产业0.6个百分点。

夏粮丰收，农业生产形势较好。全国夏粮总产量13 660万吨，同比增长3.6%。上半年，猪牛羊禽肉产量4 003万吨，同比增长1.7%，其中猪肉产量2 705万吨，增长3.0%。

工业生产增速回升。上半年全国规模以上工业增加值同比增长8.8%，增速较第一季度高0.1个百分点。全国规模以上工业企业实现利润总额2.93万亿元，同比增长11.4%。规模以上工业企业产销率为97.5%，与上年同期持平。第二季度中国人民银行5 000户工业企业调查显示，企业生产经营景气、盈利等指数均有所上升。企业经营景气指数为55.4%，较上季度上升0.1个百分点；企业盈利指数为54.1%，较上季度上升3.2个百分点；企业国内订单和出口订单指数分别为48.5%和49.7%，较上季度分别上升4.1个和4.3个百分点。

（三）价格形势总体稳定

居民消费价格温和上涨。上半年居民消费价格（CPI）同比上涨2.3%，第二季度各月分别上涨1.8%、2.5%和2.3%，平均上涨2.2%，涨幅较上季度回落0.1个百分点。从食品和非食品分类看，食品价格涨幅略有回落，非食品价格涨幅基本稳定。第二季度，食品价格同比上涨3.4%，涨幅比上季度低0.1个百分点，推动CPI上涨约1.1个百分点；非食品价格同比上涨1.7%，涨幅与上季度持平，推动CPI上涨约1.1个百分点。从消费品和服务分类看，消费品价格同比上涨2.0%，比上季度高0.1个百分点；服务价格同比上涨2.7%，比上季度低0.4个百分点。

生产价格降幅有所收窄。上半年，工业生产者出厂价格（PPI）同比下降1.8%，第二季度各月分别下降2.0%、1.4%和1.1%，平均下降1.5%，降幅比上季度缩小0.5个百分点。分生产资料和生活资料看，生产资料价格降幅收窄，生活资料价格涨幅转正。第二季度，生产资料价格同比下降2.0%，降幅比上季度缩小0.5个百分点，影响PPI下降约1.6个百分点；生活资料价格同比上涨0.1%，涨幅较上季度上升0.4个百分点，推动PPI上行约0.1个百分点。上半年工业生产者购进价格同比下降2.0%，第二季度平均降幅为1.9%，降幅比上季度收窄0.2个百分点。第二季度，全国主要农产品生产价格同比上涨0.3%，涨幅较上季度上升1.5个百分点；农业生产资料价格同比下降1.1%，降幅比上季度增大0.5个百分点。

受国际大宗商品价格总体上涨影响，进口价格降幅明显收窄。第二季度，洲际交易所布伦特原油期货当季平均价格比上季度上涨1.7%，伦敦金属交易所铝现货当季平均价格比上季度上涨5.2%。上半年，进口和出口价格同比分别下降3.1%和1.9%，第二季度各月，进口价格分别上涨-0.6%、1.3%和-4.1%，平均为-1.1%，降幅较上季度缩小4个百分点；出口价格分别下降3.3%、1.2%和1.5%，平均下降2%，降幅较上季度扩大0.2个

百分点。

GDP缩减指数有所回升。上半年，GDP缩减指数（按当年价格计算的GDP与按固定价格计算的GDP的比率）变动率为1.0%，比上年同期低0.1个百分点，比第一季度回升0.5个百分点。

价格改革继续稳步推进。4月10日，国家发展改革委等部门发出通知，启动新疆棉花目标价格改革试点，目标价格根据生产成本加基本收益确定，取消临时收储政策，生产者按市场价格出售棉花，国家根据差价和种植面积、产量或销售量等因素，对生产者给予补贴。4月26日，国家发展改革委就改进低价药品价格管理有关问题发出通知，放松对低价药品价格的控制，统一确定低价药品日均费用标准，建立低价药品清单进入和退出机制。5月5日，工业和信息化部等部门发布通告，对所有电信业务资费均实行市场调节价，电信企业可以根据市场情况和用户需求制订电信业务资费方案，自主确定具体资费结构、资费标准及计费方式。

（四）财政收支增速有所提高

上半年，全国财政收入74 638亿元，同比增长8.8%，增速比上年同期高1.3个百分点；全国财政支出691 54亿元，同比增长15.8%，增速比上年同期高5.0个百分点。收支相抵，全国财政收支盈余为5 484亿元，比上年同期减少3 393亿元。

从收入结构看，全国财政收入中，税收收入64 269亿元，同比增长8.5%；非税收入10 369亿元，同比增长11.1%。分税种看，国内增值税同比增长6.1%，国内消费税同比增长4.8%，营业税同比增长4.0%，企业所得税同比增长8.6%，进口货物增值税和消费税同比增长8.6%，个人所得税同比增长12.1%。从支出结构看，财政支出增长较快的有住房保障支出、城乡社区支出、粮油物资储备支出等，同比分别增长30.2%、23.6%和20.3%。

（五）就业形势基本稳定

第二季度，城镇登记失业率为4.08%，与第一季度持平。上半年，城镇新增就业人员737万人，比上年同期多12万人。第二季度，中国人力资源市场信息监测中心对全国100个城市的公共就业服务机构市场供求信息进行的统计分析显示，劳动力市场供求总体平衡，需求略大于供给，求人倍率为1.11，与上季度持平，较上年同期上升0.04。分行业看，制造业、批发和零售业、交通运输、仓储和邮政业、房地产业等行业的用人需求环比下降，同比仍有所增长。与上季度相比，应届高校毕业生和外埠人员的求职人数有所增长，而新成长失业青年、就业转失业人员、本市农村人员的求职人数有所减少。市场对中、高级专业技术职务的用人需求增长较快。

（六）经常项目顺差缩小

初步统计，2014年上半年，经常项目顺差793亿美元，比上年同期减少191亿美元，与同期GDP之比为1.8%；资本和金融项目顺差815亿美元；外汇储备资产增加1 615亿美元。

外债总规模继续上升。截至2014年3月末，外债余额为8 838.7亿美元，同比增长15.5%。其中，登记外债余额为5 648.7亿美元，同比增长22.4%，占外债余额的63.9%；短期外债余额为6 908.2亿美元，同比增长22.1%，占外债余额的78.2%。

（七）行业分析

工业利润总体保持平稳增长态势。上半年，在41个工业大类行业中，35个行业利润总额同比增长，1个行业持平，5个行业下降。其中，石油加工炼焦和核燃料加工业、汽车制造业、电气机械和器材制造业、计算机通信和其他电子设备制造业利润总额增长较快，增速分别为43.9%、29.1%、25.3%、24.1%；煤炭开采和洗选业、石油和天然气开采业利润总额有所回落。

1. 房地产行业

2014年上半年，全国商品房成交量下降，房价环比上涨城市个数减少，房地产开发投资增速持续放缓，房地产贷款平稳增长。

房价环比上涨的城市个数减少。6月，全国70个大中城市中，新建商品住宅价格同比上涨的城市有69个，与3月持平；新建商品住宅价格环比上涨的城市有8个，比3月减少48个。二手住宅价格同比上涨的城市有62个，比3月减少6个；二手住宅价格环比上涨的城市有7个，比3月减少35个。

商品房销售面积和销售额同比下降。上半年，全国商品房销售面积为4.8亿平方米，同比下降6%，降幅比第一季度扩大2.2个百分点。商品房销售额为3.1万亿元，同比下降6.7%，降幅比第一季度扩大1.5个百分点。其中，商品住宅的销售面积和销售额分别占商品房销售面积和销售额的87.8%和82.3%。

房地产开发投资增速放缓。上半年，全国完成房地产开发投资4.2万亿元，同比增长14.1%，增速比第一季度回落2.7个百分点，自年初以来增速持续放缓。其中，住宅投资2.9万亿元，占房地产开发投资的比重为68.3%。全国房屋新开工面积8亿平方米，同比下降16.4%，降幅比第一季度收窄8.8个百分点。全国房屋施工面积61.1亿平方米，同比增长11.3%，增速比第一季度回落2.9个百分点。全国房屋竣工面积3.8亿平方米，同比增长8.1%，而第一季度为下降4.9%。

房地产贷款平稳增长。截至6月末，主要金融机构（含外资）房地产贷款余额16.2万亿元，同比增长19.2%，增速比3月末高0.4个百分点。房地产贷款余额占各项贷款余额的20.8%，比3月末高0.2个百分点。其中，个人住房贷款余额9.9万亿元，同比增长18.5%，增速比3月末低1.7个百分点；住房开发贷款余额3.1万亿元，同比增长26.9%，增速比3月末高7.6个百分点；地产开发贷款余额1.2万亿元，同比增长9.7%，比3月末高2.1个百分点。上半年，新增房地产贷款15 385亿元，占各项贷款新增额的26.8%，比第一季度高0.4个百分点。

截至6月末，全国保障性住房开发贷款余额9 694亿元，同比增长47.3%，增速比上季度末高20.6个百分点；上半年增加2 402亿元，占同期房产开发贷款增量的47.3%，比第一季度高27.9个百分点。此外，利用住房公积金贷款支持保障性住房建设试点工作稳步推进，截至6月末，已有77个城市的323个保障房建设项目通过贷款审批，并按进度发放685亿元，收回贷款本金214亿元。

2. 电子信息产业

信息技术是当今经济社会发展的重要驱动力，电子信息产业是国民经济的战略性、基础性、先导性产业，发展前景广阔。近年来，在中国加快工业转型升级和国际产业转移的重大机遇下，电子信息产业克服了国际金融危机的不利影响，积极推进结构调整，着力提升核心竞争力，对国民经济增长的支撑作用不断增强。

电子信息产业规模稳步扩大，产业增速保持领先水平，已经成为中国实体经济和对外贸易的中坚力量。2013年，电子信息产业实现销售收入12.4万亿元，同比增长12.7%，占同期全球IT支出比重的50%以上。其中，规模以上电子信息制造业实现主营业务收入9.3万亿元，同比增长10.4%；软件和信息技术服务业实现软件业务收入3.1万亿元，同比增长24.6%，明显高于全球5.7%的平均水平。中国已成为全球最大的电子信息产品制造基地，2013年手机、计算机和彩电等产品产量分别达到14.6亿部、3.4亿台和1.3亿台，占全球出货量比重均在半数以上。2013年，电子信息产品进出口总额达到1.3万亿美元，同比增长12.1%，增速高于同期全国进出口总额增速4.5个百分点；其中，一般贸易比重较上年提高1.8个百分点。

电子信息产业结构调整步伐加快。一是软硬件融合引导产业向价值链高端延伸。随着产业发展层次的不断提高，硬件设备的价值越来越多地取决于其中软件产品的技术含量，一些主要厂商通过组织力量研发配套软件或与软件企业开展合作，提升产品的附加值。同时，软件企业及互联网企业也开始涉足硬件制造领域。2013年，规模以上电子信息制造业利润总额同比增长21.1%，明显高于工业12.2%的平均水平；软件业务收入占电子信息产业收入的25.0%，比上年提高2.3个百分点。二是国内市场份额上升，内资企业实力提升。2013年，规模以上电子信息制造业内销产值占比达到48.3%，比上年提高3.3个百分点；内资企业销售产值占比达到33.0%，比上年提高2.1个百分点。三是产业转移有序推进。2013年，规模以上电子信息制造业中，中部地区和西部地区分别实现销售产值10 208亿元和7 659亿元，同比分别增长28.0%和28.9%，增速高于平均水平17.0个和17.9个百分点；中西部地区销售产值占比达到19.0%，比上年提高2.5个百分点。

目前，电子信息产业正处于加快发展和升级的重要战略机遇期，但一些制约产业发展的深层次问题和结构性矛盾仍较突出。例如，核心技术欠缺，缺乏具有全球领先地位的大企业，人才结构矛盾突出，产业可持续发展能力有待提升等。对此，应以转型升级为主线，把突破重点领域核心关键技术、创新发展模式放在突出位置，推动产品制造与软件和信息服务融合，统筹内外需市场，优化产业布局，引导产业有序转移，优化产业组织结构。提高技术改造专项资金使用效率，支持金融机构为中小电子信息企业提供更多金融服务，引导金融机构加大对有市场发展前景的现代信息技术产业和信息消费等领域的金融支持力度。

第五部分 货币政策趋势

一、中国宏观经济展望

当前中国经济正处在增速换挡和转变发展方式的阶段，结构调整的阵痛以及调整和改革所激发的活力交织，传统增长引擎减弱与新兴产业蓬勃发展并存，增长、就业、物价、环境等经济变量之间的匹配关系正在变化，经济运行呈现出阶段性特点和新常态。在各方面积极因素和宏观政策环境的支持下，未来一段时期中国经济有望继续保持平稳运行态势。中国经济体量较大，协同推进新型工业化、信息化、城镇化、农业现代化的回旋余地很大，市场空间广阔。从区域发展情况看，东部地区表现出相对更强的调整弹性和抗风险能力，结构调整取得积极进展，中西部和东北地区受到资源和重化工业波动等影响，但区域协调发展和产业升级所形成的增长潜力依然较大。从宏观政策看，调控方式不断创新和完善，经验更加丰富，在区间管理的框架下更加注重定向调控、精准发力，短期需求调节与加快推出的一系列促改革、调结构、惠民生的政策措施相互配合，对经济增长形成有力支撑。经济结构调整的亮点逐步显现。服务业保持较快增长，第三产业增加值占GDP的比重在超过第二产业后继续上升。高技术产业、装备制造业以及电子商务等新兴业态发展势头较好。高耗能、重污染和产能过剩行业增速放缓，经济发展质量有一定提高，上半年一些地区PM2.5浓度较上年同期有所下降。投资结构继续改善，信息、商务服务等行业投资增速相对较快，民间投资占比继续提升。随着人口结构变化、经济结构调整和服务业发展加快，单位GDP增长对就业的吸纳能力增强，就业形势总体较好。居民收入继续保持较快增长，居民消费结构也在发生变化。中国人民银行2014年第二季度城镇储户问卷调查显示，居民未来三个月内购车和购买大件商品意愿有所下降，旅游意愿上升，分别高于上季度和上年同期4个和1.2个百分点。从外部环境看，虽然不同区域形势有所分化，总体看全球经济仍处在温和复苏轨道，经济增速有望超过上年，外需环境相对稳定。

但也要看到，经济运行中仍面临不少风险和挑战。主要是经济内生增长动力仍待增强，结构调整和改革的任务十分艰巨。在外需和房地产等既有增长动能减弱的情况下，新的强劲增长引擎尚待形成。新世纪以来我国投资率连续十多年保持总体上升态势，尤其是近几年投资率明显高于之前水平，投资继续较快增长的难度加大。目前制造业和房地产投资在波动中趋于下行，经济增长在较大程度上依靠基础设施投资托举，加之低效率企业大量占用资源、资金使用效率不高，全社会债务水平上升较快，经济金融领域的潜在风险值得关注。同时，资源环境约束凸显，空气污染、水污染等问题严重，也显示原有发展模式迫切面临调整转型。全球经济复苏进程中仍面临一些风险。美国经济政策调整仍存在不确定性，可能对全球资本流动和资金成本产生较大影响，欧元区经济仍较疲弱，存在一定通缩风险，新兴市场经济增长相对乏力，全球经济仍面临诸多长期的结构性问题。前期主要国际组织小幅下调了全球经济增长预测。总体看，面对内外部的复杂形势，经济结构调整和转变发展方式的任务更加紧迫，既要把握总量平衡，更要着眼结构优化，从战略上对经济增长点进行谋划，通过深化改革解决经济运行中存在的深层次结构性问题，推动创新发展，进一步激发经济活力和竞争力。

价格形势相对稳定。当前外部环境相对平稳，国内经济运行在合理区间，工业生产能力较为充足，夏粮丰收，有利于稳定物价预期。中国人民银行2014年第二季度城镇储户问卷调查显示，居民未来物价预期指数为63.8%，比上季度略降0.1个百分点。但也要看到，受供给面变化，劳动力、服务业价格存在潜在上行压力等因素影响，物价对需求面变化总体上较为敏感。前期经济回升在物价上即有所反映。未来若总需求持续回升可能会加大物价上行压力。2013年就曾出现需求回暖后物价连续较快回升的现象。此外，气候灾害等也可能对农产品供给进而物价水平产生扰动。对未来价格走势的动态变化仍需给予关注。

二、下一阶段主要政策思路

中国人民银行将按照党中央、国务院的战略部署，贯彻稳中求进、改革创新和宏观政策要稳、微观政策要活的要求，统筹稳增长、促改革、调结构、惠民生和防风险，继续实施稳健的货币政策，保持政策的连续性和稳定性，坚持“总量稳定、结构优化”的取向，既保持定力又主动作为，适时适度预调微调，增强调控的预见性、针对性和有效性，继续为经济结构调整与转型升级营造稳定的货币金融环境，促进经济科学发展、可持续发展。同时，寓改革于调控之中，把货币政策调控与深化改革紧密结合起来，更充分地发挥市场在资源配置中的决定性作用。针对金融深化和创新发展，进一步完善调控模式，疏通传导机制，通过增加供给和竞争改善金融服务，提高金融运行效率和服务实体经济的能力。

一是综合运用数量、价格等多种货币政策工具，健全宏观审慎政策框架，丰富和优化政策组合，保持适度流动性，实现货币信贷和社会融资规模合理增长。根据经济金融形势变化以及金融创新对银行体系流动性的影响，灵活运用公开市场操作、存款准备金率、再贷款、再贴现、常备借贷便利、短期流动性调节等工具，完善中央银行抵押品管理框架，调节好流动性总闸门，保持货币市场稳定。同时，引导商业银行加强流动性和资产负债管理，做好各时点的流动性安排，合理安排资产负债总量和期限结构，提高流动性风险管理水平。继续发挥宏观审慎政策的逆周期调节作用，根据经济景气变化、金融机构稳健状况和信贷政策执行情况等对有关参数进行适度调整，引导金融机构更有针对性地支持实体经济发展。

二是盘活存量、优化增量，支持经济结构调整和转型升级。优化流动性的投向和结构，落实好“定向降准”的相关措施，发挥好信贷政策支持再贷款和再贴现政策的作用，引导金融机构优化信贷结构。鼓励金融机构创新组织、机制、产品和服务模式，支持农业适度规模经营和新型农业经营主体发展。探索完善信贷政策导向效果评估，更好地盘活现有信贷存量，增加存量信贷资金对小微企业的投入。进一步发挥金融职能，加大对科技、文化、信息消费、战略性新兴产业等国民经济重点领域的金融支持力度。不断改进信贷政策实施方式，进一步加大对扶贫、就业、助学、少数民族、农民工、大学生村官等“民生”领域的金融支持和服务。保证在建续建工程和项目的合理资金需求，积极支持铁路等重大基础设施、城市基础设施、保障性安居工程等民生工程建设。严格控制对高耗能、高排放行业和产能过剩行业的贷款，促进产能过剩矛盾化解。建立和完善绿色信贷机制，不断提升对节能环保、循环经济、防治大气污染领域的金融服务水平，加大对相关领域技术改造等方面的信贷支持。落实好差别化住房信贷政策，支持保障性住房、中小套型普通商品住房建设和居民首套自住普通商品房消费，坚决抑制投机投资性购房需求。进一步发挥开发性金融作用，支持棚户区改造。多措并举，标本兼治，着力降低社会融资成本。

三是进一步推进利率市场化和人民币汇率形成机制改革，提高金融资源配置效率，完善金融调控机制。进一步健全市场利率定价自律机制，提高金融机构自主定价能力。继续推进同业存单发行和交易，探索发行面向企业及个人的大额存单，逐步扩大金融机构负债产品市场化定价范围。继续培育上海银行间同业拆借利率（Shibor）和贷款基础利率（LPR），建设较为完善的市场利率体系。建立健全中央银行的利率调控框架，强化价格型调控和传导机制。进一步完善人民币汇率市场化形成机制，加大市场决定汇率的力度，增强人民币汇率双向浮动弹性，保持人民币汇率在合理、均衡水平上的基本稳定。加快发展外汇市场，坚持金融服务实体经济的原则，为基于实需原则的进出口企业提供汇率风险管理服务。支持人民币在跨境贸易和投资中的使用，稳步拓宽人民币流出和回流渠道。推动人民币对其他货币直接交易市场发展，更好地为跨境贸易人民币结算业务发展服务。密切关注国际形势变化对资本流动的影响，加强对跨境资本的有效监控。

四是完善金融市场体系，切实发挥好金融市场在稳定经济增长、推动经济结构调整和转型升级、深化改革开放和防范金融风险方面的作用。加强市场基础性建设，为经济结构调整和转型升级提供高效的投融资市场。推动市场创新，丰富债券市场产品和层次，更好地满足投资者需求。继续完善做市商制度，提高债券市场流动性，为培育有效的收益率曲线夯实基础。培育多元化的参与主体，继续推动金融市场、金融产品、投资者和融资中介多元化发展，强化市场化约束和风险分担机制。大力发展直接融资，推动多层次资本市场建设。强化市场监管，充分发挥公司信用类债券部际协调机制的作用，加强监管协调，规范市场主体交易行为，防范金融风险，促进金融市场安全高效运行和规范发展。

五是深化金融机构改革，通过增加供给和竞争改善金融服务。继续深化大型商业银行和其他大型金融企业改革，完善公司治理，形成有效的决策、执行、制衡机制，把公司治理的要求真正落实于日常经营管理和风险控制之中。扎实推进中国农业银行“三农金融事业部”改革，探索商业性金融服务“三农”的可持续模式，提升“三农”和县域金融服务水平。加快推进中国进出口银行和中国农业发展银行改革，强化政策性职能定位，对政策性业务和自营性业务实施分账管理、分类核算；科学建立资本约束机制，健全治理结构，完善财税扶持政策，构建符合中国特色、能更好地为经济发展服务、可持续运营的政策性金融机构及其政策环境。深化国家开发银行改革，发挥好依托国家信用、服务国家战略、资金运用保本微利的开发性金融的“供血”作用，重点支持棚改及城市基础设施等相关工程建设。继续推动资产管理公司商业化转型。在加强监管的前提下，鼓励各类型金融机构和金融服务组织、中介机构有序发展，形成各种市场主体共同参与竞争的金融生态。进一步完善互联网金融相关标准和制度，促进公平竞争，加强行业自律，提升风险防控能力，切实维护投资者权益，促进互联网金融健康发展。

六是有效防范系统性金融风险，切实维护金融体系稳定。加强宏观审慎管理，引导金融机构稳健经营，督促金融机构加强流动性、内控和风险管理。在支持金融创新的同时，加强对同业业务和理财业务发展潜在风险的监测与防范。加强对地方政府性债务和偿债能力的跟踪监测，着力防控债务风险，探索以市场化机制化解地方政府债务问题。健全系统性金融风险的防范预警和评估体系，继续加强对地方融资平台债务、各类影子银行业务、企业互保联保等风险领域的监测分析，动态排查风险隐患，督促金融机构及有关方面做好各种情景下的应对预案。充分发挥金融监管协调部际联席会议制度的作用，强化交叉性、跨市场金融产品的风险监测和监管协调，促进各类金融市场、各类金融工具的协调发展，建立健全金融综合统计体系和信息共享机制。加快建立存款保险制度，完善金融机构市场化退出机制。采取综合措施维护金融稳定，守住不发生系统性、区域性金融风险的底线。

PART 1

Monetary and Credit Performance

In the first half of 2014, liquidity in the banking system was abundant, money, credit, and all-system financing aggregates grew at a relatively rapid pace, and the credit structure was further improved.

I. Growth of money supply rebounded

At end-June 2014, outstanding broad money (M2) stood at RMB121.0 trillion yuan, up 14.7 percent year on year and an acceleration of 2.6 percentage points from the end of March. Outstanding narrow money (M1) stood at RMB34.1 trillion yuan, up 8.9 percent year on year and an acceleration of 3.5 percentage points from the end of March. Currency in circulation M0 stood at RMB5.7 trillion yuan, up 5.3 percent year on year and an acceleration of 0.1 percentage point from the end of March. In the first half of 2014, cash withdrawals from circulation amounted to RMB162 billion yuan, RMB102.5 billion yuan more than that during the corresponding period of the last year. In general, since the beginning of 2014, the growth of M2 moved up amid fluctuations and was higher than the annual target of 13 percent that was set for the whole year. Monetary conditions were relatively accommodative.

At end-June, outstanding base money was RMB28.0 trillion yuan, up 8.6 percent year on year and RMB887.9 billion yuan more than that at the beginning of the year. The money multiplier was 4.32, which was 0.10 and 0.24 higher than that at the end of March and the end of the last year respectively. The excess reserve ratio of financial institutions was 1.7 percent and that of rural credit cooperatives was 4.4 percent.

II. Growth of deposits in financial institutions accelerated

At end-June, outstanding deposits of domestic and foreign currencies in all financial institutions (including foreign-funded financial institutions, the same hereafter) posted RMB117.3 trillion yuan, up 13.1 percent year on year. This represented an acceleration of 1.6 percentage points from the end of March, growth of RMB10.0 trillion yuan from the beginning of the year, and an acceleration of RMB803 billion yuan year on year. Outstanding RMB deposits posted RMB113.6 trillion yuan, up 12.6 percent year on year. This represented an acceleration of 1.2 percentage points from the end of March, growth of RMB9.2 trillion yuan from the beginning of the year, and an acceleration of RMB135.4 billion yuan year on year. Outstanding deposits in foreign currencies posted USD593.6 billion, up 34.5 percent year on year. This represented growth of USD128.6 billion from the beginning of the year, an acceleration of USD97.3 billion year on year, and flat with the growth during the corresponding period of 2012. It is worth noting that, due to factors such as the maturing of a large volume of off-balance-sheet wealth management products and the expansion of the inter-bank business, the phenomenon of abrupt increases in deposits at the end of the quarter was prominent. During the last three business days of June, RMB deposits increased by more than RMB4 trillion yuan, followed by a large decline in early July. It is possible that this will result in shocks to the money supply.

Broken down by sectors, growth of household and non-financial business deposits rose steadily, while growth of deposits of non-deposit-taking financial institutions continued to accelerate. At end-June, outstanding household deposits in financial institutions posted RMB50.2 trillion yuan, up 12.0 percent year on year. This represented an acceleration of 0.6 percentage point from the end of March, growth of RMB4.1 trillion yuan from the beginning of the year, and a deceleration of less than RMB78.9 billion yuan year on year. Outstanding deposits of non-deposit-taking financial institutions posted RMB38.4 trillion yuan, up 9.7 percent year on year. This also represented an acceleration of 4.1 percentage points from the end of March, growth of RMB2.5 trillion yuan from the beginning of the year, and an acceleration of RMB194.8 billion yuan year on year. Outstanding fiscal deposits posted RMB3.7 trillion yuan, representing growth of RMB654.1 billion yuan from the beginning of the year and a deceleration of RMB304.6 billion yuan year on year. Outstanding deposits of non-deposit-taking financial institutions posted RMB8.2 trillion yuan, up 66.2 percent year on year. This also represented an acceleration of 26.3 percentage points from the end of March, growth of RMB2.3 trillion yuan from the beginning of the year, and an acceleration of RMB2.3 trillion yuan year on year. This was mainly due to the rapid development of the off-balance-sheet wealth management business of commercial banks and money-market funds.

III. New loans of financial institutions grew rapidly

At the end of June, outstanding loans of domestic and foreign currencies in all financial institutions registered RMB82.9 trillion yuan, up 13.7 percent year on year and with growth on par with that at the end of March. This was RMB6.2 trillion more than that at the beginning of the year, representing a year-on-year acceleration of RMB670.2 billion yuan. Among the total, outstanding RMB loans stood at RMB77.6 trillion yuan, up 14.0 percent year on year. This represented an acceleration of 0.1 percentage point from the end of March, an increase of RMB5.7 trillion yuan from the beginning of the year, and an acceleration of RMB659 billion yuan year on year.

In terms of the credit structure, RMB loans to the household sector moderated, while the growth of loans to the non-financial corporate sector and other sectors picked up. At the end of June, outstanding loans to the household sector registered RMB21.7 trillion yuan, up 19.3 percent year on year. This represented a deceleration of 2.1 percentage points from the end of March, an increase of RMB1.9 trillion yuan from the beginning of the year, and a deceleration of RMB194.1 billion yuan year on year. In particular, home mortgage loans increased by RMB870.4 billion yuan from the beginning of the year, representing a deceleration of RMB9.2 billion yuan year on year. Since the beginning of 2014, the real estate market differed among the various regions and showed signs of making adjustments. As some commercial banks faced increased pressures from the strengthened credit policy guidance, to receive better returns they tended to allocate the limited credit resources to small and micro enterprises and to self-employed businesses, and their willingness to extend credit to the real estate sector declined somewhat. However, the share of home mortgage loans among new loans remained at an elevated level. In the first half of the year, the share of home mortgage loans among total new loans stood at 15.2 percent, which was above the average level between 2010 and 2013. At the end of June, outstanding RMB loans to non-financial enterprises and other sectors posted RMB55.7 trillion yuan, up 12.1 percent year on year. This represented an acceleration of 0.8 percentage point from the end of March, an increase of RMB3.9 trillion yuan from the beginning of the year, and an acceleration of RMB853.8 billion yuan year on year.

In terms of RMB loan maturities, growth of medium- and long-term loans picked up, while growth of short-term loans moderated. At the end of June, outstanding medium- and long-term loans registered RMB43.2 trillion yuan, up 13.9 percent year on year. This represented an acceleration of 0.5 percentage point from the end of March, an increase of RMB3.3 trillion yuan from the beginning of the year, and an acceleration of RMB697.8 billion yuan year on year. New medium- and long-term loans accounted for 57.2 percent of total new loans, up 6.3 percentage points from the corresponding period of the last year. In particular, fixed-asset loans contributed a large share. In the first half of the year, new fixed-asset loans

Table 1 RMB Loans of Financial Institutions in the First Half of 2014

Unit: RMB100 million yuan

	First half of 2014		First half of 2013	
	New loans	Acceleration year on year	New loans	Acceleration year on year
Chinese-funded large-sized national banks [1]	26,940	3,654	23,286	1,141
Chinese-funded small- and medium-sized national banks[2]	15,950	2,001	13,948	677
Chinese-funded small- and medium-sized local banks[3]	8,834	655	8,179	1,371
Small-sized rural financial institutions[4]	9,002	188	8,814	224
Foreign-funded financial institutions	321	411	-90	-379

Notes: 1. Chinese-funded large-sized national banks refer to banks with assets (both in domestic and foreign currencies) of at least RMB2 trillion yuan (according to the amount of total assets in both domestic and foreign currencies at end-2008).

2. Chinese-funded small- and medium-sized national banks refer to banks operating across provinces with assets (both in domestic and foreign currencies) of less than RMB2 trillion yuan.

3. Chinese-funded small- and medium-sized local banks refer to banks operating within a single province with total assets of less than RMB2 trillion yuan, denominated in domestic and foreign currencies.

4. Small-sized rural financial institutions include rural commercial banks, rural cooperative banks, and rural credit cooperatives.

Source: The People's Bank of China.

posted RMB1.7 trillion yuan, an acceleration of RMB495.6 billion yuan year on year. This was related to the increased infrastructural investments during recent periods, which helped to gradually stabilize investments. At the end of June, outstanding short-term loans stood at RMB31.1 trillion yuan, an increase of 15.4 percent and a deceleration of 1.0 percentage point from the end of March. Short-term loans, including bill financing, increased RMB2.3 trillion yuan from the beginning of the year, a deceleration of RMB90.7 billion yuan year on year. Broken down by financial institutions, all types of financial institutions reported accelerations of loans compared with the same period of the last year, with the largest increase coming from Chinese-funded national banks.

Foreign currency–denominated loans increased steadily. At the end of June, outstanding foreign currency loans of financial institutions posted USD852.6 billion, up 9.9 percent year on year. This was USD75.7 billion more than that at the beginning of the year and a deceleration of USD16.7 billion year on year. In terms of the loan structure, trade financing increased by USD19.1 billion, accounting for 25.2 percent of total new foreign currency–denominated loans; outward lending and medium- and long-term domestic loans increased by USD24.8 billion, accounting for 32.7 percent of the total new foreign currency–denominated loans.

IV. The amount of all-system financing aggregates hit a historical high

According to preliminary statistics, in the first half of 2014, all-system financing aggregates reached RMB10.57 trillion yuan, representing an increase of RMB414.6 billion yuan year on year and hitting a record high compared with the corresponding periods.

All-system financing aggregates in the first half of 2014 displayed the following four structural characteristics. First, RMB loans registered a larger increase compared with the same period of the last year. In the first half of the year, new RMB loans accounted for 54.3 percent of all-system financing aggregates, up 4.3 percentage points over the same period of the last year.

Table 2 All-system Financing Aggregates in the First Half of 2014

Unit: RMB100 million yuan

	All-system financing aggregates[1]	Of which:						
		RMB loans[3]	Foreign currency-denominated loans (RMB equivalent)	Entrusted loans	Trust loans	Undiscounted bankers' acceptances	Enterprise bonds	Financing by non-financial institutions via the domestic stock market
First half of 2013	101,529	50,792	5,791	11,118	12,365	5,169	12,164	1,248
First half of 2014[2]	105,675	57,382	4,632	13,511	4,601	7,871	13,025	2,022

Notes: 1. All-system financing aggregates refer to the total volume of funds by the financial system to the real economy during a certain period of time. It is a flow value.

2. Data for the current period are preliminary.

3. Data for RMB loans are the historical numbers that were released in the past.

Sources: The People's Bank of China, National Development and Reform Commission, China Securities Regulatory Commission, China Insurance Regulatory Commission, China Government Securities Depository Trust & Clearing Co., Ltd., National Association of Financial Market Institutional Investors, and so forth.

Second, the growth of new foreign currency–denominated loans was significantly lower than that during the same period of the last year. New foreign currency–denominated loans registered an equivalent of RMB463.2 billion yuan, a deceleration of RMB115.9 billion yuan year on year. Third, direct financing was brisk and accounted for a larger share of all-system financing aggregates. In the first half of the year, net financing via corporate bonds and equity issuances registered RMB1.5 trillion yuan, an acceleration of RMB163.5 billion yuan year on year. In particular, financing by corporate bonds registered RMB1.30 trillion yuan, representing an acceleration RMB86.1 billion yuan year on year and hitting a historical high. Fourth, trust loans shrank significantly, resulting in a moderation in the growth of off-balance-sheet financing. In the first half of the year, the combined financing by the real sector via entrusted loans, trust loans, and undiscounted bankers' acceptances amounted to RMB2.60 trillion yuan, a deceleration of RMB266.9 billion yuan year on year, among which trust loans increased RMB460.1 billion yuan, a deceleration of RMB776.4 billion yuan year on year.

V. Lending rates of financial institutions declined somewhat

In June the weighted average lending rate offered to non-financial institutions and other sectors was 6.96 percent, down 0.22 percentage point from March. In particular, the weighed average interest rate of loans was 7.26 percent, down 0.11 percentage point from March; the weighed average bill financing rate was 5.51 percent, down 0.77 percentage point from March. Home mortgage rates rose slightly. In June the weighed average home mortgage interest rate was 6.93 percent, up 0.23 percentage point from March.

The shares of loans with lending rates lower than or flat with the benchmark rates rose, whereas the share of loans with lending rates higher than the benchmark rates declined. In June the shares of loans with interest rates lower than or flat with the benchmark rates were 9.32 percent and 21.57 percent respectively, up 0.97 and 0.17 percentage point from March, and the share of loans with interest rates higher than the benchmark rates was 69.11 percent, down 1.14 percentage points from March.

Table 3 Shares of Loans of Rates at Various Ranges of the Benchmark Rate, January through June 2014

Unit:%

Month	Lower than the benchmark	At the benchmark	Higher than the benchmark					
			Sub-total	(1.0,1.1]	(1.1,1.3]	(1.3,1.5]	(1.5,2.0]	Above 2.0
January	8.20	22.81	68.99	17.90	27.39	11.00	9.78	2.92
February	7.56	24.96	67.48	20.61	26.09	10.13	8.05	2.60
March	8.35	21.40	70.25	18.81	27.69	11.17	9.56	3.02
April	6.14	20.60	73.26	20.20	28.47	11.93	9.69	2.97
May	7.35	19.81	72.84	20.45	28.12	11.97	9.52	2.78
June	9.32	21.57	69.11	20.24	26.71	11.19	8.42	2.55

Source: The People's Bank of China.

Due to interest-rate movements on international markets and changes in the supply and demand of foreign exchange in China, the deposit and lending rates of foreign currencies were generally lower than those in March. In June the weighted average interest rates of large-value US dollar demand deposits and US deposits with a maturity within 3 months were 0.22 percent and 1.99 percent respectively, down 0.03 and 0.61 percentage point from March. The weighted average interest rates of US dollar loans with a maturity within 3 months and within 3~6 months (including 3 months) were 2.87 percent and 3.03 percent respectively, down 0.21 and 0.17 percentage point from March.

Table 4 Average Interest Rates of Large-value Deposits and Loans Denominated in US Dollars, January through June 2014

Unit:%

Month	Large-value deposits						Loans					
	Demand deposits	Within 3 months	3-6 months (including 3 months)	6-12 months (including 6 months)	1 year	Over 1 year	Within 3 months	3-6 months (including 3 months)	6-12 months (including 6 months)	1 year	Over 1 year
January	0.21	2.41	3.43	3.48	3.54	2.68	2.82	2.90	3.14	2.88	3.56
February	0.20	2.50	3.54	3.68	3.66	3.08	3.08	3.13	3.46	3.10	3.08
March	0.25	2.60	3.68	3.63	3.85	2.72	3.08	3.20	3.35	3.30	3.16
April	0.27	2.45	3.56	3.70	3.66	2.81	3.11	3.24	3.59	3.52	3.47
May	0.26	2.21	3.24	3.43	3.58	2.83	2.97	3.09	3.45	3.52	3.63
June	0.22	1.99	3.03	3.17	3.69	2.78	2.87	3.03	3.37	3.42	3.45

Source: The People's Bank of China.

Box 1 Observations on Financing Costs

Some enterprises and localities have recently reported that they face a shortage of funds and financing costs are rising substantially. This has attracted attention far and wide. The costs of financing directly reflect changes in capital prices, and more deeply they are a reflection of the interactions between aggregate demand and supply and the impact of a number of structural factors on the price of capital. The costs of social financing should be examined in an objective, comprehensive, and dynamic way.

With the development of the financial market and the market-based interest-rate reform, financial products have become more diversified and interest rates have become more diverse. To monitor changes in the financing costs, we need not only to look at the interest rates of loans, bonds, trust funds, private financing, and other financing channels, but also at the term structure of the interest rates. In addition, we need to examine the differences in financing costs among large, medium, and small enterprises, as well as non-interest expenses. Since the beginning of 2014, both the lending rates and the corporate bond rates declined somewhat, and in general the financing costs fell slightly. However, some enterprises, especially small and micro enterprises, still faced financing difficulties and high financing costs.

In general, changes in interest rates can automatically adjust the supply and demand for funds. On the demand side, if economic agents consider the financing costs are too high, their demand for financing will decline and the growth of money and credit aggregates will moderate. As a result, interest rates will follow the fall and a new equilibrium will be formed. On the supply side, increases in money and credit supply tend to cause a fall in interest rates and subsequently the supply and demand for funds will adjust. But it is worth noting that while some enterprises report that problems of financing difficulties and high financing costs have become more acute, monetary and credit aggregates have maintained relatively rapid growth. At end-June, the year-on-year growth of M2 outpaced the nominal GDP growth during the corresponding period by 5.7 percentage points. The overall liquidity was ample, whereas the debt ratio of the entire economy was still rising. This suggests that structural issues in the economy are impacting the supply and demand for liquidity. From the basic framework of economic theory, savings and investments collectively determine the level of (real) interest rates. In recent years, the deceleration in China's savings rate has exceeded the deceleration in China's investment rate, which may lead to an increase in (real) interest rates even though the growth in investments decelerated. This indicates that the demand for investments and borrowings is larger than the supply of savings, while some structural factors on the supply side also affect the financing costs.

The reasons behind the high financing costs are multifaceted. First, the debt ratio of the corporate sector was relatively high, while the high debt burden and financing demands reinforced one another. In recent years, China's overall debt ratio, in particular the debts of the non-financial corporate sector, has been rising rapidly. A high leverage ratio and a large amount of financing during the previous period will create ongoing financing needs and push up interest rates. Second, soft budget constraints pushed up the financing rates. Some sectors were not price-sensitive in terms of financing, while inefficient enterprises held massive credit resources, crowding out other real sectors, small and micro enterprises in particular. Partly due to the demand for financing by these sectors that can endure the high costs, commercial banks, wealth management products, and Internet financing can pay high interest rates to their clients, leading to an increase in the liability costs of commercial banks. Third, due to the underdevelopment of equity financing, the corporate sector relies heavily on debt financing. In the years prior to the global financial crisis, equity financing by enterprises on the capital market was relatively large and the debt ratio of the corporate sector on the whole was declining. However, in recent years equity financing has been shrinking. In 2013 financing by enterprises on the domestic stock market totaled a mere RMB221.9 billion yuan, and the share of debt financing, bank loans in particular, rose significantly. In addition, due to the shortage of supply in financial services and the lack of competition in some areas, ongoing economic structural adjustments, coupled with relatively less resilience of small and micro enterprises and the agricultural sector, rural areas, and farmers, risk premiums increased. In addition, the weak foundation for the social credit system and the unreasonable surcharges also pushed up the costs of corporate financing. The tapering of the unconventional monetary policies in foreign central banks also resulted in spillovers.

In summary, the causes of "financing difficulties and high financing costs" were very complex, including both macro-economic and micro-economic factors and problems in the real and financial sectors. In particular, the high debt ratio and the rising risk premiums were important factors, which, in turn, were related to some institutional issues, such as inadequate equity financing, soft budget constraints of some financing bodies, investment-driven growth patterns, and so forth. To solve the problems of "financing difficulties and high financing costs," efforts should be made to deepen the reforms in a comprehensive manner and to seek both temporary and permanent solutions. Days ago, the Executive Meeting of the State Council made arrangements to step up financial support and to take a variety of measures to ease the high corporate financing costs. The proposed measures include continuing the sound monetary policy, carrying out structural adjustments, optimizing credit allocations, containing unreasonable growth in the financing costs of financial institutions, shortening the chain of corporate financing, removing unreasonable charges, improving small and micro enterprise loan management by commercial banks, prudently but steadily promoting the development of small and medium financial institutions specializing in providing services to small and micro enterprises, the agricultural sector, rural areas, and farmers, increasing financial services, vigorously supporting the development of direct financing, improving the performance evaluation system of commercial banks, supporting insurance products to facilitate access of small and micro enterprises to credit services, and advancing the market-based interest-rate reform in an orderly manner. In sum, efforts should be made to further promote structural reforms and adjustments, deepen the reform of the financial system, and strengthen financial services and regulations so as to step up financial support to the real economy, increase employment, and improve the people's livelihood.

VI. The flexibility of the RMB exchange rate was strengthened considerably

In the first half of 2014, the RMB exchange rate registered a mild depreciation but moved in both directions with much stronger flexibility. At end-June, the central parity of the RMB against the US dollar was RMB6.1528 yuan per dollar, representing a depreciation of 559 basis points, or 0.91 percent, from end-2013. From the reform of the RMB exchange-rate regime in 2005 to end-June 2014, the RMB registered a cumulative appreciation of 34.52 percent against the US dollar. According to calculations by the BIS, in the first half of 2014, the NEER and REER of the RMB depreciated by 2.82 and 3.97 percent respectively; from the RMB exchange-rate regime reform in 2005 to June 2014, the NEER and REER of the RMB appreciated by

28.33 and 36.51 percent respectively.

VII. Cross-border RMB business maintained steady growth

According to preliminary statistics, in the first half of 2014, commercial banks processed RMB3.27 trillion yuan of RMB settlements of cross-border trade, up 59 percent year on year. In particular, settlements of trade in goods registered RMB2.09 trillion yuan and settlements of trade in services and other items under the current account registered RMB1.18 trillion yuan. Actual RMB receipts and payments in cross-border trade registered RMB1.23 trillion yuan and RMB2.04 trillion yuan respectively, resulting in a receipt-payment ratio of 1:1.66. Bank settlements of cross-border RMB direct investments reached RMB469.88 billion yuan. In particular, outward direct investments settled in RMB totaled RMB86.49 billion yuan, an increase of 2.94 times from the corresponding period of the last year, and foreign direct investments settled in RMB totaled RMB383.39 billion yuan, an increase of 1.37 times.

Figure 1 RMB Settlements of Cross-border Trade

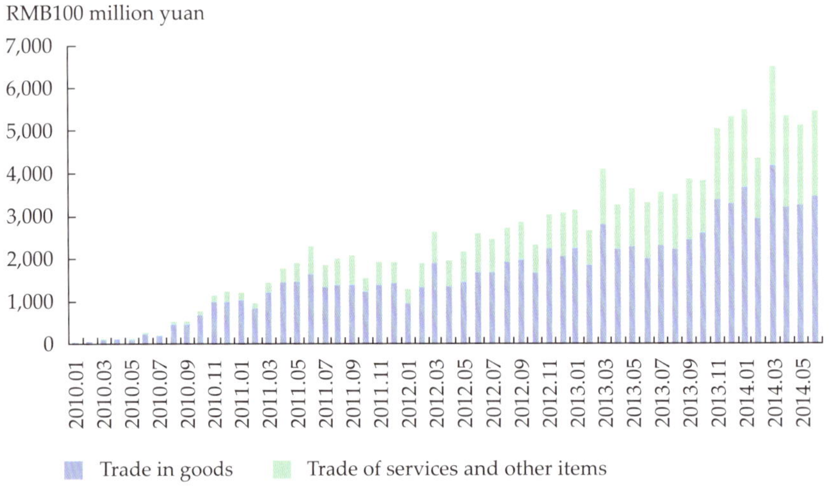

Source: The People's Bank of China.

PART 2

Monetary Policy Operations

Since the beginning of 2014, the PBC, in accordance with the overall arrangements of the State Council, continued to implement a sound monetary policy. Responding to downward pressures in economic operations and price inflation, the PBC remained focused on macro-economic adjustments and took initiatives as called for. Innovation was made in the approach to macro-economic management on a continuous basis, including diversifying policy instruments and optimizing the policy mix, to target the acute issues in macro-economic operations. Fine-tunings and preemptive adjustments were conducted as appropriate in the form of structural adjustments so as to promote stable and sustainable economic growth.

I. Flexible open market operations were conducted and the balance of SLFs remained at zero

The PBC strengthened its analysis and monitoring of factors influencing the demand and supply of liquidity in the banking system, properly managed the direction, intensity, and pace of open market operations based on the supply and demand for liquidity within each period, and adjusted liquidity in the banking system in a flexible and appropriate manner. In the first quarter, the PBC conducted open market operations in both directions, using a mix of policy instruments, such as open market repo, reversed repo operations, and short-term liquidity operations. In the second quarter, in view of the complex factors influencing the supply and demand for liquidity, the PBC conducted 28-day reversed repo operations for sterilization purposes and dealt with the volatilities in short-term liquidity caused by a number of factors. In the first half of 2014, a total of RMB525 billion yuan of repo operations was conducted and the volume of reversed repo operations amounted to RMB2.33 trillion yuan. In the meantime, efforts were made to keep the interest rates of open market operations at generally stable levels to guide market expectations and to promote the stable movement of market interest rates. At end-June, the interest rate of 28-day reversed repo operations was 4 percent.

Given the overall liquidity situation in the money market, in the second quarter, the PBC did not conduct Standing Lending Facility (SLF) operations and kept the balance of the SLFs at zero. The interest rates of the SLFs, serving in effect as a ceiling on the money market rates, helped anchor market expectations and keep money market rates at generally stable levels.

State treasury cash management operations were conducted in an appropriate manner. In the first half of 2014, a total of RMB280 billion yuan of state treasury funds was deposited in commercial banks in six separate operations, including RMB90 billion yuan in three-month time deposits, RMB100 billion yuan in six-month time deposits, and RMB90 billion yuan in nine-month time deposits.

II. Targeted reductions in the deposit reserve requirement ratios on two occasions

To follow the decisions adopted at the Executive Meeting of the State Council, to beef up credit support to the agricultural sector, rural areas, and farmers, and small and micro enterprises, and to enhance the capacity of the financial sector to serve the real economy, in April and June, 2014, the PBC conducted targeted reductions of the deposit reserve requirement ratio (RRR) on two occasions, lowered the RRR of rural commercial banks and rural cooperative banks at the county-level by 2 and 0.5 percentage point respectively, and cut by 0.5 percentage point the RRR of commercial banks (excluding those that were subject to the deposit reserve requirement ratio reduction in April 2014) that have complied with prudential requirements and have reached the required ratios in their lending to the agricultural sector, rural areas, and farmers (agro loans), and lending to small and micro enterprises. In addition, to encourage finance companies, financial leasing companies, and automobile finance companies to play a role in facilitating the efficient use of funds and to boost consumption, their RMB deposit RRR was cut by 0.5 percentage point.

Box 2 Targeted Reductions in the Deposit Reserve Requirement Ratio

To follow the decisions of the State Council's Executive Meeting, to beef up support to the agricultural sector, rural areas, and farmers, and micro and small enterprises, and to enhance the capacity of the financial sector to serve the real sector, the PBC carried out targeted reductions of the deposit reserve requirement ratio on two occasions, i.e., in April and June 2014.

Specifically, in April 2014 the RRRs of county-level rural commercial banks and rural cooperative banks were cut by 200 and 50 basis points respectively, as the two categories of financial institutions had a higher proportion of loans to the agricultural sector, rural areas, and farmers. The targeted RRR reductions in June were mainly applicable to other types of commercial banks that complied with the prudential requirements and had reached the required ratios, either in their lending to the agricultural sector, rural areas, and farmers (agro loans), and to small and micro enterprises, and their RRRs were cut by 50 basis points. Specifically, the ratio of new agro loans to total new loans should be 50 percent or above during the last year and the ratio of outstanding agro loans to total loans should be 30 percent or above at the end of the last year; or the ratio of new loans to small and micro enterprises to total new loans should be 50 percent or above in the last year and the ratio of outstanding small and micro enterprise loans to total loans should be 30 percent or above at the end of the last year. Based on these standards, the targeted reduction in the RRR applied to two-thirds of the city commercial banks, more than 80 percent of the rural commercial banks that are not incorporated at the county-levels, more than 90 percent of the rural cooperative banks that are not incorporated at the county-levels, and several joint-stock banks and foreign-funded banks. The two rounds of targeted reductions in the RRRs covered almost all financial institutions except rural credit cooperatives and village and township banks. Because the rural credit cooperatives and village and township banks had much lower reserve requirement ratios, they were not included in these two rounds of RRR reductions.

Targeted reductions in RRRs played a major role in signaling and guiding the credit structural adjustments. The creation of this positive incentive system facilitated credit structural adjustments and helped beef up financial support to the agricultural sector, rural areas, and farmers, and small and micro enterprises. Given the large and rapidly growing monetary and credit stocks, it is inappropriate to rely on overly expansive policies to address the structural problems. The targeted reductions in the RRRs in June linked the reduction in the RRRs to the evaluation of outstanding loan ratio indicators and the incremental loan ratio indicators, favoring those commercial banks that had a high proportion of loans to the agricultural sector, rural areas, and farmers, and small and micro enterprises during the past year. In the future, evaluations of commercial banks will be conducted regularly to adjust their reserve requirement ratios on an ongoing basis. As a result of this arrangement, a positive incentive mechanism will function as a guide for commercial banks to make good use of incremental loans and to revitalize the credit stock so that the agricultural sector, rural areas, and farmers, and small and micro enterprises will obtain more bank loans even though the aggregate amount of loans does not increase substantially.

Since the outbreak of the global financial crisis, conducting targeted operations to straighten out the monetary policy transmission channel has become a new trend among the central banks of the major economies. For example, the FED carried out Operation Twist to straighten out the transmission from short-term interest rates to medium and longer-term interest rates, and the ECB launched the Targeted Long-term Refinancing Operations to guide credit to flow to the real economy. The PBC also actively used monetary policy instruments to support economic structural adjustments. The two targeted reductions in RRRs by the PBC are a reflection of this idea.

Of course, monetary policy focuses on aggregate financial indicators and its role in guiding structural adjustments is supplementary. If structural measures, such as targeted reductions in the RRRs, are implemented for an extended period, this will cause some problems, including compromising the questionable authenticity of data, weakening the role of the market in determining the flow of funds, and even damaging the uniform nature of the reserve requirement ratio. In the medium to long run, to strengthen the indigenous drivers for economic growth, promote structural adjustments, transformation, and upgrading, and optimize credit resources, efforts will be made to deepen the institutional reforms and to allow the market to play a decisive role in resource allocations.

III. Macro-prudential management was strengthened and the dynamic adjustment mechanism of the differentiated reserve requirement continued to play a role in counter-cyclical management

The PBC continued to use the dynamic adjustment mechanism of the differentiated reserve requirement as a way to strengthen macro-prudential management. Based on domestic and global economic and financial developments, the soundness of financial institutions, and implementation of the credit policy, the PBC recalibrated the parameters of the dynamic adjustment mechanisms for the differentiated reserve requirement. During the second quarter, the PBC strengthened the recalibration of the policy parameters relating to implementation of credit policy for small and micro enterprises and agro-linked loans to guide and encourage financial institutions to step up credit support to small and micro enterprises, the agricultural sector, rural areas, and farmers, and under-developed areas in central and western China, and to guide reasonable credit growth.

IV. The role of credit policy lending by the central bank was tapped to ratchet up credit support to the agricultural sector, rural areas, and farmers, and small and micro enterprises

In March 2014, the PBC and six other departments jointly issued the *Guidelines on Improving Financial Services for Poverty Alleviation and Development*. According to the *Guidelines*, the lending rates of agro-supporting central bank loans offered to eligible financial institutions with legal-person status in the poor areas can be one percentage point lower than the prevailing rates of the preferential agro-supporting central bank lending. At end-June 2014, outstanding agro-supporting central bank loans posted RMB184.2 billion yuan, representing an increase of RMB23.7 billion yuan year on year. To implement the decisions adopted at the Executive Meeting of the State Council that convened on May 30, the PBC further improved the incentive mechanism for central bank lending to support small and micro enterprises and beefed up central bank lending to local financial institutions with legal-person status to extend loans to small and micro enterprises. At end-June, outstanding small and micro enterprise–supporting central bank loans totaled RMB26.1 billion yuan. The weighted average rate of loans offered by local financial institutions with legal-person status to small and micro enterprises by using the small and micro enterprise-supporting central bank loans was 2 percentage points lower than the interest rates of loans of same maturity that they extended by using other sources of funds. Overall, the credit policy–supporting central bank lending has produced good results, has helped guide financial institutions to increase credit support to small and micro enterprises, the agricultural sector, rural areas, and farmers, and has eased financing difficulties and lowered financing costs.

V. Strengthening window guidance and credit policy guidance

The PBC continued to use monetary policy, macro-prudential management policy, and credit policy to send signals and guide structural adjustments, strengthened the coordination of credit policy and industrial policy, and guided the optimization of the credit structure of financial institutions. Financial institutions were encouraged to adopt modern IT applications and management skills, to make innovations in financial products and services, and to improve their performance and evaluation systems. Financial resources were consolidated to support the development of small and micro enterprises. Efforts were made to increase financial support to new types of agricultural entities such as family farms. Consumer finance was further developed and financial services were improved to promote poverty alleviation and economic development. Financial services were enhanced to improve the people's livelihood and to promote balanced regional development. Credit inputs were increased to advanced manufacturing industries with good market outlooks, strategic emerging industries, modern IT industries, and information consumption, labor-intensive industries, the services industry, the transformation and upgrading of traditional industries, industry promoting green and environmental-friendly growth, and so forth. The reasonable funding needs of key ongoing and follow-up projects were guaranteed and efforts were made to support key livelihood projects, such as major infrastructure programs including reconstruction of shanty dwellings and railway construction, to help improve the quality and efficiency of growth. Lending to heavy energy-consuming, highly polluting industries and those burdened with overcapacity was strictly controlled. For enterprises that wanted to consolidate their excess capacity, targeted credit support was provided to support mergers and acquisitions and to address their overcapacity problems. The pilot program of credit asset securitization was expanded to help financial institutions better manage the stock of their credit assets. Evaluations of the effectiveness of credit policy guidance were improved to enhance the role of evaluations in guiding loan underwriting.

In terms of the effectiveness of the credit policy, changes in the credit structure supported the economic structural adjustments, transformation, and upgrading. At end-June, outstanding RMB loans to small and micro enterprises of financial institutions grew 15.7 percent year on year, outpacing the growth of loans to large and medium enterprises by 5.6 and 2.3 percentage points respectively; outstanding RMB and foreign currency–denominated agro-linked loans increased 16.6 percent year on year, outpacing the growth of total loans by 2.9 percentage points. At end-June, outstanding long- and medium-term loans to the services industry grew 13.1 percent year on year, an acceleration of 1.7 percentage points from the end of March. In particular, outstanding loans to the cultural, sports, and recreational industries grew 35.9 percent year on year, whereas those to the wholesale and retail industries grew 30.1 percent year on year.

VI. Further improvements in the RMB exchange-rate regime

The RMB exchange-rate regime reform was further improved in a self-initiated, controllable, and gradual manner. Focusing on the role of market supply and demand and with reference to a basket of currencies, the flexibility of the

RMB exchange rate was enhanced and the RMB exchange rate was kept basically stable at an adaptive and equilibrium level. In the first half of the year, the central parity of the RMB against the US dollar peaked at RMB6.0930 yuan per dollar and reached a trough of RMB6.1710 yuan per dollar. It appreciated on 51 out of the 119 trading days and depreciated on the remaining 68 trading days, with the largest day-to-day appreciation at 0.22 percent (or 138 points) and the sharpest day-to-day depreciation at 0.18 percent (or 111 points).

The RMB exchange rate moved in both directions against the euro, the Japanese yen, and other major currencies. At end-June, the central parity of the RMB against the euro and the Japanese yen registered RMB8.3946 yuan per euro and RMB6.0815 yuan per 100 yen, representing an appreciation of 0.29 percent and a depreciation of 5.01 percent respectively from the end of 2013. Beginning from the reform of the RMB exchange- rate regime reform in 2005 to end-June 2014, on a cumulative basis the RMB has appreciated 19.29 percent and 20.13 percent against the euro and the Japanese yen respectively.

In the second quarter, supply and demand of foreign exchange on the market were generally balanced. Against the backdrop of more fluctuations in the RMB exchange rate in two directions, economic entities were less willing to sell their foreign exchange to banks and had more incentives to hold on to their foreign exchange. As a result, foreign exchange deposits increased considerably. If trade receipts, payments, and the trade surplus increase further in the future, sales of foreign exchange to banks are likely to accelerate, while the foreign exchange market may face oversupply pressures.

To facilitate bilateral trade and investment between China and the United Kingdom, on June 19, 2014, direct trading between the RMB and the pound sterling (GBP) was launched on China's inter-bank foreign exchange market and London's foreign exchange market. Since the launch of direct trading, quotes and trading between the RMB and GBP have been brisk, with enhanced liquidity and narrowed trading spreads. The direct trading has helped lower the currency conversion costs for economic entities and has facilitated the use of RMB and GBP in bilateral trade and investment.

In the first half of 2014, based on the bilateral local currency swap agreements with the PBC, overseas monetary authorities conducted a total of RMB511 billion yuan of currency swap transactions with the PBC. These transactions

Table 5 Trading Volume of the RMB against Other Currencies on the Interbank Foreign-Exchange Spot Market in the First Half of 2014

Unit: RMB100 million yuan

Currency	USD	Euro	Japanese Yen	HKD	GBP	Australian Dollar	New Zealand Dollar	Canadian Dollar	Malaysian Ringgit	Russian Ruble	Thai Baht
Trading volume	122,018.72	1,103.98	2,517.49	821.53	257.68	806.01	118.42	2.19	4.27	62.45	0.47

Source: China Foreign Exchange Trade System.

played an active role in promoting bilateral trade and investment. In the second quarter, for the first time the PBC used 400 million won (equivalent to RMB2.4 million yuan) under the China-ROK bilateral currency swap arrangement to support trade financing for the corporate sector. This was also the first time for the PBC to use foreign currency funds under the bilateral currency swap agreements.

VII. Deepening the reform of financial institutions

Development finance played a greater role in the renovations of shanty dwellings. On April 2, the 43rd Executive Meeting of the State Council made arrangements for the development finance sector to beef up support to renovations of shanty dwellings. It was emphasized at the meeting that funding for renovations of shanty dwellings should be guaranteed and efforts should be made to combine policy support and market mechanisms and to make full use of the development finance sector, which relies on the creditworthiness of the state, serves national strategies, and produces modest profits, so as to provide convenient, cost-effective, and stable funding that complies with the regulatory requirements for renovations of shanty dwellings.

The reform of the rural credit cooperatives (RCCs) produced remarkable results. The performance and financial condition of the RCCs improved steadily, and the RCCs continued to play a dominant role in providing rural financial services. Based on the five-category loan classifications, as of the end of June 2014, outstanding NPLs and the NPL ratio of the RCCs were RMB380.9 billion yuan and 3.8 percent respectively, with the NPL ratio 0.3 percentage point lower than that at the end of 2013; the capital adequacy ratio of the RCCs was 10.5 percent, up 0.1 percentage point from the end of 2013. Outstanding agro-linked loans and loans to farmers posted RMB6.7 trillion yuan and RMB3.3 trillion yuan respectively, an increase of 8.4 percent and 9 percent from the end of 2013. The reform of the property rights of the RCCs was pushed ahead. The structure of the property rights of the RCCs was optimized on a continuous basis, and investment equity accounted for more than 90 percent of total equity. The property rights of the RCCs were diversified. At end-June, there were 529 rural commercial banks, 113 rural cooperative banks, and 1,637 RCCs with legal-person status at the county (city) level. The corporate governance structure of the RCCs, comprised of a shareholders' representative assembly, a board of trustees (directors), a board of supervisors, and senior management, was put in place throughout the country and internal management was strengthened.

VIII. Deepening the reform of foreign exchange administration

Measures were taken to promote trade facilitation. First, the reform of foreign exchange administration under the trade account was deepened. Reform of foreign exchange administration under trade in goods and services was deepened, rules for the administration of cross-border trade were improved, and agency receipts for export payments in foreign currency and foreign currency cash settlements of border trade were regulated and facilitated. Second, the pilot program of foreign exchange payments for cross-border e-commerce through payment institutions was expanded so as to facilitate foreign currency–denominated payments and receipts for online purchases and subsequent sales and purchases of foreign exchange by domestic institutions and individuals. Third, a pilot program was launched in Zhejiang and Fujian provinces to streamline the procedures for examinations and approvals of foreign exchange receipts and sales in trade activities of individuals so as to facilitate foreign trade businesses operated by individuals.

RMB convertibility under the capital account was steadily promoted. First, the pilot program of centralized operations and management of foreign exchange funds by multinationals (MNCs) was further expanded. MNCs were allowed to conduct centralized management and netting settlements of their domestic and overseas foreign exchange, to sell foreign exchange capital funds at their own discretion, and to share the quota of foreign debt among their domestic and overseas units so as to reduce their financial costs. Second, efforts were made to promote facilitation of investments. Regulations regarding upfront cost reviews and approvals of outward investments and overseas lending by domestic enterprises to their overseas affiliates and subsidiaries were relaxed, and procedures for the repatriation of profits were simplified. Third, the qualified institutional investor scheme was steadily advanced. As of the end of June 2014, an investment quota of USD56.548 billion was approved under the QFII scheme, an investment quota of RMB250.3 billion yuan was approved under the RQFII scheme, and an investment quota of USD80.496 billion was approved under the QDII scheme. Fourth, management of external debts was improved. Management of cross-border guarantees was further simplified. Limits on the amount of overseas lending with domestic guarantees, as well as prior reviews and approvals and qualification requirements, were all abolished; foreign exchange administration for the conversion of proceeds of external borrowings into loans was simplified, and the business procedures for payment of principal and interest were delegated to banks. Five, foreign exchange policies in the China (Shanghai) Pilot Free Trade Zone were implemented, and it was clearly stated that a number of innovative measures in the administration of foreign exchange can be adopted to explore RMB convertibility under the capital account.

The monitoring and management system for cross-border payments and receipts was strengthened. First, the monitoring of cross-border capital inflows and outflows was further strengthened. Indicators and projection models were established to strengthen analysis of the factors influencing cross-border capital flows. Second, system building was optimized and foreign exchange regulatory information and data sharing were enhanced, laying a solid foundation for strengthening the capacity to supervise entities with legal-person status, ex-post monitoring and analysis, and off-site supervision. Third, efforts were made to crack down on illegal and criminal activities in the field of foreign exchange and special inspections were conducted on false transit trade and forward settlements of foreign exchange. In the first half of 2014, a total of 684 illegal cases was investigated and handled, with the amount of administrative fines posted at RMB129 million yuan.

PART 3 Financial Market Analysis

In the first half of 2014 China's financial market performed in a stable manner. Growth in the volume of transactions on the money market rebounded and market rates declined slightly; bond market indices generally rose, and the volume of bond issuances expanded; and financing on the equity market increased somewhat.

I. Financial market analysis

1. Growth of transactions on the money market rebounded, while market rates declined slightly

Growth in the volume of bond repos rebounded significantly while inter-bank borrowings declined by a smaller margin. During the first half of the year, the turnover of bond repos totaled RMB94.3 trillion yuan, with an average daily turnover of RMB773.2 billion yuan, an increase of 18.6 percent year on year and an acceleration of 15.9 percentage points from the first quarter. The turnover of inter-bank borrowings reached RMB17.8 trillion yuan, with an average daily turnover of RMB145.8 billion yuan and down 13.6 percent year on year. This decline was 17 percentage points lower than that during the first quarter. In terms of the maturity structure, overnight products still dominated bond repo and inter-bank borrowing transactions, accounting for 80.6 percent and 82.7 percent of their respective turnovers during the first half of 2014, up 2.6 and 3.8 percentage points from the first quarter. The turnover of government securities repos on the stock exchanges rose 51.2 percent year

Table 6 Fund Flows among Financial Institutions in the First Half of 2014

Unit: RMB100 million yuan

	Repos		Inter-bank borrowing	
	In the first half of 2014	In the first half of 2013	In the first half of 2014	In the first half of 2013
Domestically-funded large banks[1]	-302,248	-231,822	-29,964	-25,048
Domestically-funded small- and medium-sized banks[2]	92,232	71,558	-20,921	-16,551
Securities and fund management companies	124,114	73,112	36,580	22,751
Insurance companies	38,370	29,045	99	—
Foreign-funded financial institutions	9,195	8,307	-1,049	4,159
Other financial institutions and vehicles[3]	38,337	49,800	15,256	14,690

Notes: 1. Domestically-funded large banks include the Industrial and Commercial Bank of China, the Agricultural Bank of China, the Bank of China, the China Construction Bank, the China Development Bank, the Bank of Communications, and the Postal Savings Bank of China.

2. Domestically-funded small- and medium-sized banks include the China Merchants Bank and sixteen other medium-sized banks, small-sized city commercial banks, rural commercial banks, rural cooperative banks, and village and township banks.

3. Other financial institutions and vehicles include urban credit cooperatives, rural credit cooperatives, finance companies, trust and investment companies, financial leasing companies, asset management companies, social security funds, investment companies, corporate annuities, and other investment vehicles. Some of these financial institutions and vehicles do not participate in the inter-bank funding market.

4. A negative sign indicates net lending and a positive sign indicates net borrowing.

Source: China Foreign Exchange Trade System.

Table 7 Transactions of Interest-rate Derivatives in the First Half of 2014

	Interest-rate swaps		Bond forwards		Forward-rate agreements	
	Transactions (lots)	Amount of notional principal (RMB100 million yuan)	Transactions (lots)	Amount (RMB100 million yuan)	Transactions (lots)	Amount of notional principal (RMB100 million yuan)
In the first half of 2013	12,540	15,335.7	1	1.0	—	—
In the first half of 2014	18,180	16,982.9	—	—	—	—

Source: China Foreign Exchange Trade System.

on year to RMB40 trillion yuan, with growth 11 percentage points lower than that during the first quarter.

The flow of funds among financial institutions exhibited the following characteristics: First, large banks remained net fund providers, and the amount of their lending registered larger year-on-year growth. In the first half of the year, the amount of net lending by large banks increased 29.3 percent year on year. Second, securities and fund management companies, small- and medium-sized banks, and insurance companies were net fund borrowers. In particular, net financing of securities and fund management companies increased 67.6 percent year on year, higher than the 29.6 percent growth of small- and medium-sized banks. Third, net borrowing of other financial institutions and products registered a decline of 16.9 percent year on year.

Transactions of RMB interest-rate swaps became more brisk. In the first half of the year, the aggregate notional principal of RMB interest-rate swaps amounted to RMB1,698.29 billion yuan, an increase of 10.7 percent year on year. In terms of the maturity structure, RMB interest-rate swaps with maturities within one year traded most briskly and their aggregate notional principal amounted to RMB1,353.54 billion yuan, accounting for 79.7 percent of the total. In terms of the reference rate, the base rate of the floating end of the RMB exchange-rate swaps mainly included the 7-day fixing repo rate and the Shibor, and their notional principals accounted for 78.5 percent and 20.5 percent of the total respectively.

The issuance of inter-bank CDs continued steadily. Since the launch of inter-bank CDs in December 2013, the scope of issuers has expanded in an orderly manner and the number of investors has increased gradually. As of end-June 2014, 20 financial institutions had issued inter-bank CDs, with the investors including commercial banks, securities firms, trust and investment companies, finance companies, and other financial institutions. Meanwhile, issuances on the primary market were increasingly brisk, while trading on the secondary market was on the rise. In the first half of 2014, a total of 93 CDs was issued, with an aggregate amount of RMB136.87 billion yuan, while the transaction volume on the secondary market amounted to RMB89.87 billion yuan. The steady advance in the issuance and trading of inter-bank CDs played a role in regulating inter-bank business, helped improve pricing transparency, and provided a basis for quoting medium- and long-end Shibor rates. In addition, the development of the inter-bank CDs market coincided with an improved benchmarking role of the medium- and long-end Shibor rates.

On the whole, money-market rates declined. In June, the weighted average interest rate of inter-bank borrowings and bond-pledged repos posted 2.85 percent and 2.89 percent respectively, down 131 and 139 basis points from December 2013 and down 372 and 393 basis points from the corresponding period of the last year. At end-June, overnight and 7-day Shibor rates posted 2.91 percent and 3.87 percent respectively, down 24 and 138 basis points from the beginning of the year; 3-month and 1-year Shibor rates were 4.75 percent and 5.00 percent, down 81 and up 4 basis points.

2. Bond market indices generally rose and bond issuances expanded rapidly

The year-on-year decline in the turnover of spot bond transactions on the inter-bank market moderated. In the first half of the year, a total of RMB17.5 trillion yuan of bonds was traded, with a daily average of RMB143.7 billion yuan, down 45.8 percent year on year and with the decline narrowing by 21.5 percentage points from the first quarter. In terms of the trading entities, Chinese-funded large banks, previously net purchasers, became net sellers. In the first half of the year, net bond selling by Chinese-funded large banks and small- and medium-sized banks amounted to RMB36.2 billion yuan and RMB535.2 billion yuan respectively, while other financial institutions and foreign-funded financial institutions, as net bond purchasers, recorded net bond purchases of RMB326.1 billion yuan and RMB237.7 billion yuan respectively. In terms of the trading products, the turnover of spot government securities was RMB3.43 trillion yuan, accounting for 19.5 percent of the total spot transactions on the inter-bank market, up 5.6 percentage points from the first quarter; the turnovers of spot financial bonds and spot corporate debenture bonds were RMB7.29 trillion yuan and RMB6.74 trillion yuan respectively, accounting for 41.6 percent and 38.4 percent of the total. In the first half of the year, a total of RMB1.08 trillion yuan of spot government securities was traded on the stock exchanges, up 32.8 percent year on year.

Bond indices moved up. The China Bond Composite Index (net price) rose from 96.03 points in early January to 99.48 points at end-June, up 3.59 percent, whereas the China Bond Composite Index (full price) rose from 107.44 points in early January to 111.84 points at end-June, up 4.10 percent. The Government Securities Index on the stock exchanges rose from 139.62 points in early January to 142.02 points at end-June, up 1.71 percent.

The yield curves of government securities on the inter-bank market showed a notable downward trend. At end-June, the average yield of 1-year, 3-year, and 5-year government securities was 23, 26, and 38 basis points respectively, lower than that in early January, while the decline of 7-year or above government securities was about 50 basis points.

The volume of bond issuances expanded significantly year on year. During the first half of the year, a total of RMB5.38 trillion yuan of bonds (including central bank bills) was issued, representing growth of RMB1.13 trillion yuan year on year. In particular, the issuance

Figure 2 Yield Curves of Government Securities on the Interbank Bond Market

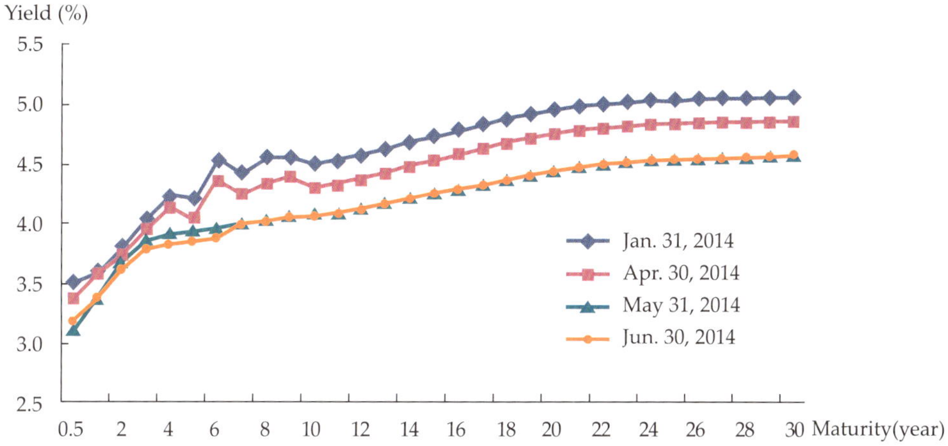

Source: China Government Securities Depository Trust and Clearing Co., Ltd..

of financial bonds and corporate debenture bonds registered a larger year-on-year increase. Among the corporate debenture bonds, the issuance of debt-financing instruments by the non-financial corporate sector and enterprise bonds continued to expand. At end-June, outstanding bonds posted RMB32.5 trillion yuan, an increase of 14.6 percent year on year.

Bond issuance rates declined. The interest rate of 10-year government bonds issued in June 2014 was 4 percent, down 8 basis points from that of the same maturity issued in November 2013. The interest rate of 10-year bonds issued by the China Development Bank in June 2014 was 4.9 percent, down 14 basis points from that of the same maturity issued in December 2014. The interest rates of short-term financing bills (rated A-1) issued by AA-rated enterprises in June were between 4.7 percent and 5.4 percent, lower than the range of 6.25 percent and 6.8 percent in December 2013; the interest rate of 7-year bonds (rated AAA) issued by AA-rated enterprises was 6.5 percent, lower than the 7.9 percent to 8 percent range in December 2013. The Shibor played a greater role in bond pricing. All 368 fixed-rate enterprise bonds issued in the first half of 2014 were based on the Shibor, with a gross issuance volume of RMB439.2 billion yuan; a total of RMB577.3 billion yuan of fixed-rate short-term financing bills was issued based on the Shibor, accounting for 98 percent of the total.

3. The volume of bill financing increased slightly and bill-financing rates showed a downward trend

The bill acceptance business grew steadily. In the first half of 2014, commercial bills issued by enterprises totaled RMB11.0 trillion yuan, up 2.5 percent year on year; outstanding commercial bills posted RMB10.2 trillion yuan at end-June, up 11.4 percent year on year. At the end of June, the outstanding balance of bankers' acceptances had increased by RMB1.2 trillion yuan from the beginning of the year. In terms of the issuing entities, bankers' acceptances were mainly issued by enterprises in the manufacturing,

Table 8 Issuance of Major Bonds in the First Half of 2014

Type of bonds	Issuance (RMB100 million yuan)	Year-on-year growth (RMB100 million yuan)
Government securities[1]	8,720	10
Central bank bills	0	-1,140
Financial bonds[2]	18,243	6,344
Of which: Bonds issued by the China Development Bank and policy financial bonds	13,525	3,896
Corporate debenture bonds[3]	26,869	6,074
Of which: Debt-financing instruments of non-financial enterprises	21,197	5,489
Enterprise bonds	5,197	2,075
Corporate bonds	355	-1,270
Total	53,832	11,287

Notes: 1. Including municipal bonds issued by the Ministry of Finance on behalf of local governments.

2. Including financial bonds issued by the China Development Bank, policy financial bonds, ordinary bonds issued by commercial banks, subordinated bonds issued by commercial banks, hybrid bonds issued by commercial banks, bonds issued by securities firms, and so forth.

3. Including debt-financing instruments issued by non-financial enterprises, enterprise bonds, corporate bonds, convertible bonds, bonds with detachable warrants, privately placed SME bonds and so forth.

Sources: The People's Bank of China, National Development and Reform Commission, China Securities Regulatory Commission, and China Government Securities Depository Trust and Clearing Co., Ltd..

wholesale, and retail industries, with small- and medium-sized enterprises issuing about two-thirds of the total. The steady growth of acceptances provided greater support to the real sector, in particular to small- and medium-sized enterprises.

The outstanding volume of bill financing rose slightly, and the bill-financing rates revealed a downward trend. In the first half of 2014, financial institutions discounted RMB25.6 trillion yuan of commercial bills on a cumulative basis, representing year-on-year growth of 14.7 percent; at end-June the outstanding balance of discounted bills posted RMB2.2 trillion yuan, representing a decline of 5.4 percent year on year. In the second quarter, financial institutions adjusted the structure of assets and liabilities and properly increased the amount of bill financing. As a result, the outstanding balance of bill financing at end-June increased by RMB243.3 billion yuan from the beginning of the year, representing a deceleration of RMB36 billion yuan year on year, accounting for 2.84 percent of total loans and down 0.58 percentage point year on year. Interest rates on the bill market fluctuated within a small margin and generally showed a downward trend.

4. Financing on the equity market increased somewhat

The Growth Enterprise Board Index rallied. At end-June, the Shanghai Stock Exchange Composite Index closed at 2,048 points, shedding 68 points from the end of 2013, or down 3.2 percent; the Shenzhen Stock Exchange Component Index closed at 1,097 points, gaining 39 points from the end of 2013, or up 3.7 percent; the Growth Enterprise Board (GEB)

Index (Chinext Price Index) closed at 1,405 points, gaining 101 points from the end of 2013, or up 7.7 percent. The weighted average P/E ratio on the A-share market of the Shanghai Stock Exchange declined from 11.0 times at end-2013 to 9.8 times at end-June 2014, while that of the Shenzhen Stock Exchange moved from 28 times to 26.2 times.

Trading volume on the stock markets increased slightly year on year. In the first half of 2014, turnover on the Shanghai and Shenzhen stock exchanges totaled RMB21.7 trillion yuan, up 2.4 percent year on year, and the daily turnover averaged RMB182 billion yuan. Among this total, the volume of transactions on the GEB amounted to RMB3.3 trillion yuan, up 73.7 percent year on year. At end-June, the combined market capitalization of the Shanghai and Shenzhen exchanges posted RMB20.3 trillion yuan, up 1.7 percent from end-2013; market capitalization on the GEB amounted to RMB1.1 trillion yuan, a hike of 33.1 percent from end-2013.

The amount of equity financing increased year on year. In the first half of 2014, a total of RMB256.5 billion yuan was raised by enterprises and financial institutions on domestic and overseas stock markets by way of IPOs, additional offerings, rights issuances, and warrant exercises, representing an increase of RMB60.1 billion yuan year on year. Among this total, RMB221.3 billion yuan was raised on the A-share market, RMB68.9 billion yuan more than that raised during the same period of the last year.

5. Growth of investment-linked assets in the insurance industry accelerated

In the first half of 2014, total premium income in the insurance industry amounted to RMB1.15 trillion yuan, representing year-on-year growth of 20.8 percent, an acceleration of 9.3 percentage points from the corresponding period of the last year; total claim and benefit payments amounted to RMB353.2 billion yuan, representing year-on-year growth of 19.2 percent. Specifically, total claim and benefit payments in the property-insurance sector increased 14.6 percent, while that in the life-insurance sector increased 23.8 percent.

Growth of insurance assets gained traction and that of investment-linked assets accelerated. At end-June, total assets in the insurance industry posted RMB9.37 trillion yuan, representing year-on-year growth of 18.9 percent and an

Table 9 Use of Insurance Funds, End-June 2014

Unit: RMB100 million yuan, %

	Outstanding balance		As a share of total assets	
	End-June 2014	End-June 2013	End-June 2014	End-June 2013
Total assets	93,737	78,840	100.0	100.0
Of which: Bank deposits	25,618	23,405	27.3	29.7
Investments	60,288	49,424	64.3	62.7

Source: China Insurance Regulatory Commission.

acceleration of 2.5 percentage points from the corresponding period of the last year. Among this total, banks deposits increased 9.5 percent year on year, while investment-linked assets increased 22 percent.

6. Swap and forward transactions on the foreign exchange market maintained rapid growth

In the first half of 2014, the turnover of RMB/foreign exchange spot transactions totaled USD2.07 trillion, representing an increase of 8.7 percent year on year and a deceleration of 12.7 percentage points from the end of 2013. The turnover of RMB/foreign exchange swap transactions totaled USD2.04 trillion, representing an increase of 35.1 percent year on year. Among this total, overnight USD swap transactions amounted to USD1.01 trillion, accounting for 49.5 percent of the total; the turnover on the RMB/foreign exchange forward market totaled USD25.9 billion, representing an increase of 258.4 percent year on year. The turnover of foreign-exchange pair transactions amounted to USD28.5 billion, a decline of 16.1 percent year on year. In particular, the Euro/USD accounted for the bulk, or 43.4 percent of the total.

The number of participants on the foreign exchange market increased further. At end-June, there were 429 members on the foreign exchange spot market, 92 members on the foreign exchange forward market, 91 members on the foreign exchange swap market, 81 members on the currency swap market, and 35 members on the foreign exchange options market. In addition, there were 31 market-makers on the spot market and 27 market-makers on the forward and swap markets.

7. The gold market as a whole showed a slight rally

In the first half of 2014, the price of gold on the international market reached a peak of USD1,385 per ounce and a trough of USD1,221 per ounce, and it closed at USD1,315 per ounce at end-June, a rise of USD113.50 or 9.45 percent from the end of the last year. The movement in the price of domestic gold kept pace with that on the international market. The highest price (AU9999) on the Shanghai Gold Exchange was RMB273.60 yuan per gram and the lowest price was RMB238.85 yuan per gram. At end-June, the price of gold on the domestic market closed at RMB261.86 yuan per gram, a rise of RMB25.40 yuan, or 10.74 percent, from the end of the last year. In the first half of 2014, the weighted price averaged RMB256.92 yuan per gram.

The volume of transactions on the Shanghai Gold Exchange declined somewhat. In the first half of 2014, the turnover of all sorts of precious metals on the Shanghai Gold Exchange amounted to RMB2.4 trillion yuan, down 7.5 percent year on year. Specifically, the trading volume of gold was 6,579.1 tons, an increase of 21.6 percent year on year, and its turnover posted RMB1.7 trillion yuan, an increase of 5.0 percent year on year. The trading volume of silver was 155,000 tons, a decline of 13.8 percent year on year, and its turnover posted RMB644.25 billion yuan, a decline of 29.2 percent year on year. The trading volume of platinum was 32.6 tons, a decline of 23.4 percent year on year, and its turnover posted RMB9.74 billion yuan, a decline of 27.3 percent year on year.

II. Institutional building in the financial market

1. Promoting the sound development of the inter-bank bond market

The pricing mechanism for bond issuances on the inter-bank market was improved. The threshold requirement for non-financial enterprise issuers to use the tender system was adjusted so as to provide institutional support to non-financial enterprises to tap into the tender system to issue bonds. Financing channels for non-banking financial institutions, such as consumer finance companies, were broadened, and the preconditions for financial leasing companies and automobile finance companies to issue financial bonds were adjusted. After coverage of the bond business on commercial bank counters expanded from book-entry government bonds to other bonds, such as financial bonds issued by the China Development Bank, policy financial bonds, and bonds issued by the China Railway Corporation and other government-backed agencies, bonds issued by the China Development Bank and the Export and Import Bank of China were distributed through commercial bank counters for the first time. This was a meaningful trial to meet the diverse investment needs of households by making use of formal financial channels.

2. Improving institutional arrangements in the securities market

The institutional building of a multi-tier capital market has made significant progress. On May 9, the State Council issued *Several Opinions on Further Promoting the Healthy Development of the Capital Market* (State Council Document [2014] No.17), laying out the next step in the development of the capital market in terms of developing a multi-tier stock market, regulating and developing the bond market, fostering the private equity market, promoting the development of the futures market, increasing the competitiveness of the securities and futures industry, increasing the opening-up of the capital market, preventing and resolving financial risks, and creating a favorable environment for capital market development. This will help accelerate the development of a modern market system, expand the investment and financing channels for the corporate and household sectors, optimize the allocation of resources, and promote the transformation and upgrading of the economic structure.

The Shanghai–Hong Kong Stock Exchanges Connectivity Mechanism (SHSECM) proceeded steadily. On June 13, the CSRC issued *Several Guidelines on the Pilot Program of the Shanghai–Hong Kong Stock Exchanges Connectivity Mechanism*, defining the major requirements for mainland securities companies to conduct connectivity business, specifying the coverage of connectivity business, the share of foreign ownership, the clearing and squaring methods, the settlement currencies, and other relevant issues, and stipulating the requirements for investor protection, supervision, management, and data storage.

The market-making system of the new third board was formally launched. On June 5, the *Interim Administrative Rules on the Market-making Business of the National SMEs Equity*

Transfer System were issued. According to the *Rules*, securities companies that apply to carry out market-making business shall satisfy the following five requirements, i.e., meeting the qualifications to conduct proprietary securities trading, to set up a special department for the market-making business, to have the necessary personnel, to establish a market-making management system, and to have a specialized technical system for carrying out the market-making business.

3. Improving institutional arrangements in the insurance market

The reform of market access and exit mechanisms for insurance institutions continued. To regulate mergers and acquisitions of insurance companies, the CIRC made provisions for the acquiring entities, procedures, corporate governance, information disclosures, and penalties for insurance companies, and provided for a takeover transitional period and an equity lock-in period so as to protect the legitimate rights and interests of consumers, insurance companies, and shareholders. Restrictions on the funding sources and the shareholders' qualifications were relaxed and takeovers of insurance companies by another insurer were no longer prohibited. All sorts of high-quality capital from home and abroad were encouraged to invest in the insurance sector, especially private capital, so as to optimize the allocation of resources on the insurance market.

The insurance industry was encouraged to participate in the new urbanization process. On March 25, the CIRC issued the *Guidelines on the Insurance Industry to Serve the New Urbanization Process*. According to the *Guidelines*, the role of the insurance sector in providing funding and maintaining social security will be brought into full play, and innovations in insurance products and services, market participants, and insurance regulation and supervision will be accelerated. Efforts will be made to encourage the insurance industry to serve the new type of urbanization process in six respects, i.e., developing commercial pension insurance and medical and health insurance in a comprehensive way, making innovations in the use of insurance funds, improving the agricultural insurance service system, and so forth.

Supervision of the use of insurance funds was strengthened. Supervision of investments in collective trust schemes by insurance companies was further strengthened. Insurance funds are prohibited from investing in a single trust scheme and are not allowed to invest in trust schemes whose underlying assets are in industries or sectors banned by the state. The regulatory agency will evaluate and score internal controls and compliance in the use of funds by insurance companies on an annual basis and will divide insurance companies into four grades. For insurance companies that fall into the lower two grades, the CIRC will include them on the regulatory focus list and take measures to limit their scope and share in the use of insurance funds.

A pilot scheme of reverse mortgage endowment insurance business was carried out. Within two years starting from July 1, 2014, a pilot scheme of reverse mortgage endowment insurance business will be launched in Beijing, Shanghai, Guangzhou, and Wuhan for elderly people over the age of 60 who own independent homes.

4. Promoting development of the foreign exchange and gold markets

The foreign exchange market developed further. Instruments on the foreign exchange market were enriched. Banks were allowed to conduct foreign exchange options and related portfolio business with their clients based on actual demand to meet the hedging needs of enterprises. Market access was streamlined and the threshold of access to the foreign exchange options market was lowered. Administrative powers were delegated to lower levels and management of market access of the banks' branch offices was simplified. The institutional infrastructure of the foreign exchange market was improved and the foreign exchange options business of currency brokerage companies was launched.

Institutional arrangements for the gold market were improved. Rules were made for gold lending business on the Shanghai Gold Exchange and development of gold leasing business was promoted. Rules on OTC gold trading and trading by commercial banks on behalf of clients were improved to prevent risks. A market-making system of OTC gold trading was established on a trial basis to promote the price discovery on the OTC gold market and to increase the liquidity of the OTC gold trading.

PART 4 Macroeconomic Analysis

I. Global economic and financial developments

The global economy continued to recover at a moderate pace. The U.S. economy accelerated again, but the momentum for recovery still required strengthening. The euro area continued its weak recovery, and faced pressures of sustained low inflation. The pace of recovery in the Japanese economy accelerated, but the medium to long-term outlook remained to be seen. Capital inflows to the emerging market economies increased to some extent, but some emerging market economies still faced downward pressures.

1. Economic development in the major economies

The U.S. economy accelerated again. As the impact of the severe weather gradually diminished, industrial activities and fixed-asset investments picked up and consumer spending rose moderately. The GDP growth rate (quarter-on-quarter and annualized) in the second quarter was 4.0 percent. Expansion of the manufacturing and service sector gained speed, and the PMI indicators of the manufacturing and non-manufacturing sectors in June, released by the Institute for Supply Management (ISM), reached 55.3 and 56.0 respectively. The labor market continued to improve, with the unemployment rate in June dropping to 6.1 percent, the lowest level since August 2008. However, some structural problems still remained. U.S. fiscal conditions changed for the better. As of the end of June, the fiscal deficit of the federal government in FY2014 was USD365.9 billion, USD144.0 billion less than that during the same period of the last year.

The euro area continued its weak recovery. The GDP growth rate (quarter-on-quarter and annualized) during the first quarter was 0.8 percent, the fourth consecutive positive quarterly growth. In June, the comprehensive PMI registered 52.8, exceeding the 50-point threshold for twelve successive months. The economic situation of the periphery countries improved, and government bond yields in these economies continued to decline. On May 17, Portugal, after Ireland, also exited the aid program provided by the troika. But aggregate demand recovered slowly, with inflation at a low level and the unemployment rate relatively high. The Harmonized Index of Consumer Prices (HICP) in June was up by 0.5 percent year on year, far below the 2 percent inflation target of the European Central Bank (ECB). The unemployment rate in May was 11.6 percent.

The Japanese economy recovered at an accelerated pace, but the medium- to long-term prospects were still unclear. Due to the increased consumption ahead of the consumption tax hike and the expansion of private investment, the GDP growth rate (quarter-on-quarter and annualized) during the first quarter reached 6.7 percent, the highest in the past two and one-half years. Deflation

Table 10 Macroeconomic and Financial Indices of the Major Economies

Country	Index	2013 Q2			2013 Q3			2013 Q4			2014 Q1			2014 Q2		
		Apr.	May	Jun.	Jul.	Aug.	Sept.	Oct.	Nov.	Dec.	Jan.	Feb.	Mar.	Apr.	May	Jun.
United States	Real GDP growth rate (annualized quarterly rate, %)	1.8			4.5			3.5			-2.1			4.0(advance estimate)		
	Unemployment rate (%)	7.5	7.5	7.5	7.3	7.2	7.2	7.2	7.0	6.7	6.6	6.7	6.7	6.3	6.3	6.1
	CPI (YOY, %)	1.1	1.4	1.8	2.0	1.5	1.2	1.0	1.2	1.5	1.6	1.1	1.5	2.0	2.1	2.1
	DJ industrial average(closing number)	14,840	15,116	14,910	15,500	14,810	15,192	15,237	16,086	16,577	15,699	16,322	16,458	16,581	16,717	16,827
Euro Area	Real GDP growth rate (annualized quarterly rate, %)	1.3			0.4			1.2			0.8			—		
	Unemployment rate (%)	12.0	12.0	12.0	12.0	12.0	12.0	11.9	11.9	11.8	11.8	11.7	11.7	11.6	11.6	—
	HICP (YOY, %)	1.2	1.4	1.6	1.6	1.3	1.1	0.7	0.9	0.8	0.8	0.7	0.5	0.7	0.5	0.5
	EURO STOXX 50(closing number)	2,725	2,662	2,605	2,699	2,671	2,789	2,774	2,901	2,919	2,853	2,968	2,916	2,978	3,033	3,014
Japan	Real GDP growth rate (annualized quarterly rate, %)	2.9			1.3			0.3			6.7			—		
	Unemployment rate (%)	4.1	4.1	3.9	3.9	4.1	4.0	4.0	3.9	3.7	3.7	3.6	3.6	3.6	3.5	3.7
	Core CPI (YOY, %)	-0.4	0.0	0.4	0.7	0.8	0.7	0.9	1.2	1.3	1.3	1.3	1.3	3.2	3.4	3.3
	Nikkei 225 (closing number)	13,861	13,775	13,677	13,668	13,389	14,456	14,328	15,662	16,291	14,915	14,841	14,828	14,304	14,632	15,162

Source: Statistical bureaus and central banks of the relevant economies.

eased substantially, with the core CPI exceeding 3 percent in the three months of the second quarter, reaching 3.4 percent in May, a record high over the past 32 years. However, the higher consumption tax enforced since April 1 weighed down on the growth in the second quarter. In April and May, retail sales contracted by 4.3 percent and 0.4 percent respectively year on year. In June, the PMI for the manufacturing sector rebounded to 51.5, while the PMI for the service sector was still at the low level of 49.0. In June, the trade deficit registered at 822.0 billion yen, marking twenty-four successive months of a trade deficit.

To some extent, capital inflows to the emerging market economies increased, but some emerging market economies still faced significant downward pressures. Due to the strengthened expectations of continued low interest-rate policies in the advanced economies, capital inflows to the emerging market economies increased to some extent in the second quarter and financial markets were generally stable. According to estimates by the Institute of International Finance (IIF), net inflows to the stock and bond markets of the emerging market economies were USD43.4 billion in May, representing a record high since September 2012, and reached USD37.1 billion in June. However, the economic recovery in the advanced economies did not significantly boost external demand in the emerging market economies, some of which still faced downward pressures as domestic structural problems could not be resolved in the short term, monetary policy faced the dilemma of being caught between a slowdown in growth and relatively high inflation, and financial risks accumulated due to the relatively rapid rise in leverage during the earlier stage.

2. Developments in global financial markets

Financial markets continued to post gains in the United States and the other major advanced economies. The financial markets of the emerging market economies were generally stable, with government bond yields declining and stock indices rallying in most economies.

The euro depreciated slightly against the US dollar, while the pound sterling and yen appreciated slightly against the US dollar. The currencies of most emerging market economies were stable against the US dollar. On June 30, the euro closed at 1.37 dollar per euro, down 0.6 percent compared with the end of the first quarter. The pound sterling and yen closed at 1.71 dollar per pound sterling and 101.30 yen per dollar, up 2.5 percent and 1.5 percent compared with the end of the first quarter, respectively. During the same period, the currencies of most emerging market economies were stable against the US dollar, but the Indonesian rupiah depreciated significantly against the US dollar by 4.7 percent and the Korean won experienced a large appreciation of 5.2 percent against the US dollar.

Money market rates fluctuated but remained low. Influenced by the expectation that the target federal funds rate of the United States would remain low, the USD Libor in the London inter-bank market was generally low. On June 30, the one-year Libor was 0.5451 percent, 1.3 basis points lower than that at the end of March. Due to interest- rate cuts by the European Central Bank, the Euribor generally declined. On June 30, the one-year Euribor was 0.488 percent, down 10.2 basis points compared with the end of March.

Government bond yields in the advanced economies and most emerging market economies declined. On June 30, 10-year government bond yields in the United States, Germany, and Japan closed at 2.52 percent, 1.25 percent, and 0.57 percent respectively, declining by 21 basis points, 32 basis points, and 8 basis points since the end of the first quarter. During the same period, government bond yields for most emerging market economies also went down, among which the yields in Argentina, Turkey, and Brazil declined by 890 basis points, 128 basis points, and 60 basis points, respectively.

The stock indices of the advanced economies and most emerging market economies went up. On June 30, the Dow Jones Industrial Average, the EURO STOXX 50, and the Nikkei 225 Index closed at 16,826.6, 3,014.2, and 15,162.1, respectively, up 2.2 percent, 3.4 percent, and 2.3 percent compared with the end of the first quarter. In the second quarter, the stock markets in most of the emerging market economies rallied. In particular, economies whose financial markets had underperformed in the first quarter rebounded relatively rapidly, among which the Argentine BUSE Merval Index and the Turkish BIST Index rose 23.7 percent and 12.9 percent respectively.

3. Monetary policies in the major economies

The major advanced economies continued their accommodative monetary policies, but in different ways. The Federal Reserve continued to slow down the asset purchases by USD10 billion on three successive occasions after its monthly meetings in April, June, and July, and emphasized that the current super-easing monetary policy was still appropriate and a wider range of indicators would be referred to in order to determine the right time to raise interest rates. The European Central Bank launched a series of easing policies after its regular June meeting. First, the rates of the main refinancing operations (MROs), the marginal lending facility, and the deposit facility were lowered by 10 basis points, 35 basis points, and 10 basis points, respectively, which resulted in a negative deposit facility rate of -0.1 percent. Second, the ECB prepared to conduct a series of targeted longer-term refinancing operations (TLTROs). The initial entitlement amounts to 400 billion euro, and all operations will mature in September 2018. Third, the ECB will accelerate preparatory work related to outright purchases of asset-backed securities of the private sector. Fourth, the ECB decided to prolong the fixed-rate tender procedures of the MROs with full allotments until the end of 2016 to provide low short-term interest-rate credits to banks and to suspend the fine-tuning operation sterilizing the liquidity injected under the Securities Markets Program. ECB President Draghi stated in the press conference following the regular meeting that the euro area was not in deflation, but the Governing Council unanimously agreed to continue to use unconventional instruments within the authority of the ECB when necessary. The Bank of Japan continued to implement a quantitative and qualitative easing monetary policy, using the monetary base as the monetary policy target and increasing the monetary base at a pace of 60 trillion to 70 trillion yen per year so as to reach the inflation target of 2 percent within two years. The Bank of England (BOE) maintained its policy rate of 0.5 percent and the scale of asset purchases at 375 billion pounds. But in the minutes of the Monetary Policy Committee meeting in June, the BOE stated that the speed with which the UK absorbs its spare capacity might be faster than expected, and it is possible that the decision makers will increase the Bank Rate by the end of the year.

The monetary policies of the emerging market economies diverged. In response to the inflationary pressures, some emerging market economies increased their policy rates. On April 2, the Central Bank of Brazil raised the Selic rate by 25 basis points to 11 percent. On April 25, the Central Bank of Russia announced it would raise the policy rate by 50 basis points to 7.5 percent. In addition, in order to address the inflation and financial stability risks brought about by the excessive liquidity, on May 8 the Central Bank of the Philippines decided to raise the reserve requirement ratio by one percentage point for commercial and thrift banks, and on June 19 it decided to raise the interest rate on the Special Deposit Account (SDA) facility from 2.0 percent to 2.25 percent. Meanwhile, some emerging market economies lowered their interest rates after considering the changes in their domestic inflation situation and their economic performance. Against the background of recent decreasing risks of uncertainties and moderating inflation, the Central Bank of the Republic of Turkey lowered the 1-week repo rate on three occasions, on May 22, June 24, and July 17, respectively, by a total amount of 175 basis points to 8.25 percent, but it emphasized its intention to maintain a relatively tight monetary policy. Aiming to stimulate the economy, the Bank of Mexico lowered the policy rate by 50 basis points to 3.0 percent on June 6, and the Central Bank of Hungary lowered the policy rate on four successive occasions by a total of 50 basis points to 2.1 percent, on April 30, May 28, June 25, and July 22, respectively.

Box 3 The European Central Bank Launched a Negative Interest-Rate Policy and Targeted Longer-term Refinancing Operations

Against the background of weak economic recovery and subdued inflation, to pursue price stability in the medium term and to guide banks to channel funds to the real economy, particularly small and medium enterprises, the European Central Bank announced a series of easing policies on June 5, 2014, including a negative interest rate, the introduction of targeted longer-term refinancing operations (TLTRO), preparatory work related to outright purchases of asset-backed securities (ABS), the prolongation of the fixed-rate tender procedures for the main refinancing operations (MROs) with a full allotment until the end of 2016, and the suspension of the fine-tuning operation sterilizing the liquidity injected under the Securities Markets Program (SMP), among which the negative interest rate and the TLTRO attracted the most attention.

The ECB uses the interest-rate corridor to adjust short-term market rates and liquidity in the banking system. The floor of the interest-rate corridor is the rate of the deposit facility, i.e., the interest rate offered by the ECB to banks on overnight deposits. The ceiling of the interest-rate corridor is the rate of the marginal lending facility, i.e., the interest rate asked by the ECB for providing collateralized overnight liquidity to financial institutions. The rate of the MROs is the policy rate. The negative interest rate refers to the rate of the deposit facility, which was lowered by 10 basis points to -0.1 percent by the ECB and applies to excess reserves. This means that the ECB charges fees on bank deposits and excess reserves in the ECB. Meanwhile, the ECB lowered the rates of the MROs and marginal lending facility by 10 basis points and 35 basis points to 0.15 percent and 0.40 percent, respectively. As a result, the interest-rate corridor was asymmetrically adjusted downward, and its full width contracted from 75 basis points to 50 basis points. The ECB emphasized that the negative interest rate targeted only banks and that household deposits in banks would not be directly affected.

The ECB introduced the TLTRO to encourage the supply of credit by banks to households and non-financial enterprises. Compared with the LTRO, the TLTRO has a longer term of up to four years and its scale is linked to the loans made by banks to the non-financial private sector (excluding loans to households for home purchases, the same hereinafter), which might be as high as 1 trillion euro. The TLTROs will be implemented in two steps. First, two successive TLTROs will be conducted in September and December 2014. Banks will be entitled to initially borrow up to 7 percent of the total amount of their loans to the euro area non-financial private sector, and the combined initial entitlement is expected to amount to 400 billion euro. Second, from March 2015 to June 2016, all banks will be able to borrow, quarter by quarter, up to three times the amount of their net lending to the euro area non-financial private sector in excess of a specified benchmark. All TLTROs will mature in September 2018, and the interest rate on the TLTROs will be the rate on the MROs plus a fixed spread of 10 basis points. Starting two years after each TLTRO, banks will have the option to make repayments, in part or in full. However, those banks that have not fulfilled the condition that their net lending to the real economy reaches the benchmark specified by the ECB will be required to pay back their borrowings in September 2016.

The grim economic and financial situations in the euro area are the main reasons for the ECB to launch the above unconventional policy toolbox. First of all, recovery has been sluggish. In the first quarter of 2014, the (preliminary) GDP growth rate was only 0.9 percent, and the IMF forecasted that the growth rate in 2014 would be slightly higher than 1 percent. Second, the euro area faced continued low inflation pressures, with the Harmonized Index of Consumer Prices (HICP) lower than the 2 percent target of the ECB for a long time. In May and June 2014, the HICP declined further to 0.5 percent, and the ECB expected that the HICP might continue to remain at a relatively low level for the short term. Third, the monetary environment in the euro area showed signs of tightening. Because banks continued to repay the LTROs on a large scale, the balance sheet of the ECB contracted by 350 billion euro in the past year. As a result, the super-easing market liquidity condition was not stable and fluctuations in short- term rates increased. At the same time, growth of money was sluggish, with the growth rate of broad money (M3) remaining at around 1 percent since 2014. The credit environment differed among the member countries. Monetary policy was not transmitted smoothly, as banks used most of the liquidity injected by the ECB to purchase government bonds instead of lending to the private sector and the financing costs of small and medium enterprises remained high. Moreover, indirect financing held a dominant share in the euro area and the corporate bond market was relatively small. As a result, the ECB could not follow the Federal Reserve by purchasing a large amount of agency debts. In consideration of all these reasons, the ECB launched a negative interest rate and the TLTRO, with the aim of reducing the financing costs for the economy, enhancing investment and consumption, pushing up inflation, improving the monetary policy transmission mechanism, encouraging banks to support the private sector with liquidity provided by the ECB, and stimulating activities by small and medium enterprises.

In the short term, the negative interest-rate policy of the ECB has achieved some results, as the money market interest rates in the euro area have declined to some extent and the government bond yields for the periphery countries have obviously dropped notably. However, the long-term effects remain to be seen. Theoretically, in order to avoid paying fees to the ECB, banks should expand credits, create deposits with such loans, and increase payments of the required reserves to transfer reserves from the excess reserve accounts with negative interest rates to the required reserve accounts with positive interest rates. But some analysts argue that the problem in the euro area is that there is insufficient demand for credit and the negative interest rate is not large enough to stimulate credit demand. Moreover, if banks transfer the costs of the negative interest rate by means of raising the interest rates for loans, as shown in the case of Denmark, the demand for loans will be constrained.

As for the TLTRO, the market generally thinks it is reasonable to link the liquidity injecting operations of the central bank with the banks' lending activities, and the financing environment for small and medium-sized enterprises will thus be improved considerably. However, due to insufficient credit demand and some banks' concerns about credit risks, there are uncertainties as to whether the TLTRO can reach the expected scale of 1 trillion euro. In the long run, it will be difficult for monetary policy on its own to resolve the fundamental problems in the euro area, and fiscal and structural reforms are needed at deeper levels.

4. World economic outlook and major risks

Overall, the global economic recovery turned for the better in 2014 and the growth rate is expected to pick up. However, structural problems and destabilizing and uncertain factors still exist and may pose the following risks to the global economy:

First, the momentum of the U.S. recovery has yet to be strengthened. The effect of the Federal Reserve's tapering of the asset purchases is still quite uncertain. In the first half of 2014, fluctuations in U.S. financial markets reached a record low, and there are worries that the slow pace of the tapering might lead to market complacency, which in turn might increase risk tolerance, encourage risky behavior, and threaten financial stability. In addition, the United States has not made any substantial progress in terms of medium-term fiscal consolidation.

Second, recovery prospects in the euro area are unclear. Although the ECB launched a series of monetary easing policies in June to deal with the deflationary risks, it is still uncertain whether the banks will lend more to the real economy. In addition, the euro area has many long-term and structural problems, such as the deleveraging of the banking sector, the building of the fiscal union, and internal structural imbalances.

Third, the Japanese economy is still facing downward pressures. In the short term, the consumption tax hike has obviously weighed down on consumption and expansion of domestic demand, and the size and duration of this negative impact remains to be seen. For the long term, as Japan's structural reform is lagging, it is uncertain to what extent the structural reform will help enhance the competitiveness of the Japanese economy. Moreover, the Japanese government also faces the dilemma of cutting debts and stimulating economic growth.

Fourth, in the short term, some emerging

market economies still face risks. Externally, the moderate recovery of the advanced economies can hardly create strong external demand for the emerging market economies. Uncertainties about the Federal Reserve's tapering of the quantitative easing policy and investors' concerns about the fundamentals in the emerging market economies might have negative impacts on the exchange rates, financial markets, and capital flows of some emerging market economies. Domestically, some emerging market economies face additional pressures from problems such as rising leveraging in the private and public sectors, relatively rapid expansion of bank credits, and increased macroeconomic imbalances.

Moreover, geopolitical risks and political turmoil in some countries might also have a negative impact on the global economy. There is uncertainty regarding where the Ukraine crisis is heading and this crisis will be difficult to resolve. It might affect energy supplies and the economic recovery in Europe. The escalation of violence in Iraq might also reduce global supplies of crude oil and push up international oil prices.

II. Analysis of China's macroeconomic performance

In the first half of 2014, growth of the Chinese economy remained stable and the structural adjustments made progress. Domestic demand continued to be the major driver for growth, contributing 102.9 percent to GDP. Consumption and investment grew in a stable manner and growth of exports and imports reentered positive territory. With a bumper harvest in summer grain, the agricultural sector was in good shape, while the growth of industrial output picked up. Consumer prices rose at a moderate pace and the job market was basically stable. In the first half of 2014, the Gross Domestic Product (GDP) reached RMB26.9 trillion yuan, up 7.4 percent year on year. GDP growth in the first and second quarters registered 7.4 percent and 7.5 percent respectively. The Consumer Price Index (CPI) rose 2.3 percent year on year. The trade surplus posted USD102.9 billion.

1. Consumption and investment grew in a stable manner, and the growth of exports and imports reentered positive territory

As a result of the continued gains in household income, consumption played a more important role in driving economic growth and the growth of consumption supported by new business models was especially rapid. In the first half of this year, per capita disposable income of urban residents was RMB14,959 yuan, up 9.6 percent year on year in nominal terms and 7.1 percent in real terms. Per capita cash income of rural residents registered RMB5,396 yuan, up 12.0 percent year on year in nominal terms and 9.8 percent in real terms. From January through June, 54.4 percent of the growth in GDP, namely 4 percentage points of the GDP growth rate, was contributed by final consumption, accelerating by 9.2 percentage points and 0.6 percentage point respectively year on year. Retail sales of consumer goods totaled RMB12.4 trillion yuan, up 12.1 percent year on year in nominal terms and 10.8 percent in real terms. Specifically, retail sales of consumer goods in urban and rural areas stood at RMB10.7 trillion yuan and RMB1.7 trillion yuan respectively, up 12.0 percent and 13.2 percent year on year. Consumption supported by new business models and green consumption grew rapidly. In the first half of 2014, online retail sales totaled RMB1,137.5 billion yuan, up 48.3 percent year on year.

The share of private investment expanded further. From January through June, fixed-asset investments (excluding investments by rural households) totaled RMB21.3 trillion yuan, up 17.3 percent year on year in nominal terms and 16.3 percent in real terms. Real growth was flat with that in the first quarter. Among this total, private investment registered RMB13.9 trillion yuan, up 20.1 percent and accounting for 65.1 percent of total investment, accelerating by 1.4 percentage points year on year. Broken down by regions, growth of investment in the central and western regions continued to outpace that in the eastern region, and year-on-year growth in the eastern, central, and western regions registered 16.3 percent, 19.2 percent, and 18.6 percent respectively. As for the sectoral distribution, the primary, secondary, and tertiary industries grew 24.1 percent, 14.3 percent, and 19.5 percent year on year.

Import and export growth reentered positive territory. In the first half of this year, imports and exports totaled USD2,020.9 billion, up 1.2 percent year on year. Among this total, exports grew 0.9 percent year on year to USD1,061.9 billion and imports rose by 1.5 percent to USD959 billion. The trade surplus narrowed by USD5.5 billion compared with the same period of the last year. In terms of the regional distribution, trade with the EU, the United States, Japan, and the ASEAN maintained a momentum of growth. In terms of the structure of traded goods, the export growth of machinery, electronic appliances, and labor-intensive products picked up, while the import growth of some commodities slowed down

Figure 3 Import and Export Growth and the Trade Surplus

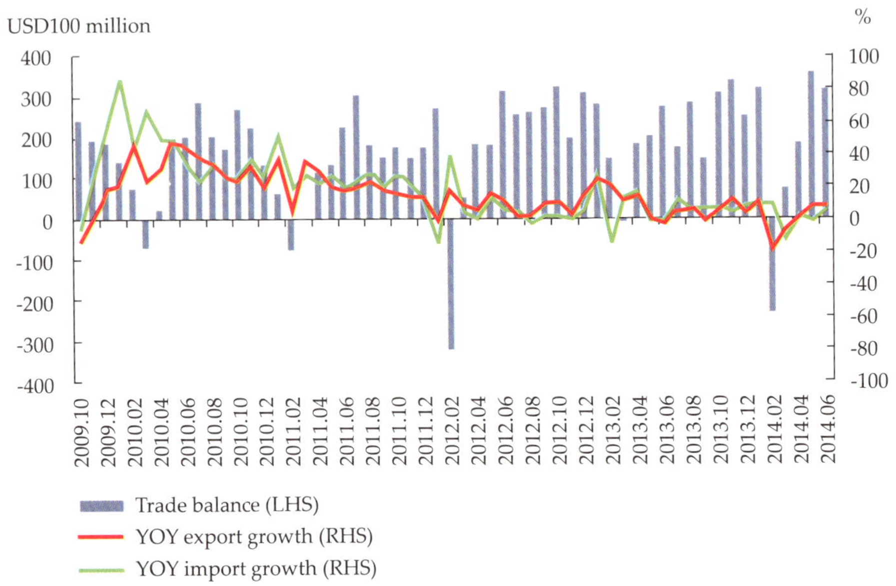

Sources: General Administration of Customs, the People's Bank of China.

compared with the same period of the last year. In the first half of 2014, actually utilized foreign direct investment increased by 2.2 percent year on year to USD63.33 billion; domestic investors invested in 3,224 overseas enterprises in 146 countries and regions, and cumulative non-financial outbound direct investments registered USD43.34 billion.

2. Agricultural production was in good shape, and the growth of industrial production picked up

The growth of the value-added of the tertiary industry outpaced that of the secondary industry. In the first six months, the value-added of the primary, secondary, and tertiary industries were RMB2.0 trillion yuan, RMB12.4 trillion yuan, and RMB12.5 trillion yuan respectively, up 3.9 percent, 7.4 percent, and 8.0 percent respectively year on year. The value-added of the three industries accounted for 7.4 percent, 46.0 percent, and 46.6 percent of total GDP respectively, with the share of the tertiary industry rising by 1.3 percentage points from the same period of 2013, 0.6 percentage point more than the share of the secondary industry.

Agricultural production was in good shape with a bumper harvest in summer grain. Total production of summer grain rose 3.6 percent year on year to 136.6 million tons. In the first half of 2014, production of pork, beef, mutton, and poultry climbed by 1.7 percent year on year to 40.03 million tons, among which pork production rose 3.0 percent to 27.05 million tons.

The growth of industrial production picked up. In the first half of 2014, the value-added of statistically large enterprises grew by 8.8 percent year on year, representing an acceleration of 0.1 percentage point compared with the first quarter. Profits of statistically large enterprises gained 11.4 percent year on year to RMB2.93 trillion yuan. The share of sold industrial products of statistically large enterprises was 97.5 percent, which was flat with the share during the first half of the last year. The PBC Survey of 5,000 Industrial Enterprises in the second quarter showed that several indicators, including the business climate index and the profit index, were indicating an upward trend. The business climate index grew by 0.1 percentage point quarter on quarter to 55.4 percent; the profit index rose by 3.2 percentage points quarter on quarter to 54.1 percent. The domestic order index and the export order index stood at 48.5 percent and 49.7 percent respectively, up 4.1 percentage points and 4.3 percentage points compared with the previous quarter.

3. Overall price levels remained stable

Consumer prices registered a moderate increase. In the first half of 2014, the CPI rose 2.3 percent year on year, and the CPI in April, May, and June increased by 1.8 percent, 2.5 percent, and 2.3 percent respectively, rising by an average of 2.2 percent, narrowing by 0.1 percentage point compared with the first quarter. Broken down by food and non-food items, growth in food prices edged down while that of non-food items remained basically stable. In the second quarter of 2014, food prices rose by 3.4 percent year on year, which was 0.1 percentage point less than the increase in the previous quarter and accounted for 1.1 percentage points of CPI growth. The price of non-food items rose 1.7

percent year on year, which was flat with the growth in the previous quarter, contributing to 1.1 percentage points of CPI growth. Broken down by consumer goods and services, the price of consumer goods rose 2.0 percent year on year, accelerating by 0.1 percentage point compared with the first quarter; the price of services climbed by 2.7 percent year on year, decelerating by 0.4 percentage point compared with the first quarter.

The decline in producer prices narrowed. In the first half of 2014, the producer price index (PPI) dropped by 1.8 percent year on year. The year-on-year decrease for April, May, and June registered 2.0 percent, 1.4 percent, and 1.1 percent respectively and averaged 1.5 percent. The average monthly decrease in the second quarter was 0.5 percentage point less than that in the first quarter. The decline in the price of capital goods narrowed while the growth in the price of consumer goods reentered positive territory. In the second quarter, the price of capital goods dropped by 2.0 percent year on year, narrowing by 0.5 percentage point compared with the decline during the last quarter and contributing to 1.6 percentage points of the decline in the PPI. The price of consumer goods climbed 0.1 percent year on year, accelerating by 0.4 percentage point compared with the last quarter, explaining the 0.1 percentage point increase in the PPI. In the first half of 2014, producer purchasing prices dropped by 2.0 percent year on year. The average decline in the second quarter registered 1.9 percent, which was 0.2 percentage point less than the decline in the previous quarter. In the second quarter, the prices of major agricultural products went up by 0.3 percent year on year, accelerating by 1.5 percentage points compared with the previous quarter. The price of agricultural capital goods fell 1.1 percent year on year, which was 0.5 percentage point more than the decrease in the previous quarter.

As a result of the overall hike in commodity prices on the international market, the decline in imported prices narrowed significantly. In the second quarter, the average price of Brent Crude oil futures on the Intercontinental Exchange gained by 1.7 percent compared with the previous quarter, and the average LME aluminum price grew by 5.2 percent from the previous quarter. In the first half of 2014, import and export prices dropped by 3.1 percent and 1.9 percent year on year respectively. From April through June, import prices grew by -0.6 percent, 1.3 percent, and -4.1 percent respectively, averaging -1.1 percent, and the average monthly decline was 4 percentage points less than that during the previous quarter. Export prices dropped by 3.3 percent, 1.2 percent, and 1.5 percent respectively, averaging 2 percent and 0.2 percentage point more than that in the first quarter.

The GDP deflator rebounded. In the first quarter, the GDP deflator (the ratio of nominal GDP to real GDP) was 1.0 percent, which was 0.1 percentage point lower than that during the same period of 2013 and 0.5 percentage point higher than that during the first quarter of 2014.

The price reform made headway. On April 10, the NDRC and other relevant ministries jointly launched a pilot program of a targeted price reform of cotton in Xinjiang Autonomous Region. According to the pilot program, the target price is determined by production costs and basic returns. Government cotton purchases and the reserve policy were abolished. Instead, producers will sell cotton at market prices, while the government will subsidize cotton producers based on the price differential, plantation area, and output and sales volume. On April 26, the NDRC issued a circular on improving management of low-cost drugs and relaxing price controls on low-cost drugs. A standard for the daily average cost of low-cost drugs was developed, and an entry and exit mechanism of a list of low-cost drugs was established. On May 5, the Ministry of Industry and Information Technology (MIIT) issued a notice jointly with other relevant ministries to deregulate telecommunications services. Telecommunication service providers may, based on the market situation and client demand, set up their own pricing schemes and design the price structures, the price standards, and the billing system.

4. Growth of fiscal revenue and expenditures picked up

In the first half of 2014, fiscal revenue posted RMB7,463.8 billion yuan, up 8.8 percent year on year, which was 1.3 percentage points more than that during the same period of 2013. Fiscal expenditures reached RMB6,915.4 billion yuan, up 15.8 percent year on year, an acceleration of 5.0 percentage points from that during the same period of 2013. As a result, revenue was RMB548.4 billion yuan more than expenditures, which was RMB339.3 billion yuan less than that during the same period of 2013.

In terms of the structure of fiscal revenue, tax revenue registered RMB6,426.9 billion yuan, up 8.5 percent year on year, and non-tax revenue registered RMB1,036.9 billion yuan, up 11.1 percent year on year. In terms of the tax categories, revenue from the domestic value-added tax, the domestic consumption tax, the business tax, the corporate income tax, the value-added tax on imported goods and the excise tax, and the personal income tax rose by 6.1 percent, 4.8 percent, 4.0 percent, 8.6 percent, 8.6 percent, and 12.1 percent respectively. As for the structure of fiscal expenditures, fiscal expenditures for affordable housing, urban and rural community affairs, purchases and reserves of grain and oil grew relatively rapidly, increasing by 30.2 percent, 23.6 percent, and 20.3 percent respectively.

5. The employment situation was generally stable

In the second quarter, the registered unemployment rate in the urban areas posted 4.08 percent, flat with that in the first quarter. In the first half of 2014, the newly-employed in the urban areas reached 7.37 million, which was 120,000 more year on year. In the second quarter, a statistical analysis by the China Human Resources Market Information Monitoring Center on market demand and supply information of public employment service agencies in 100 cities revealed that overall labor supply and demand was in balance, with supply falling slightly short of demand, and the ratio of job seekers to job vacancies was 1.11, which was the same as that in Q1, growing by 0.04 year on year. Broken down by industry, demand in sectors such as manufacturing, wholesale and retail, transportation, warehousing and postal services, and real estate declined compared with the first quarter, but still increased compared with that in the first half of 2013. In comparison with the first quarter of this year, the number of job seekers who were fresh graduates from colleges and those who were from other localities increased, while the number of job seekers who were not able to find employment upon graduation, the newly unemployed, and the local rural residents declined. Demand for professionals with medium or high skill levels grew quite rapidly.

6. The current account surplus narrowed

According to preliminary statistics, the current account surplus was USD79.3 billion in the first half of 2014, representing a decrease of USD19.1 billion from the same period of 2013 and accounting for 1.8 percent of GDP during the same period. The surplus in the capital and financial account was USD81.5 billion. Reserve assets grew by USD161.5 billion.

Total external debt continued to grow. As of end-March 2014, outstanding external debt posted USD883.87 billion, up 15.5 percent year on year. Among this total, the stock of registered outstanding external debt posted USD564.87 billion, an increase of 22.4 percent year on year and accounting for 63.9 percent of the total; outstanding short-term external debt posted USD690.82 billion, an increase of 22.1 percent year on year and accounting for 78.2 percent of the total.

7. Sectoral analysis

The profits of industrial enterprises maintained stable growth. In the first half of 2014, the number of industries that saw gross profits higher, at par with, or lower than that in the first half of 2013 was 35, 1, and 5 respectively. In particular, gross profits of petroleum processing, coking, and nuclear fuel processing, automobile manufacturing, electronic machinery, and equipment manufacturing, manufacturing of computers, and telecommunications, and other electronic devices grew more rapidly compared with other industries, up 43.9 percent, 29.1 percent, 25.3 percent, and 24.1 percent respectively year on year; gross profits of coal mining and washing, and mining of petroleum and natural gas declined.

(1) The real estate sector

In the first half of 2014, nationwide turnover of commercial real estate declined year on year. Fewer cities reported a quarter-on-quarter increase in real estate prices. The growth of investment in real estate development slowed down, while loans in the real estate sector registered stable growth.

Fewer cities reported rising real estate prices compared with the previous quarter. In June, out of 70 large- and medium-sized cities, the prices of newly-built commercial residential housing increased in 69 cities year on year, at par with that in March 2014; the prices of newly-built commercial residential housing increased from the previous quarter in 8 cities, 48 cities less than in March 2014. The prices of pre-owned residential housing increased in 62 cities year on year, 6 cities less than in March 2014; the prices of pre-owned residential housing increased from the previous quarter in 7 cities, 35 cities less than in March 2014.

Both the acreage and sales of commercial real

estate declined year on year. In the first half of 2014, the floor area of sold commercial real estate nationwide posted 480 million square meters, down 6 percent year on year, which was 2.2 percentage points more than the decline in the first quarter of this year. The sales value of commercial real estate declined 6.7 percent year on year to RMB3.1 trillion yuan, which was 1.5 percentage points more than the decline in Q1 2014. Among this total, the sold area and sales value of commercial residential housing accounted for 87.8 percent and 82.3 percent respectively of the total sold area and of the turnover in commercial real estate.

Growth of investment in real estate development decelerated. In the first half of this year, nationwide investment in real estate development totaled RMB4.2 trillion yuan, up 14.1 percent year on year, a deceleration of 2.7 percentage points compared with the first quarter, registering a consecutive deceleration since the beginning of this year. In particular, investment in residential housing posted RMB2.9 trillion yuan, accounting for 68.3 percent of total investment in real estate development nationwide. The floor area of the start of new real estate declined 16.4 percent year on year to 800 million square meters. The margin of decline was 8.8 percentage points less than that in the first quarter. The floor area of real estate projects under construction grew 11.3 percent year on year to 6.11 billion square meters, a deceleration of 2.9 percentage points from the first quarter of this year. The floor area of completed real estate projects stood at 380 million square meters, representing a year-on-year increase of 8.1 percent, in comparison with a year-on-year decline of 4.9 percent in the first quarter.

Growth of real estate loans registered stable growth. As of end-June 2014, outstanding real estate loans of major financial institutions (including foreign-funded financial institutions) posted RMB16.2 trillion yuan, an acceleration of 19.2 percent year on year and an increase by 0.4 percentage point from end-March 2014. Outstanding real estate loans accounted for 20.8 percent of total outstanding loans, which was 0.2 percentage point more than that at the end of March 2014. In particular, outstanding mortgage loans rose 18.5 percent year on year to reach RMB9.9 trillion yuan, a deceleration of 1.7 percentage points from end-March 2014; outstanding housing development loans gained 26.9 percent year on year to reach RMB3.1 trillion yuan, an acceleration of 7.6 percentage points from end-March 2014; outstanding land development loans rose 9.7 percent year on year to reach RMB1.2 trillion yuan, a deceleration of 2.1 percentage points from end-March 2014. In the first half of 2014, new real estate loans registered RMB1,538.5 billion yuan, accounting for 26.8 percent of all types of new loans, a rise of 0.4 percentage point from end-March 2014.

At end-June 2014, outstanding loans for welfare housing development posted RMB969.4 billion yuan, representing year-on-year growth of 47.3 percent, which was 20.6 percentage points higher than that at the end of March 2014. The outstanding volume of new welfare housing development loans stood at RMB240.2 billion yuan, accounting for 47.3 percent of the total new real estate development loans and 27.9

percentage points more than that in the first quarter of this year. In addition, the pilot program of using housing provident fund loans to support the construction of affordable housing was steadily promoted. At end-June, 323 welfare housing projects in 77 cities had passed loan approvals and had received RMB68.5 billion yuan in loan disbursements based on the construction progress, of which RMB21.4 billion yuan of the principal was repaid.

(2) The electronics and information technology industry

Information technology serves as an important driver in economic and social development. The electronics and information technology industry is a promising industry of strategic importance for the Chinese economy. It is an indispensable component of the infrastructure and leads the development of other industries. Against the background of industrial upgrading in China and the relocation of industrial capacities around the globe, the electronics and information technology industry in China has actively promoted structural adjustments and has enhanced its core competitiveness despite the negative impacts of the international financial crisis. It is playing an increasingly important role in supporting the development of the national economy.

The electronics and information technology industry is expanding in scale steadily and remains in the fastest growing cohort among all industries. The industry has become a pillar in China's real economy and foreign trade. In 2013, total sales in the industry registered RMB12.4 trillion yuan, up 12.7 percent year on year, and it accounted for more than 50 percent of total IT expenditures around the globe. In particular, the revenue of statistically-large electronics and IT manufacturers from major businesses rose 10.4 percent year on year to RMB9.3 trillion yuan; the revenue of software businesses from software and IT service providers reached RMB3.1 trillion yuan, growing by 24.6 percent year on year, which was significantly higher than the global average of 5.7 percent. China has become the largest manufacturing hub for electronics and IT products worldwide. In 2013, the output of mobile phones, computers, and color TVs registered 1.46 billion, 340 million, and 130 million units respectively, all accounting for more than half of the world's total. In 2013, total exports and imports of electronics and IT products stood at USD1.3 trillion, growing by 12.1 percent year on year, which was 4.5 percentage points higher than total exports and imports nationwide during the same period. In particular, the share of general trade increased by 1.8 percentage points compared with the previous year.

Structural adjustments in the electronics and IT industry accelerated. First, efforts were made to integrate software with hardware to climb up the value chain. As the industry develops, the value of hardware increasingly hinges on the technology content of its supporting software. To enhance the value-added of their products, some leading hardware manufacturers invested in in-house research and development or cooperated with software enterprises to develop supporting software. Meanwhile, software firms and Internet firms were also entering the hardware manufacturing industry. In 2013, gross profits of statistically-large electronics and IT enterprises grew 21.1 percent year on year, which was significantly more than the average growth of 12.2 percent of all industries; revenue from software businesses accounted for 25 percent of total revenue of the electronics and IT industry, which was 2.3 percentage points higher than the share during the last year. Second, domestic manufacturers took a larger share in the domestic market and the competitiveness of domestic firms improved. In 2013, the total value of products sold on the domestic market accounted for 48.3 percent of the output value of the electronics and IT industry, growing by 3.3 percentage points compared with the previous year. The sales value of Chinese-funded firms accounted for 33 percent of the nation's total, which was 2.1 percentage points more than that in the previous year. Third, industrial transfers proceeded in an orderly manner. In 2013, the sales value of statistically-large electronics and IT manufacturers in the central and western regions registered RMB1,020.8 billion yuan and RMB765.9 billion yuan respectively, growing by 28 percent and 28.9 percent year on year. Their growth rates were 17 and 17.9 percentage points higher than average. The sales value in the central and western regions accounted for 19 percent of the nation's total, 2.5 percentage points more than that in the previous year.

At present, the electronics and IT industry is a window of strategic importance to accelerate development and to make structural upgrading, but some deeply-rooted constraints and structural imbalances remain salient, such as a lack of core technology, the absence of global leaders, a mismatch in the workforce structure, and a lackluster capability for sustainable development. To address such challenges, the industry should focus on industrial transformation and upgrading, prioritize research and development to make breakthroughs in core technologies in key areas and innovations in the development pattern, combine manufacturing with software and information services, coordinate domestic and foreign markets, optimize the industrial layout, guide the orderly relocation of industrial capacity, and improve the industrial organizational structure. Efforts will be made to use the special funds earmarked for technological upgrading more efficiently, to encourage financial institutions to provide more financial services to small and medium-sized electronics and IT firms, and to guide financial institutions to provide more financial support to modern IT industries and the information consumption industries that have promising market prospects.

PART 5 Monetary Policy Stance to be Adopted in the Next Stage

I. Outlook for the Chinese economy

The Chinese economy is changing gears and undergoing structural adjustments. Therefore, the side-effects of the structural adjustments and the vitality released by the adjustments and reforms are both at play. While the traditional growth drivers are weakening, the newly emerging industries are very dynamic. Interactions among the economic variables, including growth, job creation, prices, and the environment, are changing and economic performance is displaying new features and a state of new normal. Supported by many positive factors and a good macro-economic policy environment, the Chinese economy is expected to maintain stable growth in the coming periods. Given the size of the economy, there is plenty of room for coordinated progress in the new type of industrialization, and the application of information technology, urbanization, and modernization of the agricultural sector is supported by the size of the market. Looking at regional developments, the eastern regions have exhibited stronger adjustment flexibility and resilience and have made good progress in structural adjustments; the central, western, and northeastern regions have been affected by resource and heavy-industry fluctuations, but they still have a large growth potential due to the effects of the balanced regional development and the upgrading of industries. In terms of macro-economic policy, economic growth will be supported by continued innovation, improvements and accumulation of experience in macro-economic management, a focus on targeted adjustments, accuracy in the direction and intensity of the adjustment measures within the framework of range management, as well as the combination of short-term demand adjustments and the adoption of a series of policy measures to promote reform, adjust the economic structure, and improve the people's welfare. The positive results of the structural adjustments are gradually unfolding. The service sector has continued its rapid growth, and the tertiary industry as a share of GDP has continued to rise after exceeding that of the secondary industry. The high-tech industry, equipment manufacturing industry, and new modes of business operations such as e-commerce are expanding with a strong momentum, while the growth of high energy-consuming industries and those with excess capacities is moderating. The quality of economic growth has improved. In the first half of 2014, the concentration of PM2.5 in some areas declined year on year. The investment structure has improved further, with investment in the information and business service industries expanding rapidly and the share of private investment going up further. With the changes in the demographic and economic structures and the expansion of the services industry, per unit of GDP has created more jobs and the overall employment situation is good. Household income has continued its rapid growth and the household consumption structure is changing. According to the urban depositors survey conducted by the PBC in Q2, the willingness of households to purchase automobiles and other large-value items in the next three months will decline but their willingness to travel went up by 4 percentage points quarter on quarter and 1.2 percentage points month on month. Looking at the external environment, although growth in the various regions differed somewhat, the global economy was on the track for a moderate recovery and global growth is expected to be higher than last year, presenting a relatively stable environment for external demand.

Yet there are still many challenges and risks. The endogenous growth drivers are yet to be strengthened and the tasks of structural adjustment and reform remain demanding. As external demand, real estate, and other traditional growth drivers have weakened, new drivers for strong growth have yet to emerge. Since the beginning of the twenty-first century, the investment ratio has been on an upward trend for more than a decade. In particular, the investment ratio in recent years has been notably higher than before. As such, it will be difficult to continue to maintain the fairly rapid growth of investment. As both the manufacturing sector and the real estate industry are moving downward and experiencing fluctuations, to a large extent growth is buttressed by infrastructure investments. Furthermore, with inefficient enterprises absorbing a large volume of resources, the efficiency of fund use low, and the indebtedness of the economy increasing relatively rapidly, the potential risks in the financial and real sectors need be watched. Moreover, the growing resource and environmental constraints and serious air and water pollution have all made it imperative that the existing growth pattern be transformed. There are also risks in terms of the global recovery. The uncertainties in the adjustment of U.S. economic policy may have a large impact on global capital flows and costs of financing. Growth in the euro area remains lukewarm against the background of deflationary risks. Growth in the emerging economies is tepid and there are multiple structural problems in the global economy. Major international organizations have made downward adjustments in their projections for global growth. In general, given the complexities and uncertainties in the external and internal environments, it is imperative to advance the structural adjustments and transformation of the growth pattern. Balance at the aggregate level and structural optimization should both be pursued, and the economic growth points should be explored at a strategic level. The deep-rooted structural problems in the economy should be resolved by deepening reform and innovation and development should be promoted to bring about more dynamic growth and to increase the competitiveness of the economy.

The price situation was generally stable. The stable external environment, the economic performance within a reasonable range, sufficient capacity, and good harvest of summer crops all contributed to stable price expectations. According to the urban depositor survey conducted by the PBC in Q2, the household future price expectation index was 63.8 percent, down 0.1 percentage point quarter on quarter. However, due to supply-side changes and potential upward pressures in the supply of labor, service prices, and other factors, prices are generally very sensitive to changes in aggregate demand, as reflected in the impact of the economic recovery on price movements earlier this year. In the future, upward pressures on price movements may be exacerbated by the continued strengthening of aggregate demand. In 2013, prices went up relatively rapidly after aggregate demand became stronger. In addition, shocks to the price levels may occur when climatic hazards have an impact on the supply of agricultural produce. Trends in price movements need to be closely watched.

II. Monetary policy during the next stage

The PBC will follow the strategic arrangements of the State Council, implement the requirements of seeking progress while maintaining stability, continuing reform and innovation, implementing stable macro policies and flexible micro policies, properly managing the balance among promoting stable growth, reform, adjusting the economic structure, benefitting the people's welfare, and preventing risks, continue the sound monetary policy, maintain the continuity and stability of policy, continue the stance of keeping aggregates at a stable volume while optimizing structures, remain focused while actively taking measures, make macro-economic management measures more forward looking, targeted, and effective, continue to create a stable monetary and financial environment for the adjustment and transformation of the economic structure, and promote the sustainable development of the economy. Moreover, the reform measures will be integrated with the macro-economic measures and the use of monetary policy measures will be combined with measures to deepen the reforms to allow the market to play a decisive role in resource allocations to a fuller extent. With financial deepening and ongoing innovation, the macro-economic management approach will be improved, the transmission mechanism will be straightened out, and financial services will be improved by increasing supply and competition to improve the efficiency of the financial sector and its capacity to serve the real economy.

First of all, a combination of quantitative, price, and other monetary policy instruments will be used, the macro-prudential policy framework will be improved, and the combination of policy measures will be diversified and optimized to keep liquidity at reasonable volumes and to realize the proper growth of money, credit, and all-system financing aggregates. In view of the changes in the economic and financial situations and the impact of financial innovation on liquidity in the banking system, a mix of instruments, including open market operations, the deposit reserve requirement ratio, central bank lending, central bank discounts, the Standing Lending Facility, Short-term Liquidity Operations, and so forth, will be used flexibly and the central bank collateral management framework will be improved to manage the aggregate liquidity properly and to maintain a stable money market. Moreover, financial institutions will be guided to enhance liquidity, assets, and liability management, to make good arrangements for liquidity at various time-points, to properly manage the aggregates of assets and liabilities and the term structure, and to improve the quality of liquidity risk management. The macro-prudential policy will continue to play a counter-cyclical adjustment role. The various parameters will be adjusted when necessary based on the changes in economic performance, the soundness of the financial institutions, and implementation of the credit policy to guide financial institutions to support real sector development in a more targeted way.

Second, the stock of credit assets will be revitalized and use of new loans will be optimized to support the structural adjustments and transformation. Measures will be taken to optimize the direction and structure of the provision of liquidity, properly implement the targeted reduction in the deposit reserve requirement, tap the role of credit policy supporting central bank lending and the central bank discount policy, and guide financial institutions to optimize the credit structure. Measures will be taken to encourage financial institutions to make innovations in the organizational structure, institutional arrangements, product and service models, and to support economies of scale in agricultural activities and the development of new types of agricultural entities. The effects of credit guidance assessments will be improved to better mobilize the stock of credit assets and to channel a larger share of new loans to small and micro enterprises. The financial sector will function properly and there will be enhanced support to science and technology, culture, information consumption, strategic new industries, and other key areas in the national economy. The implementation of credit policy resources will be continuously improved to further beef up financial services and provide support to poverty alleviation, job creation, students in need, ethnic minorities, rural migrant workers, college graduates-turned village officials, and other welfare-enhancing areas. Reasonable demands for funds will be satisfied from ongoing and follow-up projects and welfare projects, such as railway and other major infrastructure projects, urban infrastructure, welfare housing, and other livelihood improvement projects. Lending to high energy-consuming, highly-polluting industries, and those with an overcapacity will be strictly controlled to promote the removal of excess capacity. A green credit mechanism will be established and improved to improve financial services for energy conservation, a circular economy, reductions in air pollution, and so forth and to enhance credit support to technological upgrading in relevant fields. A differentiated housing mortgage policy will be implemented to support the building of welfare housing and common commercial housing with small and medium floor plans and purchases by first-time home-buyers of common commercial housing for self-use and to contain demand for speculative purchases. Development finance will continue to play a role in the reconstruction of shanty towns. A number of measures will be taken to reduce the costs of financing in the entire economy.

Third, the market-based interest-rate reform and the RMB exchange-rate regime reform will be deepened to improve the efficiency of allocation of financial resources and to improve the monetary policy framework. The self-regulatory market interest- rate pricing mechanism will be improved to build the independent pricing capacity of financial institutions. The issuance and trading of inter-bank certificates of deposit will be promoted while we will explore issuing certificates of deposit to corporate and individual customers and to gradually increase the range of liability products for market pricing. Efforts will be made to develop the Shibor and Loan Prime Rate, to build a fairly complete market interest-rate system. The central bank interest-rate adjustment framework will be improved to strengthen price-based adjustments and the transmission mechanism. The RMB exchange-rate regime will be further improved to allow market demand and supply to play a larger role, to enhance two-way flexibility of the RMB exchange rate, and to keep the exchange rate basically stable at an adaptive and equilibrium level. Development of the foreign exchange market will be accelerated to provide exchange rate risk management services to importers and exporters based on actual demand. Measures will be taken to support the use of RMB in cross-border trade and investment activities, and more channels will be made available for the inflow and outflow of RMB funds. Direct trading of RMB against other currencies will be promoted to provide better services for RMB settlement of cross-border trade activities. The impact of the changing international situation on capital flows will be carefully watched and effective monitoring of cross-border capital movements will be strengthened.

Fourth, there will be continued efforts to improve the system of financial markets, to support the role of financial markets in preserving stable economic growth, supporting economic structure adjustments and transformation, deepening reform and opening up, and preventing financial risks. The financial infrastructure and institutional mechanisms will be strengthened to provide a more efficient investment and financing market for economic structural adjustments and upgrading. Market innovations will be encouraged to diversify the products and layers in the bond market and to meet investor demands. The market-making mechanism will be improved to enhance the liquidity of the bond market and to lay a solid foundation for an effective yield curve. Market participants will be diversified, the diversity of financial markets, financial products, investor bases, and financing intermediaries will be further promoted, and the risk-sharing and market discipline mechanisms will be strengthened. We will implement measures to promote direct financing and the development of a multi-layered capital market. Market supervision and the role of the corporate debenture bond joint ministerial coordination mechanism will be enhanced, while regulatory coordination will be strengthened to regulate the transaction behavior of market participants, to prevent financial risks, and to promote the efficient operation and sound development of the financial markets.

Fifth, reform of financial institutions will be deepened to improve financial services by increasing supply and enhancing competition. Reform of large commercial banks and other large financial institutions will be furthered so as to continue to improve corporate governance, build effective mechanisms for decision making, execution, and checks and balances, and translate the principle of corporate governance into daily operations and risk control behavior. The pilot reform program of the Rural Financial

Business Division of the Agricultural Bank of China will be advanced to explore a sustainable model for market-based financial services to the agricultural sector, rural areas, and farmers and to improve financial services to the agricultural sector, rural areas, and farmers, and to customers in the counties. Reform of the Export-Import Bank of China and the Agricultural Development Bank of China will be accelerated by strengthening the definition of their policy functions, requiring separate book-keeping and management of policy-based business and proprietary business, establishing a sound regulatory capital requirement mechanism, and improving the governance structure and the fiscal and financial support policy for the purpose of creating a favorable policy environment and developing policy financial institutions with Chinese characteristics that operate on a sustainable basis to provide good services to support economic development. Reform of the China Development Bank will be deepened to enable development finance to rely on sovereign credit to provide services for the implementation of national strategy while making decent profits and focusing on the transformation of shanty towns, urban infrastructure, and related projects. The change to commercial operations of asset management companies will be further promoted. Under the precondition of stronger supervision, development of various kinds of financial institutions, financial service organizations, and intermediary agencies will be encouraged to build a financial eco-environment for competition and participation by all kinds of market participants. The standards and rules for internet finance will be further improved to promote fair play, to enhance industry self-regulation, to build a capacity for risk management, to safeguard the rights and interests of investors, and to promote Internet finance to develop soundly.

Sixth, effective measures will be adopted to mitigate systemic financial risks and to preserve stability in the financial system. Macro-prudential management will be enhanced to guide financial institutions to operate on a sound basis and to encourage them to strengthen internal controls and liquidity and risk management. While supporting financial innovations, monitoring and prevention of potential risks in the wealth management and inter-bank business will be enhanced. Continued monitoring of local government debt and debt service capacity will be strengthened to manage and prevent risks and we will explore using market mechanisms to address the problem of local government indebtedness. The systemic financial risk early-warning and assessment mechanism will be improved, monitoring and analysis of local government financing vehicles, shadow banking businesses, and mutual guarantees and group guarantees of enterprises will be enhanced to identify potential risks on a continual basis and to urge financial institutions to draft response plans for various scenarios. The Financial Regulatory Coordination Joint Ministerial Conference will play a role to enhance risk monitoring and regulatory coordination of cross-sector and cross-market products and to establish a system of comprehensive financial statistics and an information-sharing mechanism. There will be efforts to accelerate the establishment of a deposit insurance regime and to improve the market exit mechanism for financial institutions.

A comprehensive set of measures will be taken to preserve financial stability and to safeguard the bottom line in preventing systemic risks and regional financial risks.

附录一　2014年第二季度中国货币政策大事记

4月2日，中国人民银行货币政策委员会召开2014年第一季度例会。

4月15日，中国人民银行向全国人大财经委员会汇报2014年第一季度货币政策执行情况。

4月22日，中国人民银行决定从4月25日起下调县域农村商业银行人民币存款准备金率2个百分点，下调县域农村合作银行人民币存款准备金率0.5个百分点。

4月25日，中国人民银行与新西兰储备银行续签双边本币互换协议，互换金额仍为250亿元人民币/50亿新西兰元。有效期三年，经双方同意可以展期。

5月6日，发布《2014年第一季度中国货币政策执行报告》。

5月8日，印发中国人民银行、银监会公告[2014]第8号，拓宽消费金融公司等非银行金融机构的融资渠道，合理调整金融租赁公司、汽车金融公司发行金融债券的条件，加大金融对消费的支持力度。

5月9日，中国人民银行、银监会、证监会、保监会、外汇局联合印发《关于规范金融机构同业业务的通知》（银发[2014]127号），就规范同业业务种类和会计核算、加强和改善同业业务内外部管理、推动开展规范的资产负债业务创新等方面提出了十八条规范性意见。

5月30日，中国人民银行使用中韩本币互换协议下4亿韩元（约合240万元人民币）资金支持企业贸易融资，这是中国人民银行首次在双边本币互换协议下动用对方货币。

6月9日，中国人民银行决定从6月16日起对符合审慎经营要求且“三农”和小微企业贷款达到一定比例的商业银行（不含4月25日已下调过准备金率的机构）下调人民币存款准备金率0.5个百分点，对财务公司、金融租赁公司和汽车金融公司下调人民币存款准备金率0.5个百分点。

6月18日，为促进中国与英国之间的双边贸易和投资，便利人民币和英镑在贸易投资结算中的使用，满足经济主体降低汇兑成本的需要，经人民银行授权，中国外汇交易中心宣布在银行间外汇市场完善人民币对英镑的交易方式，发展人民币对英镑直接交易。

6月24日，发布《2013年中国区域金融运行报告》。

Appendix 1 Highlights of China's Monetary Policy in the Second Quarter of 2014

On April 2, the Monetary Policy Committee of the PBC convenes its first regular quarterly meeting in 2014.

On April 15, the PBC reports to the Finance and Economy Committee of the National People's Congress on the implementation of monetary policy during the first quarter of 2014.

On April 22, the PBC decides to cut the reserve requirement ratios for county-level rural commercial banks and county-level rural cooperative banks by 200 and 50 basis points respectively, effective April 25, 2014.

On April 25, the PBC and the Reserve Bank of New Zealand renew the bilateral local currency swap agreement. The size of the new swap facility is RMB25 billion yuan, or NZD5 billion. The agreement will be valid for three years and can be extended upon mutual consent.

On May 6, the *China Monetary Policy Report for Q1 2014* is released.

On May 8, the PBC and the CBRC jointly issue *Public Announcement* [2014] No. 8 to broaden the financing channels for consumer finance companies and other non-bank financial institutions and to reasonably adjust the conditions for financial leasing companies and automobile financial companies to issue financial bonds and to beef up financial support to consumers.

On May 9, the PBC, the CBRC, the CSRC, the CIRC, and the SAFE jointly issue the *Notice on Regulating the Inter-bank Business of Financial Institutions* (PBC Document [2014] No. 127), which provides 18 guidelines to regulate the classification and accounting treatment of inter-bank business, stepping up internal management and external regulation in the inter-bank business and promoting regulated innovations in its asset and liability businesses.

On May 30, the PBC for the first time uses 400 million won (or about RMB2.4 million yuan) under the China-ROK bilateral currency swap arrangement to support trade financing for the corporate sector. This was also the first time that the PBC used foreign currency funds under the bilateral currency swap agreements.

On June 9, the PBC decides to cut, effective June 16, 2014, the reserve requirement ratio by 0.5 percentage point for commercial banks (excluding those that were subject to the reserve requirement ratio reduction on April 25, 2014) that have complied with prudential requirements and have reached the required ratios in their lending to the agricultural sector, rural areas, and farmers, and to small and micro enterprises. In addition, the RMB reserve requirement ratio of finance companies, financial leasing companies, and automobile financial companies is cut by 0.5 percentage point.

On June 18, with the authorization of the PBC, the China Foreign Exchange Trade System (CFETS) announces the launch of direct trading between the RMB and the Pound Sterling (GBP) on the inter-bank foreign exchange market. This is an important step to strengthen bilateral economic and trade ties between China and the United Kingdom, facilitating the use of RMB and Pound Sterling in bilateral trade and investment and lowering currency conversion costs for economic entities.

On June 24, the *Regional Financial Sector Performance Report (2013)* is released.

附录二　2014年第二季度主要经济体中央银行货币政策

一、美联储

美联储公开市场委员会（FOMC）在4月30日和6月18日例会后进一步缩减资产购买规模各100亿美元，自2014年7月起，抵押贷款支持证券和长期国债的每月购买规模分别降至150亿美元和200亿美元。同时，美联储强调目前维持超宽松货币政策立场仍是合适的，未来将参考一系列更广泛指标来决定升息时间，包括劳动力市场状况、通胀压力和通胀预期、金融市场表现等。此外，美联储表示，“在资产购买计划全面结束后，如果能够较好地锚定长期通胀预期，特别是在预计通胀率水平持续低于2%的长期目标的情况下，在相当长时间内将联邦基金利率维持在当前目标区间将是合适的。”

二、欧洲中央银行

欧洲中央银行在4月3日、5月8日两次例会后均宣布继续将主要再融资操作利率、边际存款便利利率和边际贷款便利利率分别维持在0.25%、0%和0.75%。在6月5日例会后，欧央行出台了一揽子宽松货币政策，包括：一是将主要再融资利率、边际贷款便利利率和存款便利利率分别下调10个、35个和10个基点至0.15%、0.40%和-0.10%。二是拟实施一系列定向长期再融资操作（TLTROs），初期规模为4 000亿欧元，所有操作将于2018年9月到期。三是加快直接购买私人部门资产抵押证券的筹备工作。四是延长固定利率全额配给主要再融资操作（MRO）至2016年年底，并暂停证券市场计划（SMP）购债冲销操作。

三、日本银行

日本银行第二季度四次会议均决定继续实施“量化和质化宽松货币政策”，将基础货币作为货币政策操作的目标，以每年60万亿～70万亿日元的速度增加基础货币，以期实现2%的通胀目标。日本银行表示，将继续购买政府债券（JGBs）、交易所交易基金（ETFs）和日本房地产投资信托基金（J-REITs），以保持其年增幅分别达到50万亿、1万亿和300亿日元；同时，将商业票据（CP）和公司债券的余额分别维持在2.2万亿和3.2万亿日元。

四、英格兰银行

英格兰银行第二季度三次例会均决定继续维持0.5%的基准利率和3 750亿英镑的资产购买规模不变。在6月5日的例会纪要中，英格兰银行表示，鉴于英国消化闲置产能的速度或将快于此前预期，存在年底前上调利率的可能。但货币政策委员会也一致认为，在未出现其他通胀压力的情况下，决定上调利率前还需看到更多的经济复苏证据。

Appendix 2 Monetary Policies of the Central Banks of the Major Economies in the Second Quarter of 2014

I. U.S. Federal Reserve

The Federal Open Market Committee (FOMC) reduced the pace of asset purchases by USD10 billion after each of its monthly meetings on April 30 and June 18, and starting from July 2014 scaled back monthly purchases of mortgage-backed securities and long-term government bonds to USD15 billion and USD20 billion respectively. In the meantime, the FOMC emphasized that the current super-easing monetary policy position was still appropriate and a wider range of indicators would be referred to in order to determine the right time to raise interest rates, including labor market conditions, inflationary pressures and expectations, financial market performance, and so forth. In addition, the FOMC pointed out that "it will be appropriate to maintain the current target range for the federal funds rate for a considerable time after the asset purchase program ends, especially if the projected inflation continues to run below the Committee's 2 percent long-run goal and provided that longer-term inflation expectations remain well-anchored."

II. European Central Bank

At its two regular meetings, on April 3 and May 8, the European Central Bank (ECB) announced that the interest rate on the main refinancing operations (MROs), the marginal interest rate on the lending facility, and the marginal interest rate on the deposit facility will remain unchanged at 0.25 percent, 0 percent, and 0.75 percent respectively. The ECB launched a series of easing policies after its regular meeting on June 5. The first policy lowered the rates of the main refinancing operations (MROs), the marginal lending facility, and the deposit facility by 10, 35 and 10 basis points respectively to 0.15 percent, 0.40 percent, and -0.10 percent. Second, the ECB prepared to conduct a series of targeted longer-term refinancing operations (TLTROs). The initial entitlement amounts to 400 billion euro, with all operations maturing in September 2018. Third, the ECB will accelerate preparatory work related to outright purchases of asset-backed securities of the private sector. Fourth, the ECB decided to prolong the fixed rate tender procedures of the MROs with full allotments until the end of 2016 and will suspend the fine-tuning operation sterilizing the liquidity injected under the Securities Markets Program (SMP).

III. Bank of Japan

At its four regular meetings in the second quarter, the Bank of Japan (BOJ) decided to continue to implement a "quantitative and qualitative easing monetary policy," to use the monetary base as the operational target of monetary policy, and to increase the monetary base by 60 trillion to 70 trillion yen per year in order to achieve the inflation target of 2 percent within two years. In addition, the BOJ indicated that it would continue to purchase

Japanese government bonds (JGBs), exchange-traded funds (ETFs), and Japan real estate investment trusts (J-REITs), with their amounts increasing at an annual pace of 50 trillion yen, 1 trillion yen, and 30 billion yen respectively. As for commercial paper (CP) and corporate bonds, the BOJ will maintain their outstanding amounts at about 2.2 trillion yen and 3.2 trillion yen respectively.

IV. Bank of England

At its three regular meetings in the second quarter, the Bank of England decided to maintain the policy rate of 0.5 percent and the scale of asset purchases at 375 billion pounds. In the minutes of the Monetary Policy Committee meeting held on June 5, the Bank of England stated that as the speed of absorption of spare capacity in the UK might be faster than expected, it is possible that the decision makers will increase the Bank Rate by the end of the year. In terms of the immediate policy decision, however, all members of the Monetary Policy Committee agreed that, in the absence of other inflationary pressures, it will be necessary to see more evidence of slack being absorbed before an increase in the Bank Rate will be warranted.

附录三 中国主要经济和金融指标

Appendix 3 *China's Major Economic and Financial Indicators*

一、经济增长与经济发展水平

1. Economic Growth

1978年以来中国经济增长与宏观经济政策

China's economic growth and macroeconomic policies since 1978

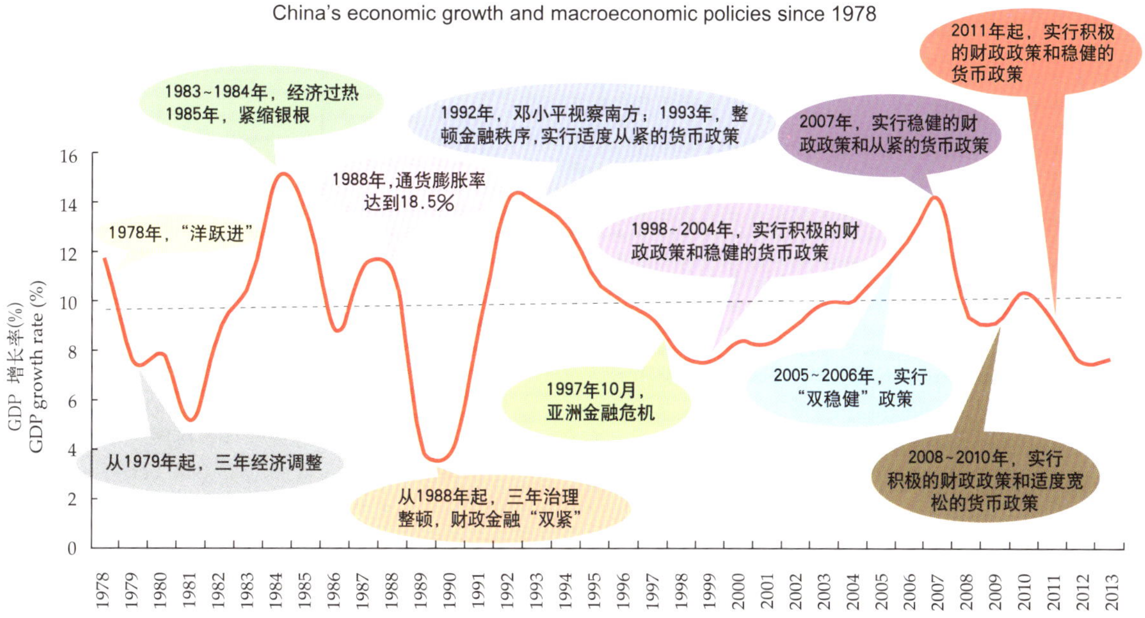

"Great leap forward" in 1978
3-year economic adjustment between 1979 and 1981
Over-heated economy between 1983 and 1984, tight monetary policy in 1985
Inflation of 18.5% in 1988
3-year rectification from 1988 to 1991, "double tightening" of fiscal and monetary policy
Deng Xiaoping's remarks on economic reform during his 1992 trip to South China, rectification of financial order and adoption of appropriately tight monetary policy in 1993
Asian financial crisis of October 1997
Proactive fiscal policy and sound monetary policy from 1998 to 2004
"Double sound" fiscal and monetary policy in 2005 and 2006
Sound fiscal policy and tight monetary policy in 2007
Proactive financial policy and moderately loose monetary policy in 2008 to 2010
Proactive financial policy and sound monetary policy since 2011

人均国内生产总值

Per capita GDP

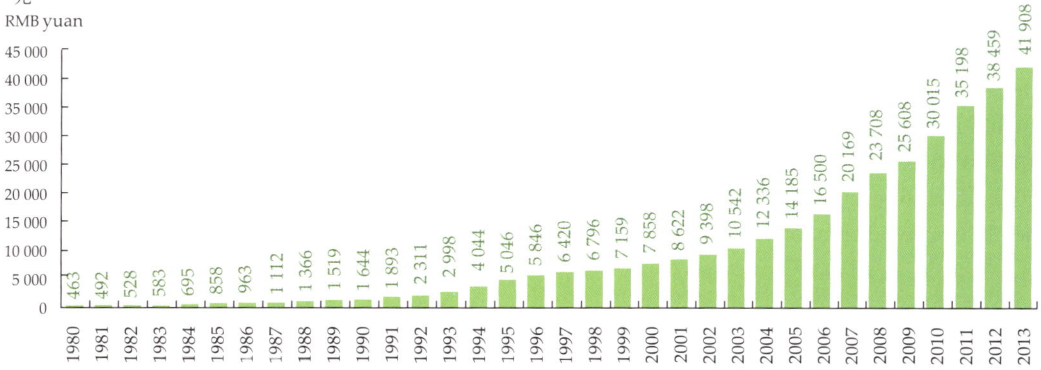

注：图中数据根据国家统计局最新数据修订。

Note: Data are revised by National Bureau of Statistics of China.

GDP总量：据世界银行按汇率折算法测算，2013年中国GDP总量为9.24万亿美元，占世界GDP总量74.90万亿美元的12.3%，位居第二，排在美国之后。根据《2014年世界发展指标》，按购买力平价法估算，2013年中国GDP总量为16.16万亿美元，占世界GDP总量101.89万亿美元的15.9%，位居第二，排在美国之后。

人均GDP：2013年，中国人均GDP为41 908元人民币，按年末汇率折算为6 874美元。

人均国民收入：据世界银行按汇率折算法测算，2013年世界人均国民收入为10 564美元，中国人均国民收入为6 560美元，位居世界213个经济体由高向低排列的第109位。按购买力平价法估算，2013年中国人均国民收入为11 850美元，相当于世界人均国民收入14 211元的83.4%，位居世界213个经济体由高向低排列的第109位。

2013年世界银行按汇率折算法测算的GDP总量前10名排序

Top ten economies in terms of GDP based on atlas methodology in 2013 (World Bank estimation)

排名 Rank	国家 Country		GDP(万亿美元) GDP (USD trillion)	占世界GDP总量的比重(%) As a percent of the world total (%)
1	美国	U.S.	16.80	22.4
2	**中国**	**China**	**9.24**	**12.3**
3	日本	Japan	4.90	6.5
4	德国	Germany	3.63	4.9
5	法国	France	2.73	3.7
6	英国	U.K.	2.52	3.4
7	巴西	Brazil	2.25	3.0
8	俄罗斯	Russia	2.10	2.8
9	意大利	Italy	2.07	2.8
10	印度	India	1.88	2.5
世界	**World total**		74.90	100

Gross Domestic Product (GDP): The World Bank estimated that the world total GDP and China's GDP in 2013 were USD74.90 trillion and USD9.24 trillion respectively based on Atlas methodology. Accounting for 12.3 percent of the world total, China's GDP ranked 2nd in the world after U.S.. The World Bank estimated that the world total GDP and China's GDP in 2013 were USD101.89 trillion and USD16.16 trillion respectively based on a PPP basis, according to the *World Development Indicators 2014*. Accounting for 15.9 percent of the world total, China's GDP ranked 2nd in the world, after the U.S..

GDP per capita: In 2013, China's GDP per capita reached RMB41,908 yuan, or USD6,874 based on the exchange rate at the end of 2013.

Gross National Income (GNI) per capita: The World Bank estimated that in 2013 the GNI per capita for the world as a whole was USD10,564 based on Atlas methodology. The GNI per capita in China was USD6,560, ranking 109th among 213 worldwide economies. In PPP terms, the GNI per capita in China in 2013 was USD11,850, equivalent to 83.4 percent of the world figure which was USD14,211, thus ranking 109th among the 213 worldwide economies.

2013年世界银行按购买力平价方法估算的GDP总量前10名排序

Top ten economies in terms of GDP based on PPP in 2013 (World Bank estimation)

排名 Rank	国家 Country		GDP(万亿美元) GDP (USD trillion)	占世界GDP总量的比重(%) As a percent of the world total (%)
1	美国	U.S.	16.80	16.5
2	**中国**	**China**	**16.16**	**15.9**
3	印度	India	6.77	6.6
4	日本	Japan	4.62	4.5
5	俄罗斯	Russia	3.49	3.4
6	德国	Germany	3.46	3.4
7	法国	France	3.01	3.0
8	巴西	Brazil	2.44	2.4
9	英国	U.K.	2.39	2.3
10	墨西哥	Mexico	2.32	2.3
世界	**World total**		101.89	100

世界银行估算的2013年人均国民收入

National income per capita in 2013 (estimated by the World Bank)

单位：美元 Unit: USD

	世界平均 Global average	低收入国家 Low-income countries	中等收入国家 Middle-income countries	较低收入组 Lower-middle-income countries	较高收入组 Upper-middle-income countries	高收入国家 High-income countries
汇率折算法 On atlas methodology	10 564	664	4 721	2 068	7 540	39 312
购买力平价法 On a PPP basis	14 211	1 780	9 517	5 970	13 318	40 324

国内生产总值
Gross domestic product

年/季 Year /Quarter		国内生产总值 GDP		第一产业 Primary industry		第二产业 Secondary industry		第三产业 Tertiary industry	
		绝对值(亿元) Absolute value (RMB 100 million yuan)	增长(%) Growth(%)	绝对值(亿元) Absolute value (RMB 100 million yuan)	增长(%) Growth(%)	绝对值(亿元) Absolute value (RMB 100 million yuan)	增长(%) Growth(%)	绝对值(亿元) Absolute value (RMB 100 million yuan)	增长(%) Growth(%)
2007	I	53 058	13.0	3 654	4.4	26 465	14.6	22 940	12.7
	I～II	112 458	13.4	9 283	4.0	57 615	15.0	45 561	13.5
	I～III	174 428	13.4	17 937	4.3	86 405	14.8	70 086	14.0
	I～IV	257 306	13.0	28 627	3.7	124 799	14.7	103 880	13.8
2008	I	66 284	11.3	4 679	2.8	31 658	11.5	27 097	10.9
	I～II	140 478	11.0	11 697	3.4	70 543	11.3	53 596	10.7
	I～III	217 026	10.6	21 869	4.4	105 889	11.2	81 989	11.2
	I～IV	314 045	9.6	33 702	5.4	149 003	9.9	131 340	10.4
2009	I	69 817	6.6	4 627	3.5	32 658	5.8	32 531	7.9
	I～II	148 204	7.5	11 831	3.8	71 703	7.1	64 670	8.5
	I～III	231 303	8.2	22 142	4.0	109 101	8.1	100 060	9.3
	I～IV	340 903	9.1	35 226	4.2	157 639	9.9	148 038	9.3
2010	I	82 613	12.1	5 144	3.8	39 436	14.5	38 034	10.5
	I～II	174 879	11.2	13 379	3.6	86 261	13.3	75 239	9.9
	I～III	272 627	10.7	25 623	4.0	129 947	12.6	117 056	9.7
	I～IV	401 513	9.8	40 534	4.3	187 383	12.3	173 596	9.8
2011	I	97 480	9.8	5 952	3.3	46 944	10.8	44 584	9.7
	I～II	206 488	9.5	15 626	3.0	102 527	10.6	88 336	9.7
	I～III	322 345	9.2	30 196	3.6	154 552	10.6	137 596	9.5
	I～IV	473 104	8.9	47 486	4.3	220 413	10.3	205 205	9.4
2012	I	108 486	8.1	6 922	3.8	51 413	9.1	50 151	7.5
	I～II	228 035	7.8	17 471	4.3	110 864	8.3	99 700	7.8
	I～III	353 724	7.7	33 088	4.2	165 429	8.1	155 207	7.9
	I～IV	518 942	7.7	52 377	4.5	235 319	8.1	231 626	8.1
2013	I	118 855	7.7	7 427	3.4	54 569	7.8	56 859	8.3
	I～II	248 009	7.6	18 622	3.0	117 037	7.6	112 350	8.3
	I～III	386 762	7.8	35 669	3.4	175 118	7.8	175 975	8.4
	I～IV	568 845	7.7	56 957	4.0	249 684	7.8	262 204	8.3
2014	I	128 213	7.4	7 776	3.5	57 587	7.3	62 850	7.8
	I～II	269 044	7.4	19 812	3.9	123 871	7.4	125 361	8.0

注：① 表中绝对数按当年价格计算，“比上年同期增长”按不变价格计算。
　　② 表中数据根据国家统计局最新数据修订。

Notes: 1. Absolute figures in this table are calculated at current prices, and the year-on-year growth rates are calculated at constant prices.
2. Data are revised by National Bureau of Statistics of China.

1978年以来GDP及其增长率
GDP and its annual growth rate since 1978

年 Year	GDP(万亿元) GDP(RMB trillion yuan)	GDP增长率(%) GDP growth rate(%)
1978	0.4	11.7
1979	0.4	7.6
1980	0.5	7.8
1981	0.5	5.3
1982	0.5	9.0
1983	0.6	10.9
1984	0.7	15.2
1985	0.9	13.5
1986	1.0	8.9
1987	1.2	11.6
1988	1.5	11.3
1989	1.7	4.1
1990	1.9	3.8
1991	2.2	9.2
1992	2.7	14.2
1993	3.5	14.0
1994	4.8	13.1
1995	6.1	10.9
1996	7.1	10.0
1997	7.9	9.3
1998	8.4	7.8
1999	9.0	7.6
2000	9.9	8.4
2001	11.0	8.3
2002	12.0	9.1
2003	13.6	10.0
2004	16.0	10.1
2005	18.3	10.4
2006	21.2	11.6
2007	25.7	13.0
2008	31.4	9.6
2009	34.1	9.2
2010	40.2	10.4
2011	47.3	9.3
2012	51.9	7.7
2013	56.9	7.7

注：表中数据根据国家统计局最新数据修订。
Note: Data are revised by National Bureau of Statistics of China.

GDP及其增长率
GDP and its annual growth rate

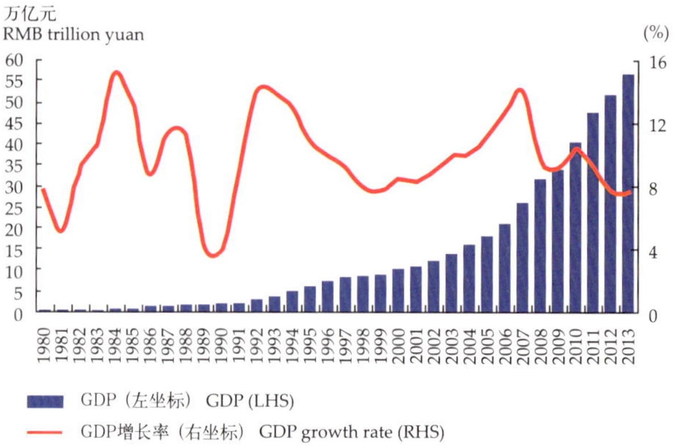

2007年以来GDP季度累计增长率
Quarterly accumulated GDP growth rates since 2007

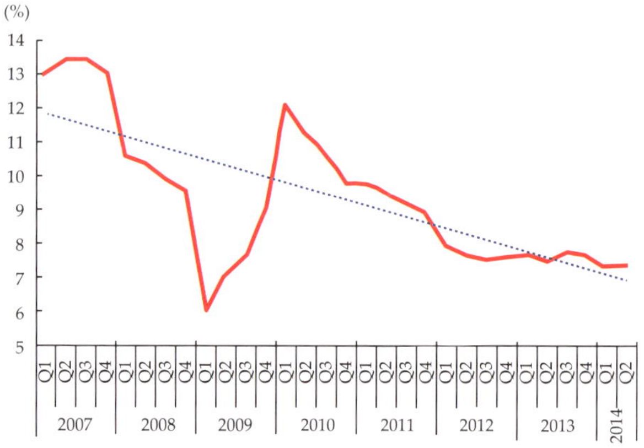

季度GDP三次产业所占的比重与增长率变化
Shares of industries in GDP and their growth rates on a quarterly basis

单位：% Unit: %

年/季 Year/Quarter	第一产业所占的比重 Share of primary industry	第二产业所占的比重 Share of secondary industry	第三产业所占的比重 Share of tertiary industry	第一产业同比累计增长 YOY accumulated growth of primary industry	第二产业同比累计增长 YOY accumulated growth of secondary industry	第三产业同比累计增长 YOY accumulated growth of tertiary industry
2008Q1	7.4	49.9	42.7	2.8	11.5	10.9
2008Q2	8.8	51.5	39.8	3.5	11.3	10.7
2008Q3	10.6	50.0	39.4	4.5	10.6	10.5
2008Q4	10.7	47.4	41.8	5.5	9.3	9.5
2009Q1	7.1	48.6	44.2	3.5	5.3	7.4
2009Q2	8.6	50.1	41.3	3.8	6.6	8.3
2009Q3	10.3	48.9	40.8	4.0	7.5	8.8
2009Q4	10.3	46.2	43.4	4.2	9.9	9.3
2010Q1	6.2	47.7	46.0	3.8	14.5	10.5
2010Q2	7.7	49.3	43.0	3.6	13.3	9.9
2010Q3	9.4	47.7	42.9	4.0	12.6	9.7
2010Q4	10.1	46.7	43.2	4.3	12.3	9.8
2011Q1	6.1	48.2	45.7	3.3	10.8	9.6
2011Q2	7.6	49.7	42.7	3.0	10.6	9.6
2011Q3	9.4	48.0	42.6	3.6	10.6	9.5
2011Q4	10.0	46.6	43.3	4.3	10.3	9.4
2012Q1	6.4	47.4	46.2	3.8	9.1	7.5
2012Q2	7.7	48.6	43.7	4.3	8.3	7.7
2012Q3	9.4	46.8	43.8	4.2	8.1	7.9
2012Q4	10.1	45.3	44.6	4.5	7.9	8.1
2013Q1	6.2	45.9	47.8	3.4	7.8	8.3
2013Q2	7.5	47.2	45.3	3.0	7.6	8.3
2013Q3	9.2	45.3	45.5	3.4	7.8	8.4
2013Q4	10.0	43.9	46.1	4.0	7.8	8.3
2014Q1	6.1	44.9	49.0	3.5	7.3	7.8
2014Q2	7.4	46.0	46.6	3.9	7.4	8.0

注：表中数据根据国家统计局最新数据修订。
Note: Data are revised by National Bureau of Statistics of China.

季度GDP三次产业所占的比重与增长率变化
Shares of industries in GDP and their growth rates on a quarterly basis

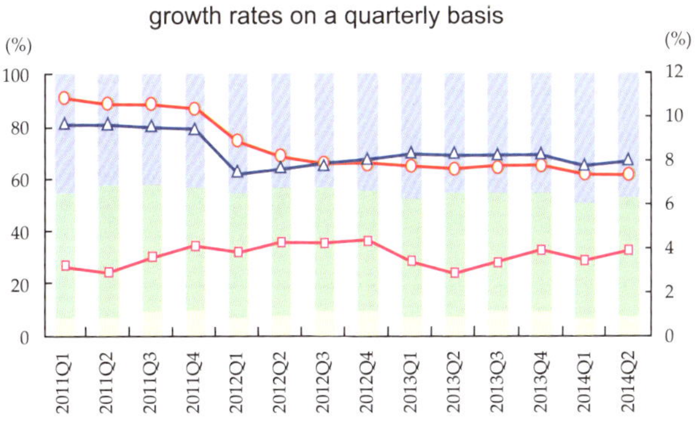

第三产业所占的比重（左坐标） Share of tertiary industry (LHS)
第二产业所占的比重（左坐标） Share of secondary industry (LHS)
第一产业所占的比重（左坐标） Share of primary industry (LHS)
第三产业同比累计增长（右坐标） YOY accumulated growth of tertiary industry (RHS)
第二产业同比累计增长（右坐标） YOY accumulated growth of secondary industry (RHS)
第一产业同比累计增长（右坐标） YOY accumulated growth of primary industry (RHS)

2003年以来年度GDP中三大产业比重
Shares of industries in GDP since 2003

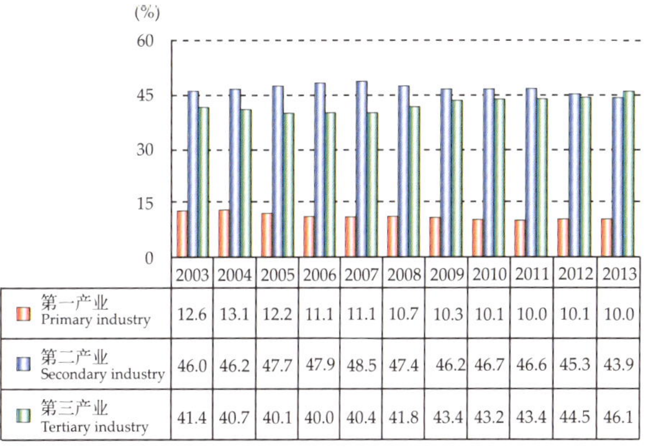

	2003	2004	2005	2006	2007	2008	2009	2010	2011	2012	2013
第一产业 Primary industry	12.6	13.1	12.2	11.1	11.1	10.7	10.3	10.1	10.0	10.1	10.0
第二产业 Secondary industry	46.0	46.2	47.7	47.9	48.5	47.4	46.2	46.7	46.6	45.3	43.9
第三产业 Tertiary industry	41.4	40.7	40.1	40.0	40.4	41.8	43.4	43.2	43.4	44.5	46.1

注：图中数据根据国家统计局最新数据修订。
Note: Data are revised by National Bureau of Statistics of China.

工业增加值增长速度
Growth rate of value added of industry

单位：% Unit: %

年/月 Year/Month		工业增加值 Value added	采矿业 Mining	制造业 Manufacturing	电力、热力、燃气及水生产和供应业 Electricity, Gas & Water Production and Supply	国有及国有控股企业 State-owned and state-holding enterprises	集体企业 Collectively-owned enterprises	股份制企业 Joint-stock enterprises	外商及港澳台投资企业 Enterprises with foreign, HongKong, Macau, and Taiwan investment
		比上年同期增长(%) Year-on-year growth rate(%)							
2007		18.5				13.8	11.5	20.6	17.5
2008		12.9				9.1	8.1	15.0	9.9
2009		11.0				6.9	10.2	10.3	6.2
2010		15.7				13.7	9.4	16.8	14.5
2011		13.9				9.9	9.3	15.8	10.4
2012		10.0				6.4	7.1	11.8	6.3
2013	1	—				—	—	—	—
	2	—				—	—	—	—
	3	8.9				4.3	5.8	11.0	6.1
	4	9.3				4.3	5.7	10.9	7.4
	5	9.2				4.4	4.0	10.7	8.1
	6	8.9	5.8	9.6	6.6	6.3	1.7	10.5	7.8
	7	9.7	5.5	10.5	8.6	8.1	3.6	11.1	7.9
	8	10.4	5.8	10.9	12.5	9.5	2.9	11.7	8.7
	9	10.2	4.9	11.1	9.3	7.8	3.8	11.1	9.4
	10	10.3	4.3	11.4	7.6	8.4	5.4	11.1	9.6
	11	10.0	5.6	11.0	6.9	9.1	2.4	11.1	9.5
	12	9.7	5.4	10.7	6.0	8.3	3.4	10.8	8.9
2014	1	—	—	—	—	—	—	—	—
	2	—	—	—	—	—	—	—	—
	3	8.8	2.9	9.9	5.4	4.6	1.7	10.1	7.8
	4	8.7	4.5	9.8	3.4	5.7	1.7	10.3	7.0
	5	8.8	4.3	9.9	4.6	6.1	5.0	10.3	6.5
	6	9.2	7.9	9.8	4.7	7.3	3.3	10.8	7.4
2013	1~2	9.9				5.8	6.5	11.4	7.7
	1~3	9.5				5.2	6.7	11.3	6.9
	1~4	9.4				4.9	6.5	11.1	7.1
	1~5	9.4				4.9	5.7	11.0	7.3
	1~6	9.3	7.3	10.0	5.0	5.2	5.0	10.9	7.4
	1~7	9.4	7.1	10.1	5.5	5.6	4.8	10.9	7.5
	1~8	9.5	6.9	10.2	6.5	6.1	4.6	11.0	7.7
	1~9	9.6	6.7	10.3	6.8	6.3	4.5	11.0	7.9
	1~10	9.7	6.5	10.4	6.9	6.5	4.6	11.0	8.1
	1~11	9.7	6.4	10.5	6.9	6.8	4.4	11.0	8.2
	1~12	9.7	6.4	10.5	6.8	6.9	4.3	11.0	8.3
2014	1~2	8.6	3.5	9.8	4.0	4.4	3.9	9.9	7.8
	1~3	8.7	3.3	9.9	4.5	4.5	3.1	10.0	7.8
	1~4	8.7	3.6	9.9	4.2	4.8	2.7	10.1	7.6
	1~5	8.7	3.8	9.9	4.3	5.1	3.2	10.1	7.4
	1~6	8.8	4.6	9.9	4.4	5.5	3.2	10.2	7.4

注：① 自2011年起，工业统计范围调整为年主营收入2 000万元及以上的工业企业。
② 本表中"比上年同期增长"按可比价格计算。

Notes: 1. Since 2011, the statistical coverage of industry has been adjusted to industrial enterprises with the annual sales income from main business of RMB20 million yuan and above.
2. The year-on-year changes in this table are calculated at comparable prices.

工业增加值增长速度及工业产品销售率

Growth rate of industrial value added and ratio of sales to output of industrial products

单位：% Unit: %

年／月 Year/Month		当月工业增加值同比增长 YOY growth of monthly industrial value added	工业增加值月度累计同比增长 YOY growth of monthly accumulated industrial value added	当月销售率 Monthly ratio of sales to output
2012	7	9.2	10.3	98.2
	8	8.9	10.1	98.4
	9	9.2	10.0	98.3
	10	9.6	10.0	98.1
	11	10.1	10.0	98.0
	12	10.3	10.0	99.5
2013	1	—	—	98.5
	2	—	9.9	97.3
	3	8.9	9.5	96.8
	4	9.3	9.4	98.5
	5	9.2	9.4	97.8
	6	8.9	9.3	97.5
	7	9.7	9.4	98.4
	8	10.4	9.5	98.3
	9	10.2	9.6	98.0
	10	10.3	9.7	97.9
	11	10.0	9.7	97.6
	12	9.7	9.7	99.1
2014	1	—	—	—
	2	—	8.6	—
	3	8.8	8.7	96.9
	4	8.7	8.7	97.9
	5	8.8	8.7	97.8
	6	9.2	8.8	97.5

工业增加值增长速度及工业产品销售率

Growth rate of industrial value added and ratio of sales to output of industrial products

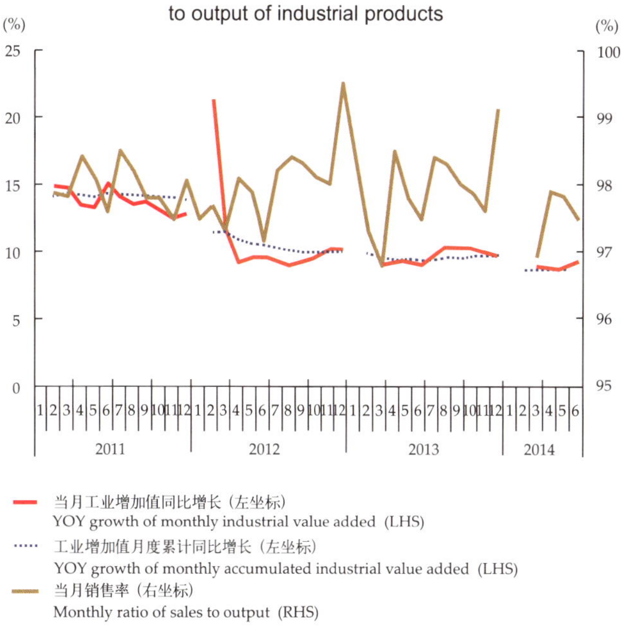

二、价格走势
2. Price Development

1.各种价格指数一览
(1) Overview of price indices

各种价格指数变动表
Changes in price indices

单位：% Unit: %

年/月 Year/Month	居民消费价格指数 Comsumer price indices			农业生产资料价格指数 Price indices of mean of agricultural production		工业生产者购进价格指数 Purchasing price index for industrial producers		工业生产者出厂价格指数 Producer price index for manufactured goods		固定资产投资价格指数 Price indices of investment in fixed assets		进出口同比价格指数 Import-export price index (YOY)		
	月环比 MOM	当月同比 YOY	累计同比 Accu-mulated YOY	当月同比 YOY	累计同比 Accu-mulated YOY	当月同比 YOY	累计同比 Accu-mulated YOY	当月同比 YOY	累计同比 Accu-mulated YOY	当季同比 YOY	累计同比 Accu-mulated YOY	出口 Exports	进口 Imports	贸易条件 Terms of trade
2011 1	1.0	4.9	4.9	5.4	5.4	9.7	9.7	6.6	6.6	—	—	11.0	11.7	99.4
2	1.2	4.9	4.9	6.5	6.0	10.4	10.0	7.2	6.9	—	—	11.4	16.6	95.5
3	-0.2	5.4	5.0	8.6	6.9	10.5	10.2	7.3	7.1	6.5	6.5	7.5	15.5	93.1
4	0.1	5.3	5.1	10.2	7.7	10.4	10.3	6.8	7.0	—	—	10.9	12.9	98.2
5	0.1	5.5	5.2	11.4	8.4	10.2	10.2	6.8	7.0	—	—	9.4	16.7	93.7
6	0.3	6.4	5.4	13.5	9.3	10.5	10.3	7.1	7.0	6.7	6.6	10.9	15.7	95.9
7	0.5	6.5	5.5	14.6	10.1	11.0	10.4	7.5	7.1	—	—	10.3	15.0	95.9
8	0.3	6.2	5.6	14.7	10.6	10.6	10.4	7.3	7.1	—	—	9.2	15.6	94.5
9	0.5	6.1	5.7	15.0	11.1	10.0	10.4	6.5	7.0	7.3	6.8	9.5	14.8	95.4
10	0.1	5.5	5.6	13.7	11.4	8.0	10.1	5.0	6.8	—	—	9.5	13.6	96.4
11	-0.2	4.2	5.5	11.2	11.4	5.1	9.7	2.7	6.4	—	—	9.6	10.5	99.2
12	0.3	4.1	5.4	10.4	11.3	3.5	9.1	1.7	6.0	5.7	6.6	11.1	9.1	101.8
2012 1	1.5	4.5	4.5	9.8	9.8	2.0	2.0	0.7	0.7	—	—	6.9	7.0	99.9
2	-0.1	3.2	3.9	9.3	9.5	1.0	1.5	0.0	0.4	—	—	5.1	5.4	99.7
3	0.2	3.6	3.8	8.0	9.0	0.1	1.0	-0.3	0.1	2.3	2.3	2.1	0.0	102.1
4	-0.1	3.4	3.7	7.7	8.7	-0.8	0.6	-0.7	-0.1	—	—	4.8	-0.2	105.0
5	-0.3	3.0	3.5	7.1	8.4	-1.6	0.1	-1.4	-0.3	—	—	2.9	-1.1	104.0
6	-0.6	2.2	3.3	5.2	7.8	-2.5	-0.3	-2.1	-0.6	1.6	2.0	2.9	-0.7	103.6
7	0.1	1.8	3.1	3.7	7.2	-3.4	-0.8	-2.9	-1.0	—	—	1.1	-3.8	105.1
8	0.6	2.0	2.9	3.1	6.7	-4.1	-1.2	-3.5	-1.3	—	—	1.3	-4.2	105.7
9	0.3	1.9	2.8	2.9	6.2	-4.1	-1.5	-3.6	-1.5	0.2	1.4	-1.0	-1.7	100.7
10	-0.1	1.7	2.7	3.2	5.9	-3.3	-1.7	-2.8	-1.6	—	—	-0.7	-1.9	101.2
11	0.1	2.0	2.7	3.7	5.7	-2.8	-1.8	-2.2	-1.7	—	—	-0.5	-2.6	102.2
12	0.8	2.5	2.6	3.9	5.6	-2.4	-1.8	-1.9	-1.7	0.3	1.1	1.8	-2.4	104.3
2013 1	1.0	2.0	2.0	4.1	4.1	-1.9	-1.9	-1.6	-1.6	—	—	0.7	-5.0	106.0
2	1.1	3.2	2.6	3.6	3.8	-1.9	-1.9	-1.6	-1.6	—	—	-0.2	-1.7	101.5
3	-0.9	2.1	2.4	2.9	3.5	-2.0	-2.0	-1.9	-1.7	0.2	0.2	-0.9	1.3	97.8
4	0.2	2.4	2.4	1.6	3.0	-2.7	-2.1	-2.6	-2.0	—	—	-0.1	-2.5	102.5
5	-0.6	2.1	2.4	0.9	2.6	-3.0	-2.3	-2.9	-2.1	—	—	-0.9	-4.5	103.8
6	0.0	2.7	2.4	1.1	2.3	-2.7	-2.4	-2.7	-2.2	-0.1	0.0	-0.7	-1.8	101.1
7	0.1	2.7	2.4	1.1	2.2	-2.2	-2.3	-2.3	-2.2	—	—	-2.3	-0.9	98.6
8	0.5	2.6	2.5	1.0	2.0	-1.6	-2.3	-1.6	-2.2	—	—	-2.1	-1.4	99.3
9	0.8	3.1	2.5	0.4	1.8	-1.6	-2.2	-1.3	-2.1	0.1	0.0	0.7	-1.1	101.8
10	0.1	3.2	2.6	0.2	1.7	-1.6	-2.1	-1.5	-2.0	—	—	0.1	-1.8	101.9
11	-0.1	3.0	2.6	0.3	1.5	-1.5	-2.1	-1.4	-2.0	—	—	-2.2	-1.3	99.1
12	0.3	2.5	2.6	0.4	1.4	-1.4	-2.0	-1.4	-1.9	0.9	0.3	0.1	-1.4	101.5

各种价格指数变动表
Changes in price indices

续表

单位：% Unit: %

年/月 Year/Month	居民消费价格指数 Comsumer price indices			农业生产资料价格指数 Price indices of mean of agricultural production		工业生产者购进价格指数 Purchasing price index for industrial producers		工业生产者出厂价格指数 Producer price index for manufactured goods		固定资产投资价格指数 Price indices of investment in fixed assets		进出口同比价格指数 Import-export price index (YOY)		
	月环比 MOM	当月同比 YOY	累计同比 Accu-mulated YOY	当月同比 YOY	累计同比 Accu-mulated YOY	当月同比 YOY	累计同比 Accu-mulated YOY	当月同比 YOY	累计同比 Accu-mulated YOY	当季同比 YOY	累计同比 Accu-mulated YOY	出口 Exports	进口 Imports	贸易条件 Terms of trade
2014 1	1.0	2.5	2.5	-0.1	-0.1	-1.7	-1.7	-1.6	-1.6	—	—	-1.3	-2.6	101.3
2	0.5	2.0	2.2	-0.6	-0.3	-2.1	-1.9	-2.0	-1.8	—	—	-0.8	-6.8	106.4
3	-0.5	2.4	2.3	-1.2	-0.6	-2.5	-2.1	-2.3	-2.0	1.1	1.1	-3.4	-6.0	102.8
4	-0.3	1.8	2.2	-1.2	-0.8	-2.3	-2.2	-2.0	-2.0	—	—	-3.3	-0.6	97.3
5	0.1	2.5	2.3	-1.0	-0.8	-1.8	-2.1	-1.4	-1.9	—	—	-1.2	1.3	97.5
6	-0.1	2.3	2.3	-1.1	-0.9	-1.5	-2.0	-1.1	-1.8	0.6	0.9	-1.5	-4.1	102.7

注：国家统计局从2011年1月开始实施新的工业生产者价格统计调查制度方法。将“工业品价格统计”改称为“工业生产者价格统计”，相应地将“原材料、燃料、动力购进价格指数”改称为“工业生产者购进价格指数”，将“工业品出厂价格指数”改称为“工业生产者出厂价格指数”。

Note: Since January 2011, NBS begins to conduct new statistical system and survey methods on PPI. "Prices statistics on industrial goods" is renamed to "prices statistics on industrial producers". Accordingly, "purchasing prices for raw material,fuels and power" is renamed to "purchasing price for industrial producers", "producer price index of industrial products" is renamed to "producer price index for manufactured goods".

居民消费价格月环比指数变动
Change in CPI (month-on-month)

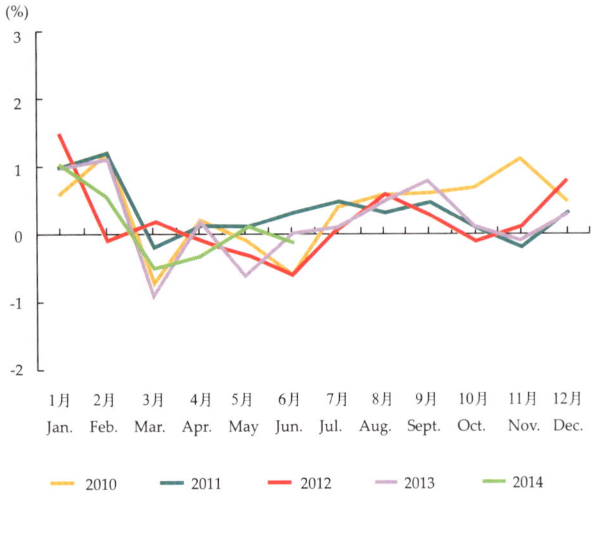

居民消费价格同比指数变动
Change in CPI (year-on-year)

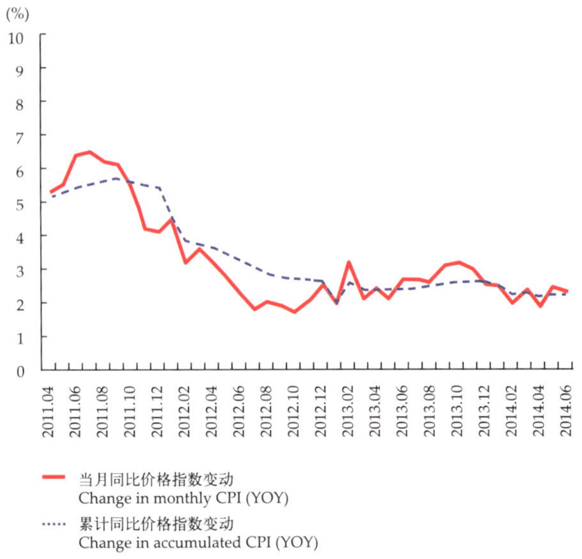

居民消费价格指数与生产价格指数的比较
Comparison between changes in CPI and PPI

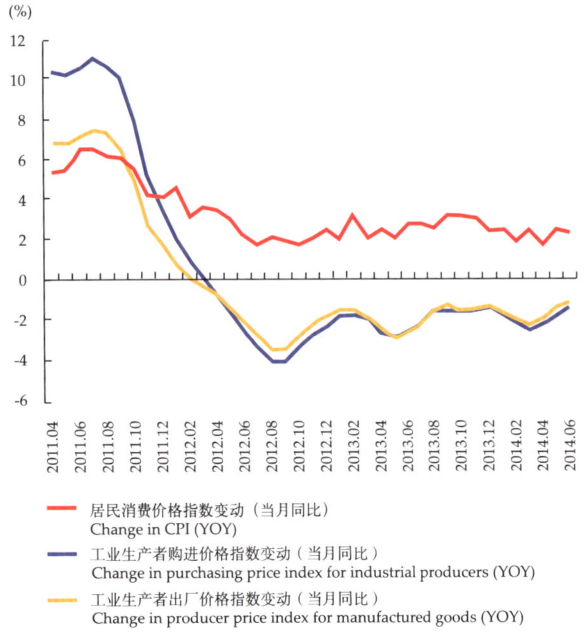

进出口价格指数和贸易条件
Import-export price index and terms of trade

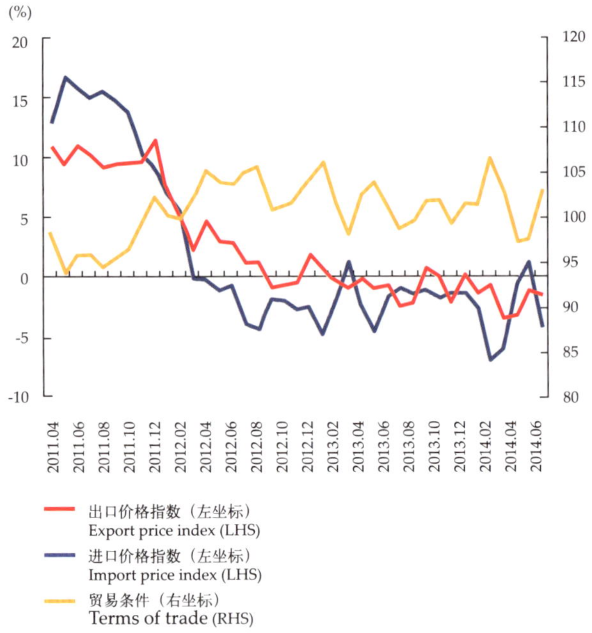

2.分类指数

(2) Breakdown of indices

居民消费价格当月同比分类指数变动

Breakdown of changes in CPI (YOY)

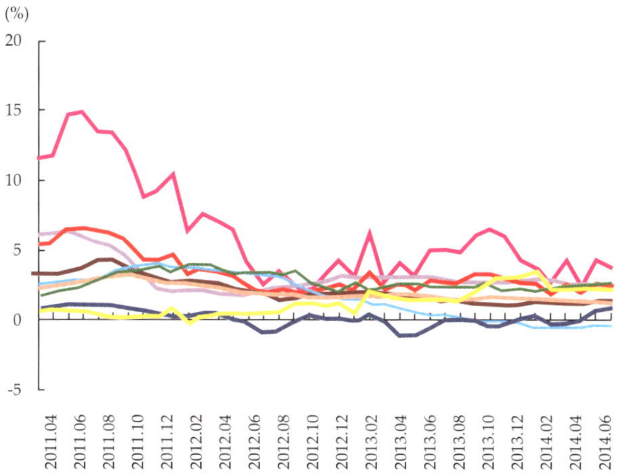

- 总指数 All items CPI
- 食品 Food
- 烟酒及用品 Cigarettes and liquor
- 衣着 Apparel
- 家庭设备用品及服务 Household facilities, articles and services
- 医疗保健及个人用品 Medical care and personal articles
- 交通和通信 Transportation and telecommunications
- 娱乐、教育、文化用品及服务 Entertainment, education, cultural articles and services
- 居住 Housing

工业生产者出厂价格当月同比指数变动按生产资料和生活资料分类

Breakdown of changes in producer price index (PPI) for manufactured goods by means of production and means of consumer goods (YOY)

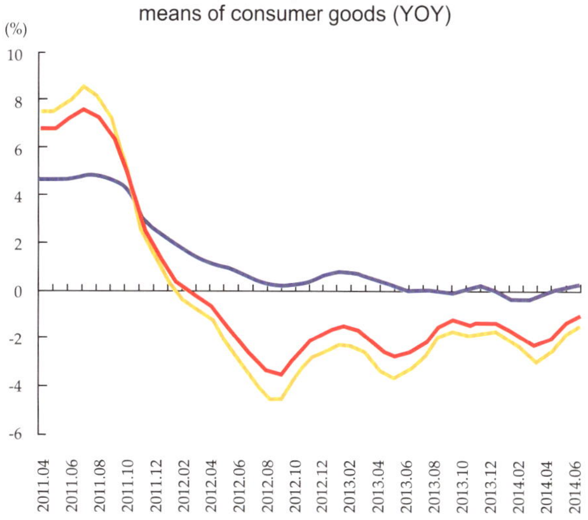

- 工业生产者出厂价格指数变动 Change in producer price index for manufactured goods
- 生产资料出厂价格指数变动 Change in PPI for means of production
- 生活资料出厂价格指数变动 Change in PPI for means of consumer goods

生活资料出厂价格当月同比分类指数变动

Breakdown of changes in PPI for means of consumer goods (YOY)

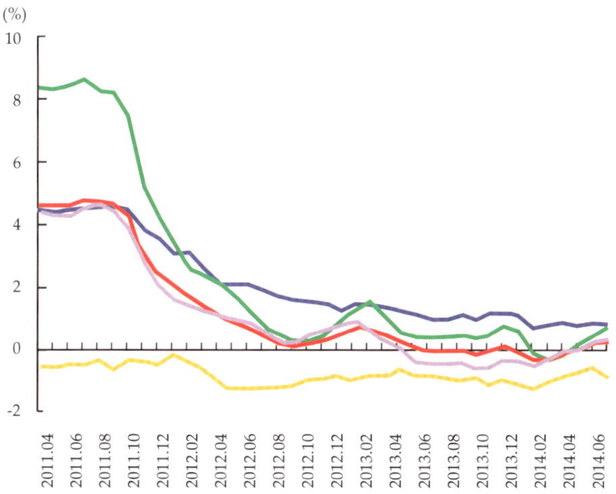

- 生活资料出厂价格指数变动 Change in PPI for means of consumer goods
- 食品类 Food
- 衣着类 Apparel
- 一般日用品 Articles for daily use
- 耐用消费品 Durable consumer goods

生产资料出厂价格当月同比分类指数变动

Breakdown of changes in PPI for means of production (YOY)

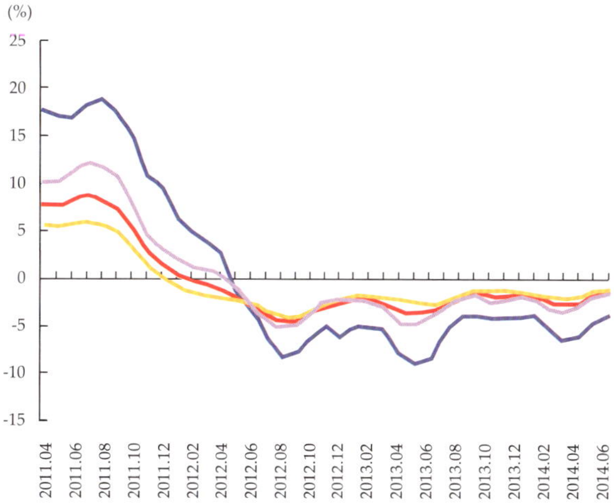

- 生产资料出厂价格指数变动 Change in PPI for means of production
- 采掘业 Mining industry
- 原材料工业 Raw materials industry
- 加工工业 Processing industry

三、就业、失业与收入
3. Employment, Unemployment and Income

人口与就业基本情况
Population and employment

年 Year	年底总人口（亿人） Population at the end of the year (100 million people)	城镇 Urban	比重(%) Share (%)	乡村 Rural	比重(%) Share (%)	15~64岁人口数(亿人) Population between 15~64 years of age (100 million people)	就业人员(亿人) Employment (100 million people)
2004	13.0	5.4	42	7.6	58	9.2	7.4
2005	13.1	5.6	43	7.5	57	9.4	7.5
2006	13.1	5.8	44	7.3	56	9.5	7.5
2007	13.2	6.1	46	7.1	54	9.6	7.5
2008	13.3	6.2	47	7.0	53	9.7	7.6
2009	13.3	6.5	48	6.9	52	9.7	7.6
2010	13.4	6.7	50	6.7	50	10.0	7.6
2011	13.5	6.9	51	6.6	49	10.0	7.6
2012	13.5	7.1	53	6.4	47	10.0	7.7
2013	13.6	7.3	54	6.3	46	9.9	7.7

注：表中数据根据第六次人口普查数据重新修订。
Note:Data are revised according to the 6th National Population Census.

就业人员按城乡和产业分类
Employment in urban and rural areas and in industries

年 Year	就业人员(亿人) Employment (100 million people)	按城乡分 Urban and rural: 城镇 Urban	比重(%) Share (%)	乡村 Rural	比重(%) Share (%)	按产业分 Industries: 第一产业 Primary industry	比重(%) Share (%)	第二产业 Secondary industry	比重(%) Share (%)	第三产业 Tertiary industry	比重(%) Share (%)
2004	7.43	2.73	36.8	4.70	63.2	3.48	46.9	1.67	22.5	2.27	30.6
2005	7.46	2.84	38.0	4.63	62.0	3.34	44.8	1.78	23.8	2.34	31.4
2006	7.50	2.96	39.5	4.53	60.5	3.19	42.6	1.89	25.2	2.41	32.2
2007	7.53	3.10	41.1	4.44	58.9	3.07	40.8	2.02	26.8	2.44	32.4
2008	7.56	3.21	42.5	4.35	57.5	2.99	39.6	2.06	27.2	2.51	33.2
2009	7.58	3.33	43.9	4.25	56.1	2.89	38.1	2.11	27.8	2.59	34.1
2010	7.61	3.47	45.6	4.14	54.4	2.79	36.7	2.18	28.7	2.63	34.6
2011	7.64	3.59	47.0	4.05	53.0	2.66	34.8	2.25	29.5	2.73	35.7
2012	7.67	3.71	48.4	3.96	51.6	2.58	33.6	2.32	30.3	2.77	36.1
2013	7.70	3.82	49.7	3.87	50.3	2.42	31.4	2.32	30.1	2.96	38.5

注：表中数据根据第六次人口普查数据重新修订。
Note:Data are revised according to the 6th National Population Census.

城乡居民家庭人均收入
Urban and rural household income (per capita)

年/季 Year/Quarter		农村居民家庭人均现金收入 Rural household cash income (per capita): 绝对值(元) Absolute value (RMB yuan)	同比实际增长(%) Growth in real terms (YOY) (%)	城镇居民家庭人均可支配收入 Urban household disposable income (per capita): 绝对值(元) Absolute value (RMB yuan)	同比实际增长(%) Growth in real terms (YOY) (%)
2011	I	2 187	14.3	5 963	7.1
	I~II	3 706	13.7	11 041	7.6
	I~III	5 875	13.6	16 301	7.8
	I~IV	8 639	—	21 810	8.4
2012	I	2 560	12.7	6 796	9.8
	I~II	4 304	12.4	12 509	9.7
	I~III	6 778	12.3	18 427	9.8
	I~IV	9 787	—	24 565	9.6
2013	I	2 871	9.3	7 427	6.7
	I~II	4 817	9.2	13 649	6.5
	I~III	7 627	9.6	20 169	6.8
	I~IV	10 983	—	26 955	7.0
2014	I	3 224	10.1	8 155	7.2
	I~II	5 396	9.8	14 959	7.1

城镇失业人数和失业率
Unemployed urban population and unemployment rate

年/季度末 Year/End of quarter		城镇登记失业人数(万人) Registered unemployment in urban areas (10 000 people)	城镇登记失业率(%) Registered unemployment rate in urban areas(%)
2011	I	909	4.1
	II	908	4.1
	III	911	4.1
	IV	922	4.1
2012	I	907	4.1
	II	918	4.1
	III	926	4.1
	IV	917	4.1
2013	I	926	4.1
	II	923	4.1
	III	921	4.0
	IV	926	4.1
2014	I	940	4.1
	II	949	4.1

四、国内需求
4. Domestic Demand

1. 按支出法计算的国内生产总值
(1) Expenditure-based GDP

按支出法计算的国内生产总值及其构成
Expenditure-based GDP and its composition

年 Year	按支出法计算的国内生产总值(亿元) Expenditure-based GDP (RMB100 million yuan)	最终消费 Final consumption	居民消费 Household consumption	城镇居民 Urban	农村居民 Rural	政府消费 Government consumption	资本形成总额 Total capital formation	固定资本形成 Fixed capital formation	存货增加 Increased inventory	货物和服务净出口 Net exports of goods and services
	绝对值(亿元) Absolute value (RMB100 million yuan)									
2001	109 028	66 934	49 436	33 645	15 791	17 498	39 769	37 755	2 015	2 325
2002	120 476	71 817	53 057	36 785	16 272	18 760	45 565	43 632	1 933	3 094
2003	136 613	77 686	57 650	41 344	16 306	20 036	55 963	53 491	2 472	2 965
2004	160 957	87 553	65 219	47 529	17 690	22 334	69 168	65 118	4 051	4 236
2005	187 424	99 358	72 959	53 000	19 958	26 399	77 857	74 233	3 624	10 209
2006	222 713	113 104	82 576	60 790	21 786	30 528	92 954	87 954	5 000	16 655
2007	266 599	132 233	96 333	72 127	24 206	35 900	110 943	103 949	6 995	23 423
2008	315 975	153 423	111 670	83 993	27 677	41 752	138 325	128 084	10 241	24 227
2009	348 775	169 275	123 585	94 579	29 005	45 690	164 463	156 680	7 783	15 037
2010	402 817	194 115	140 759	108 784	31 975	53 356	193 604	183 615	9 989	15 098
2011	472 619	232 112	168 957	129 987	38 970	63 155	225 007	215 682	12 662	12 163
2012	529 399	261 994	190 585	148 113	42 310	79 978	252 773	241 757	11 016	14 632
2013	586 673	292 166	212 188	—	—	79 978	280 356	269 075	11 281	14 151
	构成(%) Composition (%)									
2001	100	61.4	45.3	30.9	14.5	16.0	36.5	34.6	1.8	2.1
2002	100	59.6	44.0	30.5	13.5	15.6	37.8	36.2	1.6	2.6
2003	100	56.9	42.2	30.3	11.9	14.7	41.0	39.2	1.8	2.2
2004	100	54.4	40.5	29.5	11.0	13.9	43.0	40.5	2.5	2.6
2005	100	53.0	38.9	28.3	10.6	14.1	41.5	39.6	1.9	5.4
2006	100	50.8	37.1	27.3	9.8	13.7	41.7	39.5	2.2	7.5
2007	100	49.6	36.1	27.1	9.1	13.5	41.6	39.0	2.6	8.8
2008	100	48.6	35.3	26.6	8.8	13.2	43.8	40.5	3.2	7.7
2009	100	48.5	35.4	27.1	8.3	13.1	47.2	44.9	2.2	4.3
2010	100	48.2	34.9	27.0	7.9	13.2	48.1	45.6	2.5	3.7
2011	100	49.1	35.7	27.5	8.2	13.4	47.6	45.6	2.7	2.6
2012	100	49.5	36.0	28.0	8.0	15.1	47.7	45.7	2.1	2.8
2013	101	49.8	36.2	—	—	13.6	47.8	45.9	1.9	2.4

注：表中数据根据国家统计局最新数据修订。
Note: Data are revised by National Bureau of Statistics of China.

按支出法计算的国内生产总值构成变化
Changes in the composition of GDP (based on expenditures)

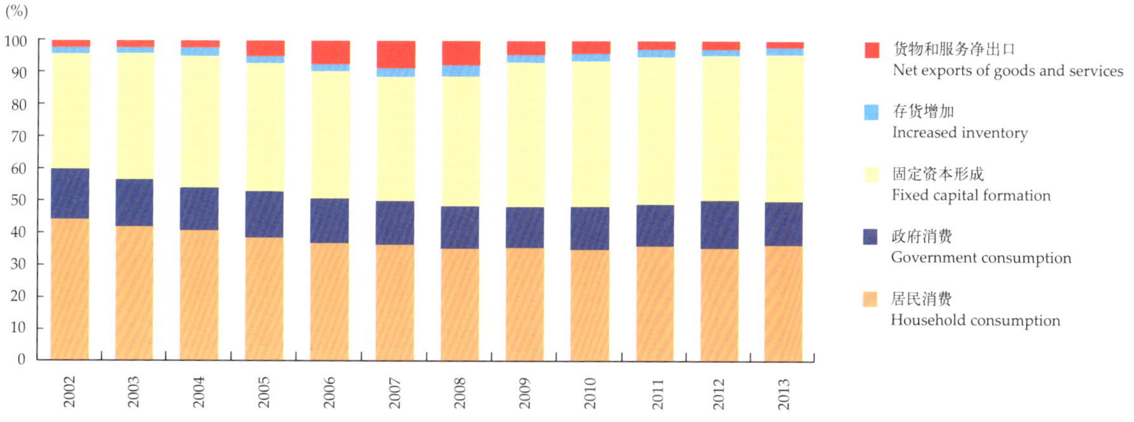

投资率和消费率
Investment ratio and consumption ratio

单位：% Unit: %

年 Year	资本形成率(投资率) Capital formation ratio (investment ratio)	最终消费率(消费率) Final consumption ratio (consumption ratio)
1986	37.5	64.9
1987	36.3	63.6
1988	37.0	63.9
1989	36.6	64.5
1990	34.9	62.5
1991	34.8	62.4
1992	36.6	62.4
1993	42.6	59.3
1994	40.5	58.2
1995	40.3	58.1
1996	38.8	59.2
1997	36.7	59.0
1998	36.2	59.6
1999	36.2	61.1
2000	35.3	62.3
2001	36.5	61.4
2002	37.8	59.6
2003	41.0	56.9
2004	43.0	54.4
2005	41.5	53.0
2006	41.7	50.8
2007	41.6	49.6
2008	43.8	48.6
2009	47.2	48.5
2010	48.1	48.2
2011	48.3	49.1
2012	47.7	49.5
2013	47.8	49.8

注：表中数据根据国家统计局最新数据修订。
Note: Data are revised by National Bureau of Statistics of China.

生产法现价GDP与支出法现价GDP及其增长率比较
Comparison between production-based GDP and expenditure-based GDP at current price

年 Year	(1)生产法GDP Production-based GDP		(2)支出法GDP Expenditure-based GDP		(1)−(2)	
	绝对量(亿元) Absolute value (RMB100 million yuan)	现价增速(%) Growth rate at current price(%)	绝对量(亿元) Absolute value (RMB100 million yuan)	现价增速(%) Growth rate at current price(%)	绝对量(亿元) Absolute value (RMB100 million yuan)	现价增速(%) Growth rate at current price(%)
1990	18 668	9.9	19 348	11.8	-680	-1.90
1991	21 781	16.7	22 577	16.7	-796	-0.01
1992	26 923	23.6	27 565	22.1	-642	1.52
1993	35 334	31.2	36 938	34.0	-1 604	-2.76
1994	48 198	36.4	50 217	36.0	-2 020	0.46
1995	60 794	26.1	63 217	25.9	-2 423	0.24
1996	71 177	17.1	74 164	17.3	-2 987	-0.24
1997	78 973	11.0	81 659	10.1	-2 685	0.84
1998	84 402	6.9	86 532	6.0	-2 129	0.90
1999	89 677	6.2	91 125	5.3	-1 448	0.94
2000	99 215	10.6	98 749	8.4	466	2.27
2001	109 655	10.5	109 028	10.4	627	0.11
2002	120 333	9.7	120 476	10.5	-143	-0.76
2003	135 823	12.9	136 613	13.4	-791	-0.52
2004	159 878	17.7	160 957	17.8	-1 078	-0.11
2005	184 937	15.7	187 424	16.4	-2 486	-0.77
2006	216 314	17.0	222 713	18.8	-6 398	-1.86
2007	265 810	22.9	266 599	19.7	-789	3.18
2008	314 045	18.1	315 975	18.5	-1 929	-0.37
2009	340 903	8.6	348 775	10.4	-7 872	-1.83
2010	401 513	17.8	402 816	15.5	-1 304	2.28
2011	473 104	17.8	472 619	17.3	485	0.50
2012	518 942	9.7	529 399	12.0	-10 457	-2.33
2013	568 845	9.6	586 673	10.8	-17 828	-1.20

注：表中数据根据国家统计局最新数据修订。
Note: Data are revised by National Bureau of Statistics of China.

投资率和消费率
Investment ratio and consumption ratio

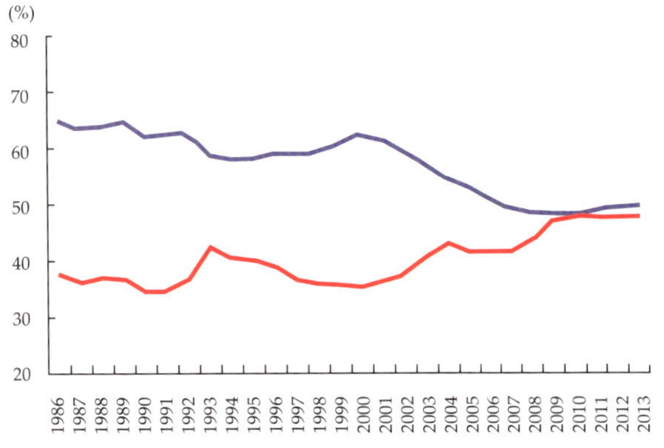

资本形成率（投资率） Capital formation ratio (investment ratio)
最终消费率（消费率） Final consumption ratio (consumption ratio)

生产法现价GDP与支出法现价GDP增速比较
Comparison of growth rate at current prices between production-based GDP and expenditure-based GDP

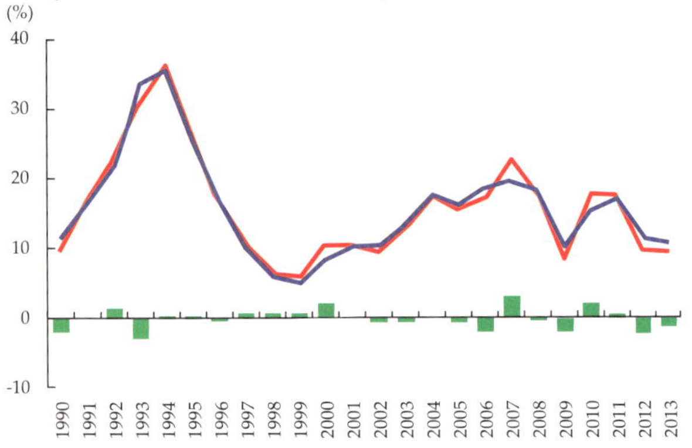

生产法现价GDP增速－支出法现价GDP增速 Gap between the two growth rates
生产法现价GDP增速 Growth rate of production-based GDP at current prices
支出法现价GDP增速 Growth rate of expenditure-based GDP at current prices

2.社会消费品零售额

(2) Retail sales of consumer goods

社会消费品零售总额
Retail sales of consumer goods

单位：亿元
Unit: RMB 100 million yuan

年/月 Year/Month	当月社会消费品零售总额 Monthly retail sales of consumer goods	当月同比增长率(%) Monthly growth rate (YOY)(%)	社会消费品零售总额累计 Accumulative retail sales of consumer goods	累计同比增长率(%) Accumulative growth rate (YOY)(%)
2012.07	16 315	13.1	114 537	14.2
2012.08	16 659	13.2	131 195	14.1
2012.09	18 227	14.2	149 422	14.1
2012.10	18 934	14.5	168 356	14.1
2012.11	18 477	14.9	186 833	14.2
2012.12	20 334	15.2	210 307	14.3
2013.01	—	—	—	—
2013.02	—	—	37 810	12.3
2013.03	17 641	12.6	55 451	12.4
2013.04	17 600	12.8	73 051	12.5
2013.05	18 886	12.9	91 938	12.6
2013.06	18 827	13.3	110 764	12.7
2013.07	18 513	13.2	129 278	12.8
2013.08	18 886	13.4	148 164	12.8
2013.09	20 653	13.3	168 817	12.9
2013.10	21 491	13.3	190 308	13.0
2013.11	21 012	13.7	211 320	13.0
2013.12	23 060	13.6	234 380	13.1
2014.01	—	—	—	—
2014.02	—	—	42 281	11.8
2014.03	19 801	12.2	62 081	12.0
2014.04	19 701	11.9	81 782	11.9
2014.05	21 250	12.5	103 032	12.5
2014.06	21 166	12.4	124 199	12.4

注：为消除春节日期不固定因素带来的影响，增强数据的可比性，按照国家统计制度，历年1~2月数据一起调查、一起发布。
Note: In order to eliminate the impact of the different date of "Spring Festival" of each year,and enchance the comparability of data, in accordance with the national statistical system,the data in January and Februry was investigated and released together.

社会消费品零售总额与最终消费增长率的比较
Comparison of growth rate at current prices between retail sales of consumer goods and final consumption expenditure

单位：万亿元
Unit: RMB trillion yuan

年 Year	社会消费品零售总额 Retail sales of consumer goods	最终消费 Final consumption	社会消费品零售总额现价增长率(%) Growth rate at current prices of retail sales of consumer goods(%)	最终消费现价增长率(%) Growth rate at current prices of final consumption expenditure(%)
1991	0.94	1.41	13.4	16.6
1992	1.10	1.72	16.8	22.1
1993	1.43	2.19	29.8	27.3
1994	1.86	2.92	30.5	33.5
1995	2.36	3.67	26.8	25.7
1996	2.84	4.39	20.1	19.5
1997	3.13	4.81	10.2	9.6
1998	3.34	5.16	6.8	7.2
1999	3.56	5.56	6.8	7.8
2000	3.91	6.15	9.7	10.6
2001	4.31	6.69	10.1	8.8
2002	4.81	7.18	11.8	7.3
2003	5.25	7.77	9.1	8.2
2004	5.95	8.76	13.3	12.7
2005	6.84	9.94	14.9	13.5
2006	7.91	11.31	15.8	13.8
2007	9.36	13.22	18.2	16.9
2008	11.48	15.34	22.7	16.0
2009	13.27	16.93	15.5	10.3
2010	15.70	19.41	18.3	14.7
2011	18.39	22.86	17.1	17.7
2012	21.03	25.96	14.3	11.8
2013	23.44	29.22	15.3	11.5

注：表中数据根据国家统计局最新数据修订。
Note: Data are revised by National Bureau of Statistics of China.

累计社会消费品零售总额及其增长率
Accumulative retail sales and growth rates of consumer goods

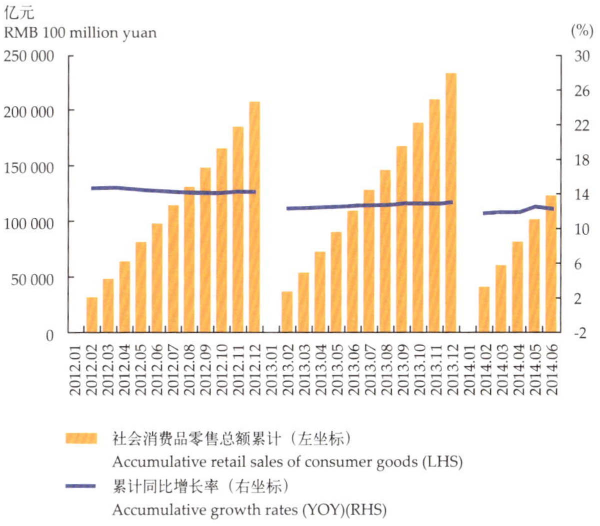

社会消费品零售总额及最终消费增长趋势
Growth trend of retail sales of consumer goods and final consumption expenditure

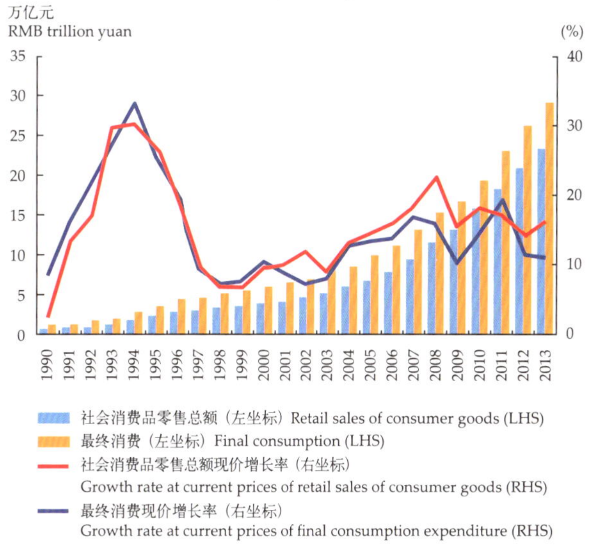

3.固定资产投资完成额
(3) Completed fixed-asset investment

固定资产投资（不含农户）完成额
Completed investment in fixed assets (excluding rural households)

单位：亿元
Unit: RMB 100 million yuan

年/月 Year/Month	投资完成额 Investment completed	增长率(%) Growth rate (%)
2012 1~7	184 311.8	20.4
1~8	217 958.1	20.2
1~9	256 932.9	20.5
1~10	292 542.0	20.7
1~11	326 236.2	20.7
1~12	364 835.1	20.6
2013 1~2	25 675.9	21.2
1~3	58 092.3	20.9
1~4	91 319.2	20.6
1~5	131 210.6	20.4
1~6	181 317.6	20.1
1~7	221 722.2	20.1
1~8	262 578.1	20.3
1~9	309 207.6	20.2
1~10	351 669.2	20.1
1~11	391 282.5	19.9
1~12	436 527.7	19.6
2014 1~2	30 283.0	17.9
1~3	68 321.7	17.6
1~4	107 077.8	17.3
1~5	153 716.5	17.2
1~6	212 770.4	17.3

注：自2011年起，投资项目统计起点标准由原来的50万元调整为500万元，“固定资产投资（不含农户）”等于原口径的城镇固定资产投资加上农村企事业组织项目投资。

Notes: Since 2011, investment indicators are calculated using new threshold criteria of RMB5 million yuan instead of RMB500 thousand yuan in the past."Investment in fixed assets (excluding rural households)" equals to "investment in fixed assets in urban area" under the old criteria plus "investment of rural enterprises and institutions".

固定资产投资（不含农户）完成额
Completed investment in fixed assets (excluding rural households)

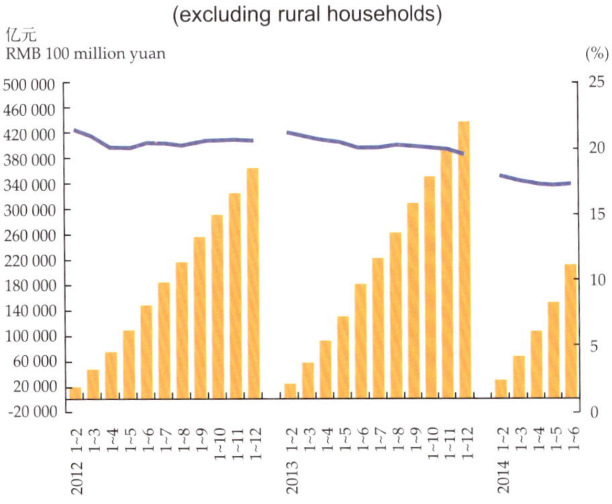

投资完成额（左坐标）
Investment completed (LHS)
比上年同比增长（右坐标）
YOY growth rate (RHS)

固定资产投资完成额和固定资本形成总额的比较
Comparison of completed fixed-asset investment and gross capital formation

单位：万亿元
Unit: RMB trillion yuan

年 Year	全社会固定资产投资完成额 Total completed fixed-asset investment	固定资本形成总额 Gross capital formation	全社会固定资产投资现价增长率(%) Growth rate of total fixed-asset investment at current prices(%)	固定资本形成总额现价增长率(%) Growth rate of gross capital formation at current prices(%)
1992	0.81	0.85	44.4	40.3
1993	1.31	1.33	61.8	56.3
1994	1.70	1.73	30.4	30.1
1995	2.00	2.09	17.5	20.6
1996	2.29	2.40	14.8	15.1
1997	2.49	2.60	8.8	8.0
1998	2.84	2.86	13.9	10.0
1999	2.99	3.30	5.1	6.9
2000	3.29	3.48	10.3	5.7
2001	3.72	3.98	13.0	14.1
2002	4.35	4.56	16.9	14.6
2003	5.56	5.60	27.7	22.8
2004	7.05	6.92	26.8	23.6
2005	8.88	7.79	26.0	12.6
2006	11.00	9.30	23.9	19.4
2007	13.73	11.09	24.8	19.4
2008	17.28	13.83	25.9	24.7
2009	22.46	16.45	30.0	18.9
2010	27.81	19.36	23.8	17.7
2011	31.10	22.50	11.8	16.2
2012	37.47	25.28	20.5	12.3
2013	44.71	28.04	19.3	10.9

注：表中数据根据国家统计局最新数据修订。
Note: Data are revised by National Bureau of Statistics of China.

固定资产投资完成额和固定资本形成总额
Completed fixed-asset investment and gross capital formation

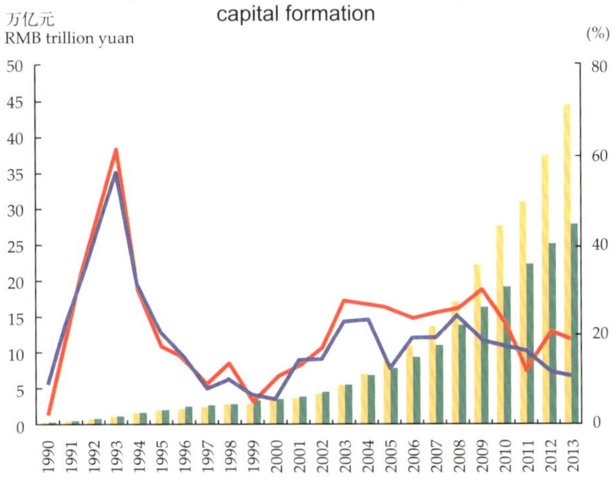

全社会固定资产投资完成额（左坐标）
Total completed fixed-asset investment (LHS)
固定资本形成总额（左坐标）
Gross capital formation (LHS)
全社会固定资产投资现价增长率（右坐标）
Growth rate of total fixed-asset investment at current prices (RHS)
固定资本形成总额现价增长率（右坐标）
Growth rate of gross capital formation at current prices (RHS)

按建设性质分固定资产投资（不含农户）累计完成额及增长率

Completed investment in fixed assets (excluding rural households) and growth rate by type of construction

年/月 Year/Month	绝对值(亿元) Absolute value (RMB 100 million yuan)			增长率(%) Growth rate (%)		
	新建 New construction	扩建 Expansion	改建 Transformation	新建 New construction	扩建 Expansion	改建 Transformation
2012 1~7	91 403.7	24 761.0	23 663.4	24.4	15.3	21.3
1~8	107 585.5	29 242.9	28 244.4	23.6	14.2	22.4
1~9	127 349.1	34 191.9	33 447.0	24.6	14.0	22.6
1~10	144 885.7	38 975.4	38 466.1	25.3	14.5	20.9
1~11	160 501.6	43 420.2	43 302.6	24.9	14.5	20.2
1~12	177 665.5	48 742.0	52 086.0	23.6	15.6	26.8
2013 1~2	12 190.2	2 914.0	2 993.5	22.7	9.6	27.2
1~3	28 180.7	7 017.4	7 574.4	22.6	12.7	26.2
1~4	45 180.4	11 542.3	11 986.5	21.2	15.4	25.9
1~5	65 777.9	16 612.3	17 051.5	21.9	13.9	23.1
1~6	91 035.7	22 674.7	23 816.6	22.1	12.4	24.3
1~7	111 718.5	27 824.4	29 439.2	22.2	12.4	24.4
1~8	132 199.0	33 232.0	34 998.7	22.9	13.6	23.9
1~9	155 768.3	39 080.6	41 297.7	22.3	14.3	23.5
1~10	177 229.9	44 670.0	47 390.7	22.3	14.6	23.2
1~11	195 821.3	49 241.5	53 459.9	22.0	13.4	23.5
1~12	217 544.7	54 228.8	61 544.2	21.4	13.0	17.4
2014 1~2	14 361.0	3 393.9	3 633.5	17.8	16.5	21.4
1~3	33 810.4	8 083.7	8 836.4	20.0	15.2	16.7
1~4	54 381.7	12 762.4	13 935.2	20.4	10.6	16.3
1~5	79 119.6	18 317.9	20 120.4	20.3	10.3	18.0
1~6	110 118.3	25 106.5	27 812.1	21.0	10.7	16.8

注：按建设性质分组的投资不含房地产投资。
Note: Investment grouped by type of construction does not include real estate investment.

按建筑性质分固定资产投资（不含农户）完成额构成变化

Completed investment in fixed assets (excluding rural households) by type of construction

按建筑性质分固定资产投资（不含农户）完成额增长趋势

Growth of monthly accumulated completed investment in fixed assets (excluding rural households) by type of construction

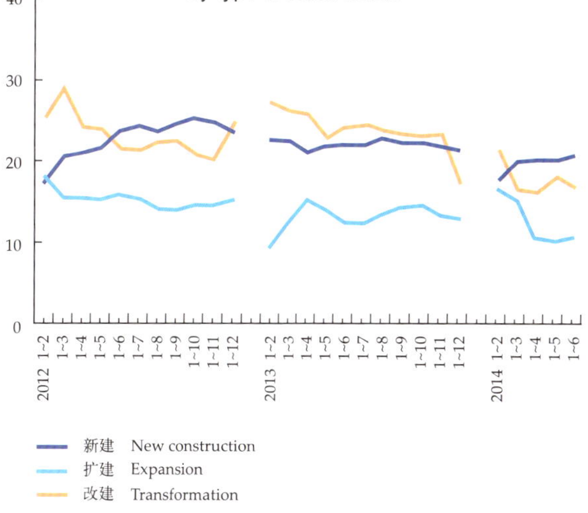

按隶属关系分固定资产投资（不含农户）累计完成额及增长率

Composition of monthly accumulated completed investment in fixed assets (excluding rural households) and growth rate by administrative relationship

年/月 Year/Month	绝对值(亿元) Absolute value (RMB 100 million yuan)		增长率(%) Growth rate (%)	
	中央项目 Central government projects	地方项目 Local government projects	中央项目 Central government projects	地方项目 Local government projects
2012 1~7	9 387	174 925	-3.0	22.0
1~8	11 395	206 563	0.2	21.6
1~9	13 609	243 324	2.3	21.8
1~10	15 939	276 603	11.8	21.8
1~11	17 998	308 238	11.0	21.7
1~12	21 663	343 172	7.2	21.8
2013 1~2	1 331	24 345	4.4	22.3
1~3	2 687	55 406	11.6	21.4
1~4	4 444	86 875	8.5	21.3
1~5	6 110	125 101	7.1	21.1
1~6	8 338	172 980	9.7	20.7
1~7	10 550	211 173	12.4	20.5
1~8	12 628	249 950	10.8	20.8
1~9	15 020	294 188	10.4	20.7
1~10	17 646	334 023	8.1	20.8
1~11	20 632	370 650	13.4	20.2
1~12	24 785	411 742	12.4	20.1
2014 1~2	1 489	28 794	11.9	18.3
1~3	2 989	65 332	11.3	17.9
1~4	4 623	102 454	5.7	17.8
1~5	6 641	147 076	8.7	17.6
1~6	9 554	203 217	14.6	17.5

按隶属关系分固定资产投资（不含农户）完成额

Completed investment in fixed assets (excluding rural households) by administrative relationship

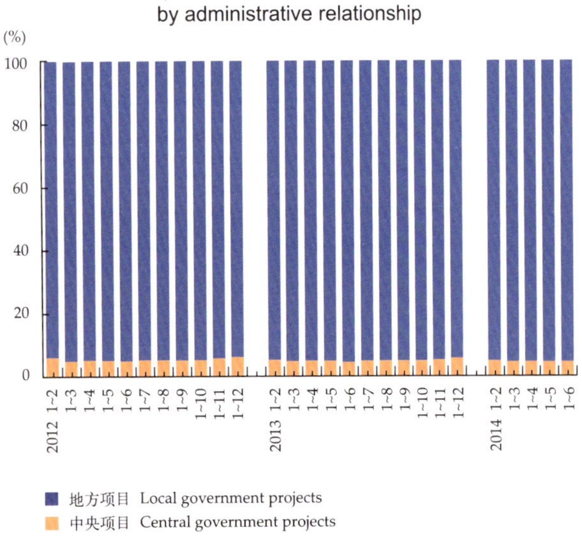

按隶属关系分固定资产投资（不含农户）完成额增长趋势

Growth of monthly accumulated completed investment in fixed assets (excluding rural households) by administrative relationship

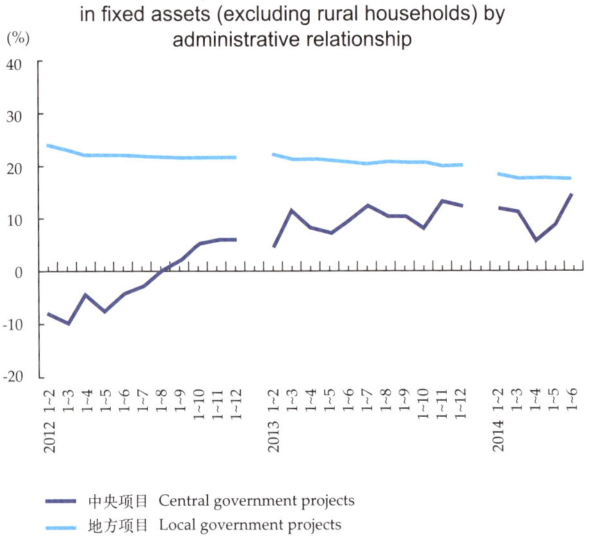

固定资产投资月度累计新开工项目数
Number of monthly accumulated urban newly started projects of fixed-asset investment

单位：万个　Unit: 10 000

	2010	2011	2012	2013	2014
1月 Jan.	—	—	—	—	—
2月 Feb.	1.85	1.72	2.16	2.43	2.69
3月 Mar.	5.88	5.33	6.18	6.77	7.09
4月 Apr.	8.52	8.73	9.87	10.74	10.97
5月 May	11.81	12.46	13.93	15.24	15.45
6月 Jun.	17.52	16.71	17.47	19.98	21.03
7月 Jul.	20.48	19.80	20.46	23.03	
8月 Aug.	23.23	22.71	24.32	26.29	
9月 Sept.	25.68	25.69	27.63	30.15	
10月 Oct.	28.03	28.77	30.49	33.51	
11月 Nov.	30.19	31.37	33.12	36.50	
12月 Dec.	33.00	33.29	35.63	38.93	

注：自2011年起，固定资产投资等于原口径的城镇固定资产投资加上农村企事业组织项目投资（不含农户）。

Note: Since 2011, "investment in fixed assets" equals to "investment in fixed assets in urban area" under the old criteria plus "investment of rural enterprises and institutions(excluding rural households)".

固定资产投资月度累计施工项目数
Number of monthly accumulated urban under-construction projects of fixed-asset investment

单位：万个　Unit: 10 000

	2010	2011	2012	2013	2014
1月 Jan.	—	—	—	—	—
2月 Feb.	9.28	9.81	10.88	12.12	13.43
3月 Mar.	15.37	16.06	17.29	19.11	20.58
4月 Apr.	18.99	20.70	22.20	24.55	25.84
5月 May	23.48	25.21	27.08	29.89	31.15
6月 Jun.	29.93	30.17	31.26	35.27	37.48
7月 Jul.	33.78	33.64	34.55	38.58	
8月 Aug.	36.27	36.80	38.38	42.05	
9月 Sept.	38.95	39.98	41.95	46.15	
10月 Oct.	41.52	43.33	45.03	49.65	
11月 Nov.	43.98	46.10	47.79	52.76	
12月 Dec.	47.19	48.32	50.54	55.47	

固定资产投资月度累计新开工项目数
Number of monthly accumulated newly started projects of fixed-asset investment

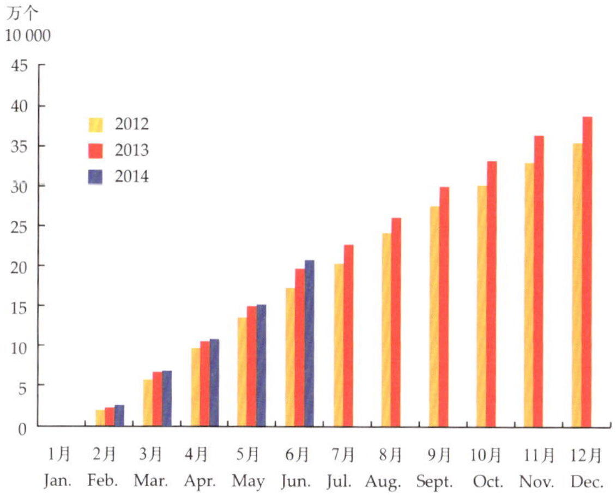

固定资产投资月度累计施工项目数
Number of monthly accumulated under-construction projects of fixed-asset investment

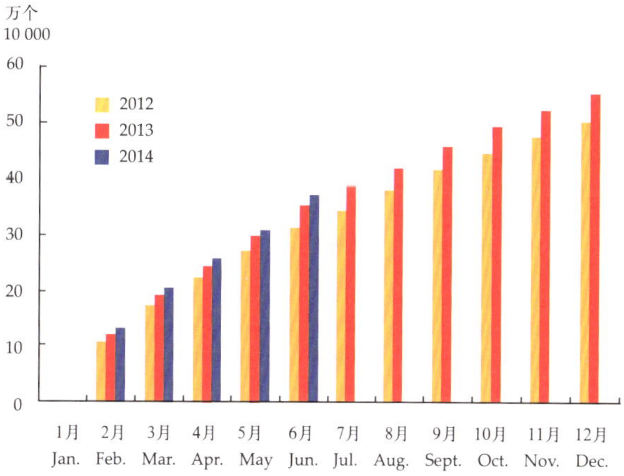

2014年上半年分省固定资产投资（不含农户）完成额及增长率

Accumulated completed investment in fixed assets (excluding rural households) and growth rate by province in the first half of 2014

单位：亿元　Unit: RMB100 million yuan

	固定资产投资（不含农户）累计完成额 Accumulated completed investment in fixed assets (excluding rural households)	增长率(%) Growth rate (%)
Guizhou 贵 州	3 163.9	24.6
Qinghai 青 海	1 110.4	24.5
Xinjiang 新 疆	2 737.9	24.2
Gansu 甘 肃	3 691.6	23.3
Fujian 福 建	8 366.5	22.6
Hainan 海 南	1 308.9	21.8
Hunan 湖 南	8 203.4	21.2
Henan 河 南	13 154.1	21.1
Hubei 湖 北	10 660.6	21.0
Ningxia 宁 夏	1 095.2	19.8
Tibet 西 藏	360.8	19.6
Yunnan 云 南	4 820.8	18.9
Shaanxi 陕 西	3 732.6	18.3
Chongqing 重 庆	4 661.4	18.3
Jiangxi 江 西	6 617.3	18.1
Anhui 安 徽	9 523.2	18.0
Tianjin 天 津	5 643.5	17.4
Shanxi 山 西	7 064.6	17.4
Guangdong 广 东	9 983.2	17.3
Sichuan 四 川	11 058.5	17.3
Jiangsu 江 苏	18 447.0	17.2
Shandong 山 东	17 591.6	17.2
Jilin 吉 林	4 155.7	17.0
Zhejiang 浙 江	10 801.8	17.0
Inner Mongolia 内蒙古	6 436.7	16.0
Guangxi 广 西	6 193.5	16.0
Hebei 河 北	10 971.1	15.2
Liaoning 辽 宁	12 656.7	13.1
Beijing 北 京	2 747.3	9.1
Shanghai 上 海	2 403.5	3.8
Heilongjiang 黑龙江	2 280.5	-15.2

2014年上半年分省固定资产投资完成额（不含农户）及增长率

Accumulated completed investment in fixed assets (excluding rural households) and growth rate by province in the first quarter of 2014

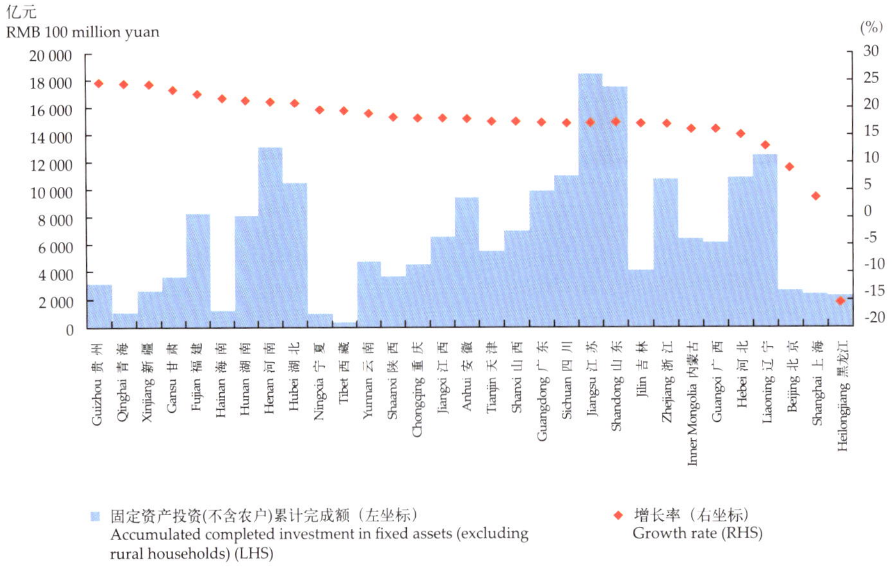

4.房地产

(4) Real estate development

房地产开发投资按工程用途分的完成额及增长率
Real estate development investment completed and growth rate by purpose of engineering

单位：亿元　Unit: RMB100 million yuan

年/月 Year/Month	房地产开发投资完成额 Real estate development investment completed		按工程用途分 By purpose of engineering							
			住宅投资 Residential building investment		办公楼投资 Office building investment		商业用房投资 Commercial and business building investment		其他投资 Other investment	
	绝对值 Absolute value	增长率(%) Growth rate (%)	绝对值 Absolute value	增长率(%) Growth rate (%)	绝对值 Absolute value	增长率(%) Growth rate (%)	绝对值 Absolute value	增长率(%) Growth rate (%)	绝对值 Absolute value	增长率(%) Growth rate (%)
2012.07	36 774	15.4	25 226	10.7	1 721	33.8	4 707	23.6	5 120	28.3
2012.08	43 688	15.6	29 990	10.6	2 036	35.0	5 667	25.7	5 995	29.0
2012.09	51 046	15.4	35 126	10.5	2 371	36.1	6 589	25.3	6 959	28.0
2012.10	57 629	15.4	39 704	10.8	2 666	31.4	7 458	25.8	7 801	27.2
2012.11	64 772	16.7	44 606	11.9	3 024	32.7	8 417	27.3	8 725	29.6
2012.12	71 804	16.2	49 374	11.4	3 367	31.6	9 312	25.4	9 751	30.1
2013.01	—	—	—	—	—	—	—	—	—	—
2013.02	6 670	22.8	4 583	23.4	388	53.3	884	22.4	814	9.7
2013.03	13 133	20.2	9 013	21.1	747	44.1	1 721	21.2	1 652	6.9
2013.04	19 180	21.1	13 121	21.3	1 102	48.6	2 547	22.7	2 411	9.6
2013.05	26 798	20.6	18 363	21.6	1 526	41.0	3 582	24.1	3 326	5.7
2013.06	36 828	20.3	25 227	20.8	2 011	42.8	5 010	26.1	4 579	5.3
2013.07	44 302	20.5	30 318	20.2	2 412	40.2	6 094	29.5	5 478	7.0
2013.08	52 120	19.3	35 738	19.2	2 851	40.0	7 168	26.5	6 362	6.1
2013.09	61 120	19.7	41 979	19.5	3 262	37.6	8 425	27.9	7 453	7.1
2013.10	68 693	19.2	47 222	18.9	3 649	36.9	9 468	26.9	8 354	7.1
2013.11	77 412	19.5	53 112	19.1	4 113	36.0	10 739	27.6	9 448	8.3
2013.12	86 013	19.8	58 951	19.4	4 652	38.2	11 945	28.3	10 465	7.3
2014.01	—	—	—	—	—	—	—	—	—	—
2014.02	7 956	19.3	5 426	18.4	494	27.1	1 117	26.4	919	12.8
2014.03	15 339	16.8	10 530	16.8	902	20.8	2 160	25.5	1 746	5.7
2014.04	22 322	16.4	15 299	16.6	1 309	18.9	3 194	25.4	2 519	4.5
2014.05	30 739	14.7	21 043	14.6	1 773	16.2	4 427	23.6	3 496	5.1
2014.06	42 019	14.1	28 689	13.7	2 394	19.0	6 172	23.2	4 763	4.0

房地产开发投资按工程用途分的构成变化
Change in composition of real estate development investment by purpose of engineering

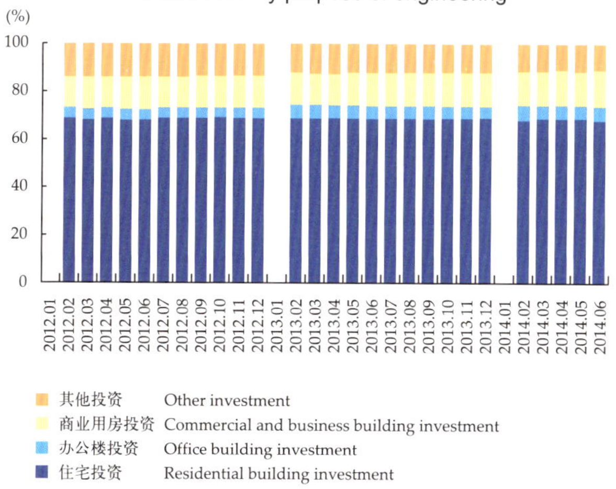

房地产开发投资按工程用途分的增长趋势
Growth of composition of real estate development investment by purpose of engineering

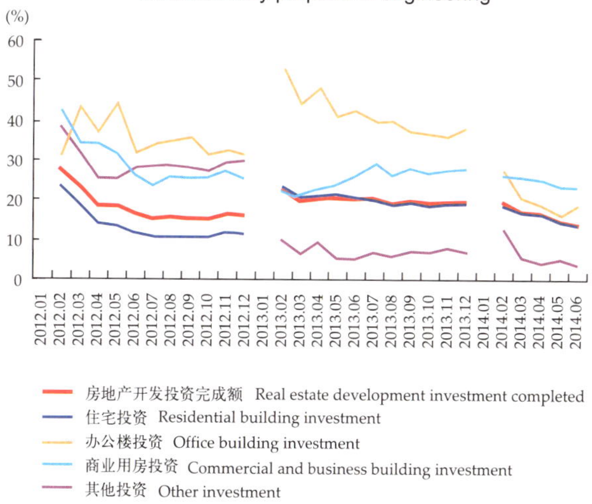

房地产开发投资按地区分的完成额及增长率
Real estate development investment completed and growth rate by region

单位：亿元　Unit: RMB 100 million yuan

年/月 Year/Month	东部地区投资 Investment in eastern area		中部地区投资 Investment in central area		西部地区投资 Investment in western area	
	绝对值 Absolute value	增长率(%) Growth rate (%)	绝对值 Absolute value	增长率(%) Growth rate (%)	绝对值 Absolute value	增长率(%) Growth rate (%)
2012.07	21 295	14.5	7 686	15.7	7 794	17.5
2012.08	25 116	14.9	9 313	16.9	9 259	16.3
2012.09	29 173	14.5	10 944	16.2	10 929	17.1
2012.10	32 823	14.3	12 395	16.4	12 410	17.5
2012.11	36 719	14.8	14 035	19.4	14 018	19.5
2012.12	40 541	13.9	15 763	19.4	15 500	19.8
2013.01	—	—	—	—	—	—
2013.02	4 024	20.9	1 241	24.6	1 405	26.8
2013.03	7 766	17.8	2 521	21.8	2 845	25.6
2013.04	11 241	20.2	3 804	20.4	4 136	24.5
2013.05	15 518	19.0	5 445	21.8	5 835	24.0
2013.06	21 140	18.7	7 645	20.8	8 043	24.3
2013.07	25 264	18.6	9 298	21.0	9 739	25.0
2013.08	29 498	17.4	11 116	19.4	11 505	24.3
2013.09	34 413	18.0	13 127	20.0	13 580	24.3
2013.10	38 443	17.1	14 890	20.1	15 360	23.8
2013.11	43 068	17.3	17 084	21.7	17 259	23.1
2013.12	47 972	18.3	19 045	20.8	18 997	22.6
2014.01	—	—	—	—	—	—
2014.02	4 792	19.1	1 508	21.5	1 656	17.9
2014.03	9 139	17.7	2 916	15.6	3 285	15.5
2014.04	13 230	17.7	4 268	12.2	4 823	16.6
2014.05	17 995	16.0	6 013	10.4	6 731	15.4
2014.06	24 223	14.6	8 558	11.9	9 237	14.8

房地产开发投资按地区分的构成变化
Change in composition of real estate development investment by region

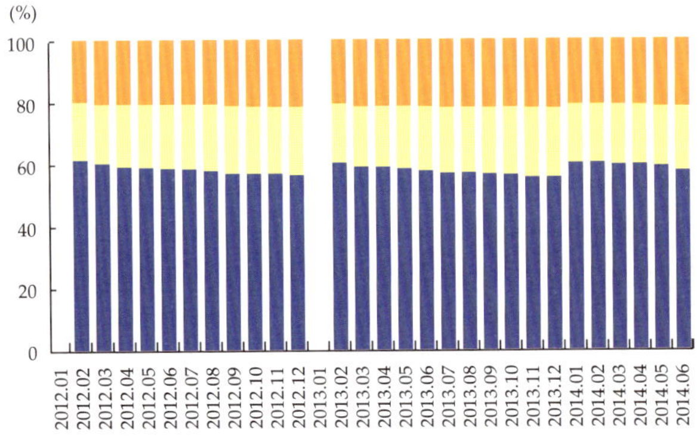

房地产开发投资按地区分的增长趋势
Growth of composition of real estate development investment by region

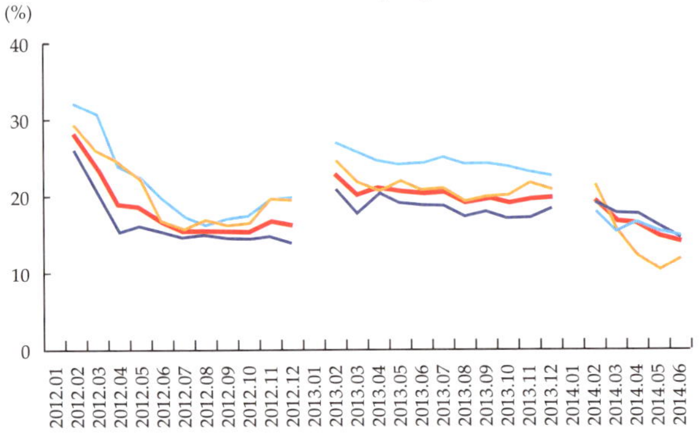

商品房建筑与销售
Construction and sales of commercial buildings

单位：亿平方米、亿元
Unit: 100 million square meters, RMB 100 million yuan

年/月 Year/Month	施工面积 Area under construction	同比增长(%) YOY growth(%)	竣工面积 Area completed	同比增长(%) YOY growth(%)	销售面积 Area sold	同比增长(%) YOY growth(%)	销售面积与竣工面积之比 Ratio of sold to completed areas	月度累计销售额 Monthly accumulated sales volume	增长率(%) Growth rate (%)
2013.01	—	—	—	—	—	—	—	—	—
2013.02	45.5	15.3	1.4	34.0	1.0	49.5	77	7 361	77.6
2013.03	47.9	17.0	1.9	8.9	2.1	37.1	107	13 992	61.3
2013.04	50.1	17.2	2.4	6.6	3.0	38.0	125	19 847	59.8
2013.05	52.3	16.0	2.9	5.3	3.9	35.6	136	25 864	52.8
2013.06	54.9	15.5	3.5	6.3	5.1	28.7	146	33 376	43.2
2013.07	56.9	16.2	4.2	7.9	6.1	25.8	147	39 549	37.8
2013.08	58.6	14.4	4.7	4.6	7.1	23.4	152	45 724	34.4
2013.09	60.4	15.0	5.3	4.2	8.4	23.3	160	54 028	33.9
2013.10	61.6	14.6	5.9	1.8	9.6	21.8	162	61 238	32.3
2013.11	64.6	16.1	6.9	2.5	11.1	20.8	160	69 946	30.7
2013.12	66.6	16.1	10.1	2.0	13.1	17.3	129	81 428	26.3
2014.01	—	—	—	—	—	—	—	—	—
2014.02	53.0	16.3	1.2	-8.2	1.0	-0.1	84	7 090	-3.7
2014.03	54.7	14.2	1.9	-4.9	2.0	-3.8	109	13 263	-5.2
2014.04	56.5	12.8	2.4	-0.3	2.8	-6.9	117	18 307	-7.8
2014.05	58.6	12.0	3.1	6.8	3.6	-7.8	117	23 674	-8.5
2014.06	61.1	11.3	3.8	8.1	4.8	-6.0	127	31 133	-6.7

商品房施工面积、竣工面积与销售面积
Area of commercial housing under construction, completed, and sold

商品房施工面积、竣工面积与销售面积增长趋势
Growth of area of commercial housing under construction, completed, and sold

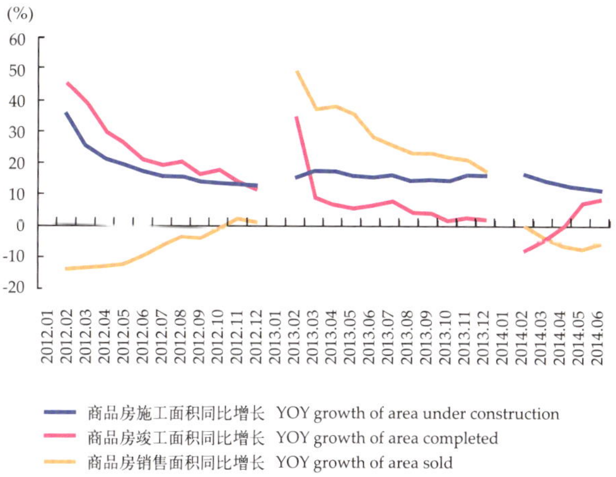

商品房销售额及其增长率
Sales volume of commercial housing and its growth rate

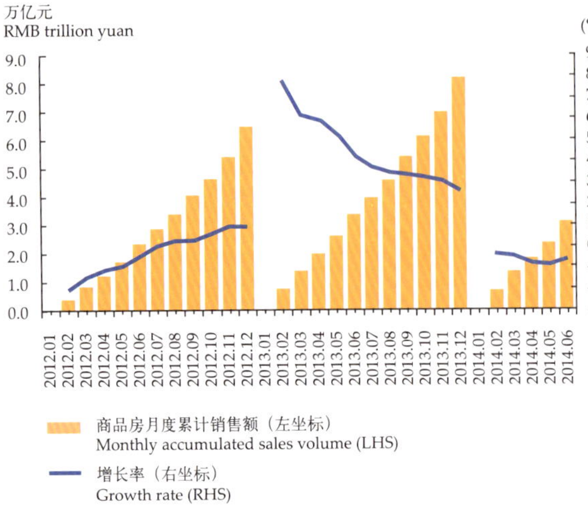

住宅在商品房施工面积、竣工面积与销售面积中所占的比重
Share of residences in commercial housing under construction, completed, and sold

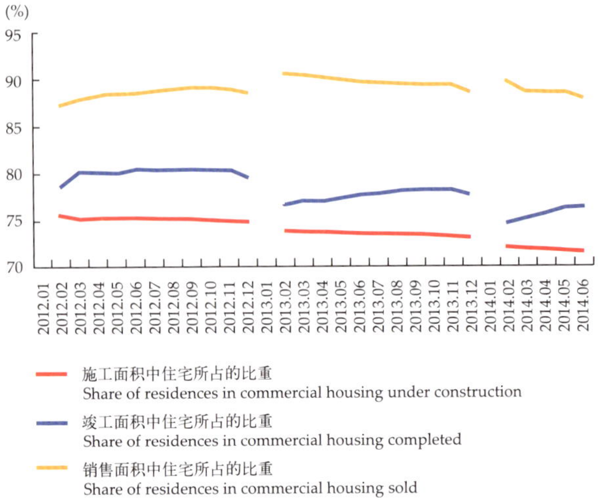

主要经济指标环比增速
MOM growth rates of main economic indicators

年/季 Year/Quarter	国内生产总值 Gross domestic product (%)	年/月 Year/Month		规模以上工业增加值 Value added of industry (%)	固定资产投资（不含农户） Completed investment in fixed assets（excluding rural households）(%)	社会消费品零售总额 Retail sales of consumer goods (%)
2012		2012	1	0.50	1.24	0.19
			2	0.61	1.84	1.01
I	1.4		3	1.24	1.01	1.21
			4	0.36	1.21	0.97
			5	0.89	1.89	1.09
II	2.2		6	0.80	1.87	1.12
			7	0.69	1.32	1.09
			8	0.72	1.27	1.10
III	2		9	0.89	1.99	1.32
			10	0.79	1.56	1.16
			11	0.82	1.52	1.21
IV	1.9		12	0.84	1.59	1.25
2013		2013	1	0.61	1.69	0.14
			2	0.82	1.66	0.96
I	1.6		3	0.72	1.48	1.50
			4	0.79	1.46	0.99
			5	0.67	1.41	0.97
II	1.8		6	0.62	1.28	1.09
			7	0.89	1.55	1.07
			8	0.88	1.66	0.92
III	2.3		9	0.65	1.26	1.05
			10	0.77	1.10	0.98
			11	0.70	1.39	1.01
IV	1.7		12	0.68	1.33	1.01
2014		2014	1	0.62	1.40	0.91
			2	0.63	1.25	0.52
I	1.5		3	0.83	1.27	1.40
			4	0.71	1.23	0.82
			5	0.72	1.37	1.15
II	2		6	0.77	1.45	0.96

注：1. 自2011年4月起，国家统计局对外公布国内生产总值、规模以上工业增加值、固定资产投资（不含农户）、社会消费品零售总额四项统计指标的经季节调整的环比数据。
2. 表中数据根据国家统计局最新数据修订。

Notes:1. From April 2011, National Bureau of Statistics began to pubilsh four seasonally-adjusted MOM indices, namely: gross domestic product, value added of industry, completed investment in fixed assets (excluding rural households), retail sales of consumer goods.
2. Data are revised by National Bureau of Statistics of China.

五、对外部门
5. External Sector

1.外贸
(1)Foreign trade

据世界贸易组织统计，2012年，中国货物贸易出口总值为20 490亿美元，占世界货物贸易出口总值18.325万亿美元的11.2%，比2011年提高0.8个百分点，在全球货物贸易出口排名中位居第一。2012年，中国货物贸易进口总值为18 180亿美元，占世界货物贸易进口总值18.565万亿美元的9.8%，比2011年提高了0.3个百分点，在全球货物贸易进口中排名第二，位于美国之后。

According to WTO statistics, in 2012, China's export volume of goods totaled USD2,049 billion, accounting for 11.2 percent of the world total of USD18.325 trillion, 0.8 percentage point higher than that in 2011. And China's goods export also ranked 1st in the world. China's import volume of goods reached USD1,818 billion, accounting for 9.8 percent of the world total of USD18.565 trillion, 0.3 percentage point higher than that in 2011. China ranked 2nd in the world after the U.S. in terms of goods imports.

2012年世界货物贸易出口前十位排名
Top ten economies in the world in terms of goods exported in 2012

			出口(10亿美元) Exports (USD billion)	比重(%) Share (%)
	世界	**World total**	**18 325**	**100.0**
1	**中　国**	**China**	**2 049**	**11.2**
2	美　国	U.S.	1 547	8.4
3	德　国	Germany	1 407	7.7
4	日　本	Japan	799	4.4
5	荷　兰	Netherlands	656	3.6
6	法　国	France	569	3.1
7	韩　国	Korea	548	3.0
8	俄罗斯	Russia	529	2.9
9	意大利	Italy	500	2.7
10	香　港	HK SAR of China	493	2.7

2012年世界货物贸易进口前十位排名
Top ten economies in the world in terms of goods imported in 2012

			进口(10亿美元) Imports (USD billion)	比重(%) Share (%)
	世界	**World total**	**18 565**	**100.0**
1	美　国	U.S.	2 335	12.6
2	**中　国**	**China**	**1 818**	**9.8**
3	德　国	Germany	1 167	6.3
4	日　本	Japan	886	4.8
5	法　国	France	680	3.7
6	荷　兰	Netherlands	674	3.6
7	香　港	HK SAR of China	591	3.2
8	韩　国	Korea	554	3.0
9	印　度	India	520	2.8
10	意大利	Italy	489	2.6

年度进出口额及其增长率
Annual imports & exports and growth rates

单位：亿美元
Unit: USD 100 million

年 Year	进出口 Imports & Exports 总额 Total value	增长率(%) Growth rate (%)	出口 Exports 总额 Total value	增长率(%) Growth rate (%)	进口 Imports 总额 Total value	增长率(%) Growth rate (%)	进出口差额 Trade balance
1991	1 357	17.6	719	15.8	638	19.6	81
1992	1 655	22.0	849	18.1	806	26.3	44
1993	1 957	18.2	917	8.0	1 040	29.0	-122
1994	2 366	20.9	1 210	31.9	1 156	11.2	54
1995	2 809	18.7	1 488	23.0	1 321	14.2	167
1996	2 899	3.2	1 510	1.5	1 388	5.1	122
1997	3 252	12.2	1 828	21.0	1 424	2.5	404
1998	3 239	-0.4	1 837	0.5	1 402	-1.5	435
1999	3 606	11.3	1 949	6.1	1 657	18.2	292
2000	4 743	31.5	2 492	27.8	2 251	35.8	241
2001	5 097	7.5	2 661	6.8	2 436	8.2	225
2002	6 208	21.8	3 256	22.4	2 952	21.2	304
2003	8 510	37.1	4 382	34.6	4 128	39.8	255
2004	11 546	35.7	5 933	35.4	5 612	36.0	321
2005	14 219	23.2	7 620	28.4	6 600	17.6	1 020
2006	17 604	23.8	9 689	27.2	7 915	19.9	1 775
2007	21 766	23.6	12 205	25.9	9 561	20.8	2 643
2008	25 633	17.8	14 307	17.2	11 326	18.5	2 981
2009	22 075	-13.9	12 016	-16.0	10 059	-11.2	1 957
2010	29 740	34.7	15 778	31.3	13 962	38.8	1 815
2011	36 419	22.5	18 986	20.3	17 433	24.9	1 549
2012	38 668	6.2	20 489	7.9	18 178	4.3	2 311
2013	41 600	7.6	22 096	7.8	19 504	7.3	2 592

注：表中数据根据海关总署最新数据修订。
Note: Data are revised by General Administration of Customs of the People's Republic of China.

出口总值与GDP之比
Total exports over GDP

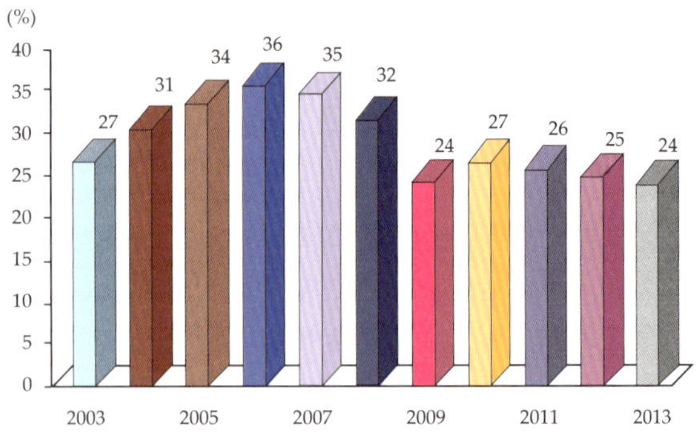

注：图中数据根据国家统计局最新数据修订。
Note: Data are revised by National Bureau of Statistics of China.

贸易差额
Trade balance

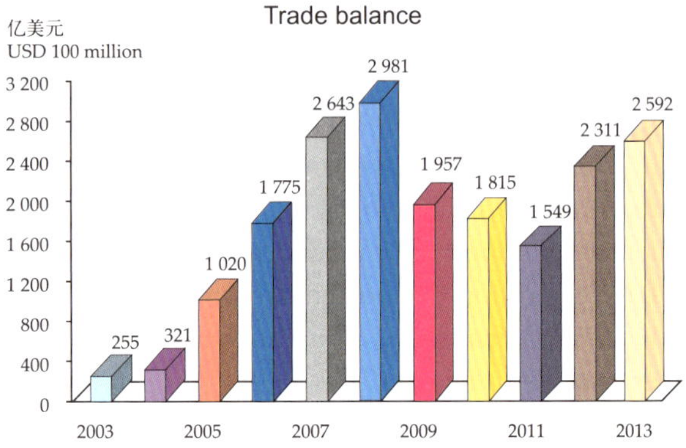

贸易总额及其增长趋势
Total trade volume and growth rates

贸易总额与GDP之比
Total trade volume over GDP

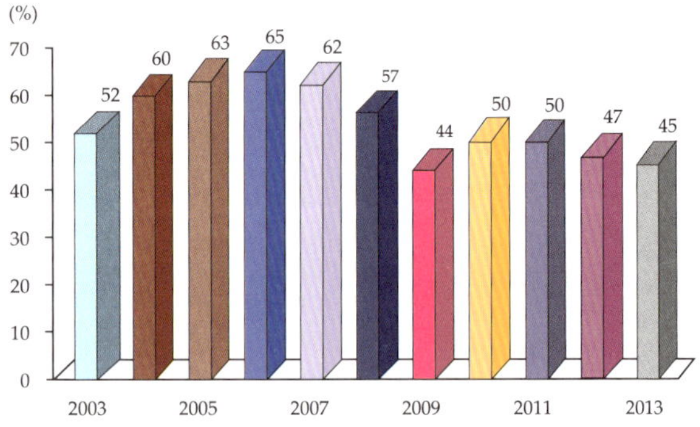

注：图中数据根据国家统计局最新数据修订。
Note: Data are revised by National Bureau of Statistics of China.

当月进出口总值及其增长率
Total monthly imports, exports, and growth rates

单位：亿美元
Unit: USD 100 million

年/月 Year/Month	出口总值 Total exports	进口总值 Total imports	出口同比增长率(%) Growth rate of exports (YOY)(%)	进口同比增长率(%) Growth rate of imports (YOY)(%)	当月差额 Monthly trade balance
2013.01	1 874	1 582	25.0	29.0	291
2013.02	1 394	1 241	21.7	-14.9	152
2013.03	1 822	1 830	10.0	14.2	-8
2013.04	1 871	1 689	14.6	16.6	182
2013.05	1 828	1 623	0.9	-0.1	204
2013.06	1 743	1 472	-3.3	-0.9	271
2013.07	1 860	1 682	5.1	10.8	178
2013.08	1 906	1 621	7.1	7.1	285
2013.09	1 856	1 704	-0.4	7.4	152
2013.10	1 854	1 543	5.6	7.5	311
2013.11	2 022	1 684	12.7	5.4	338
2013.12	2 077	1 821	4.3	8.6	256
2014.01	2 071	1 753	10.5	10.8	319
2014.02	1 141	1 371	-18.1	10.4	-230
2014.03	1 701	1 624	-6.6	-11.3	77
2014.04	1 885	1 701	0.8	0.7	185
2014.05	1 955	1 596	7.0	-1.7	359
2014.06	1 868	1 552	7.2	5.5	316

月度累计进出口总值及其增长率
Total accumulated monthly imports,exports, and growth rates

单位：亿美元
Unit: USD 100 million

年/月 Year/Month	累计出口总值 Accumulated total exports	累计进口总值 Accumulated total imports	累计出口同比增长率(%) Growth rate of accumulated exports (YOY) (%)	累计进口同比增长率(%) Growth rate of accumulated imports (YOY) (%)	累计贸易差额 Accumulated trade balance
2013.01	1 874	1 582	25.0	28.8	291
2013.02	3 266	2 829	23.6	5.1	437
2013.03	5 088	4 660	18.4	8.5	428
2013.04	6 957	6 354	17.3	10.7	603
2013.05	8 784	7 977	13.5	8.2	807
2013.06	10 527	9 448	10.4	6.7	1 079
2013.07	12 386	11 129	9.5	7.3	1 257
2013.08	14 292	12 751	9.2	7.3	1 541
2013.09	16 148	14 455	8.0	7.3	1 694
2013.10	18 000	15 998	7.8	7.3	2 002
2013.11	20 022	17 682	8.2	7.1	2 340
2013.12	22 096	19 504	7.8	7.3	2 592
2014.01	2 071	1 752	10.5	10.7	319
2014.02	3 212	3 122	-1.7	10.3	90
2014.03	4 913	4 746	-3.4	1.8	167
2014.04	6 796	6 442	-2.3	1.4	355
2014.05	8 754	8 037	-0.4	0.8	716
2014.06	10 622	9 590	0.9	1.5	1 033

注：表中数据根据海关总署最新数据修订。
Note: Data are revised by General Administration of Customs of the People's Republic of China.

当月进出口总值及其增长率
Total monthly imports, exports, and growth rates

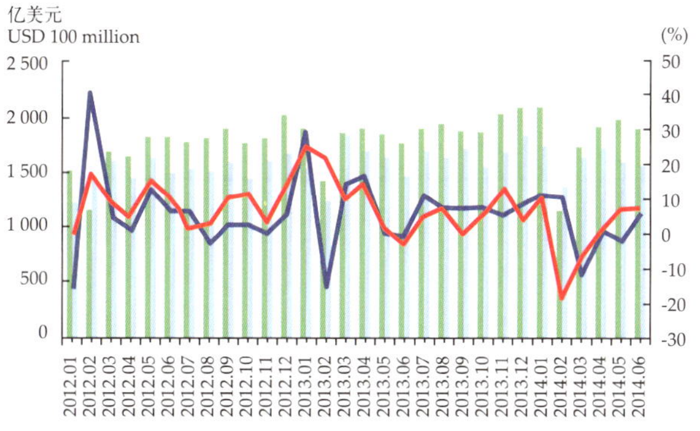

当月出口总值（左坐标） Total monthly exports (LHS)
当月进口总值（左坐标） Total monthly imports (LHS)
出口同比增长率（右坐标） YOY growth rate of exports (RHS)
进口同比增长率（右坐标） YOY growth rate of imports (RHS)

月度累计进出口总值及其增长率
Total accumulated monthly imports, exports, and growth rates

月度累计出口总值（左坐标） Accumulated total monthly exports (LHS)
月度累计进口总值（左坐标） Accumulated total monthly imports (LHS)
累计出口同比增长率（右坐标） YOY growth rate of accumulated exports (RHS)
累计进口同比增长率（右坐标） YOY growth rate of accumulated imports (RHS)

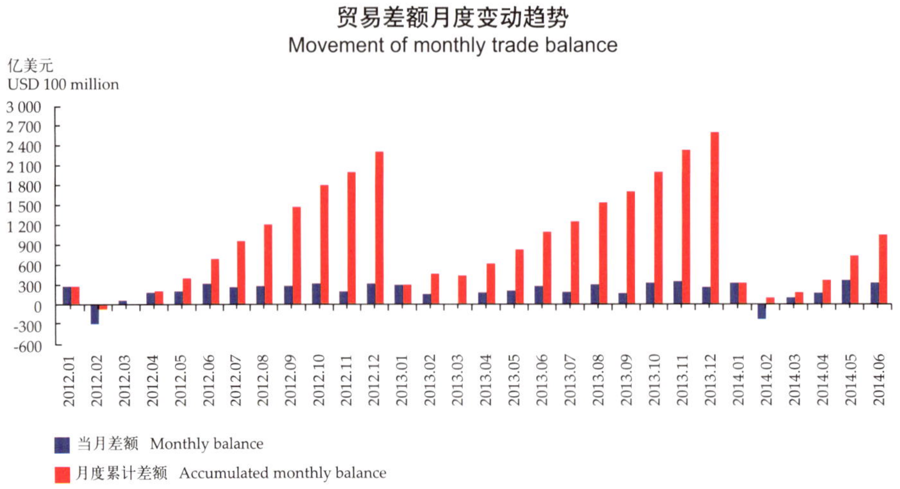

贸易差额构成
Composition of trade balance

单位：亿美元
Unit: USD 100 million

年 Year	贸易差额总计 Total trade balance	一般贸易 General trade	加工贸易 Processing trade	其他贸易 Other trade
1998	435	306	359	-230
1999	292	121	373	-202
2000	241	51	451	-261
2001	225	-16	535	-293
2002	304	71	577	-344
2003	255	-57	789	-477
2004	321	-46	1 063	-697
2005	1 020	354	1 425	-759
2006	1 775	831	1 889	-945
2007	2 643	1 098	2 491	-971
2008	2 981	899	2 968	-912
2009	1 957	-40	2 646	-646
2010	1 815	-473	3 229	-926
2011	1 549	-903	3 656	-1 200
2012	2 311	-338	3 816	-1 171
2013	2 592	-222	3 638	-819

注："贸易差额总计"根据《海关统计》月报修订。
Note: "Total trade balance" are revised by *China Monthly Exports and Imports*.

月度累计贸易差额按企业性质分
Accumulated monthly trade balance by enterprise

单位：亿美元
Unit: USD 100 million

年/月 Year/Month	国有企业 State-owned enterprises	外资企业 Foreign-funded enterprises	其他企业 Other enterprises
2013.01	-206	160	338
2013.02	-386	297	530
2013.03	-617	433	615
2013.04	-842	558	894
2013.05	-1 038	673	1 174
2013.06	-1 220	823	1 477
2013.07	-1 446	923	1 781
2013.08	-1 631	1 064	2 111
2013.09	-1 817	1 180	2 349
2013.10	-2 032	1 346	2 690
2013.11	-2 252	1 553	3 040
2013.12	-2 500	1 694	3 403
2014.01	-247	157	409
2014.02	-486	169	407
2014.03	-713	284	596
2014.04	-966	383	935
2014.05	-1 148	540	1 322
2014.06	-1 314	646	1 697

贸易差额构成
Composition of trade balance

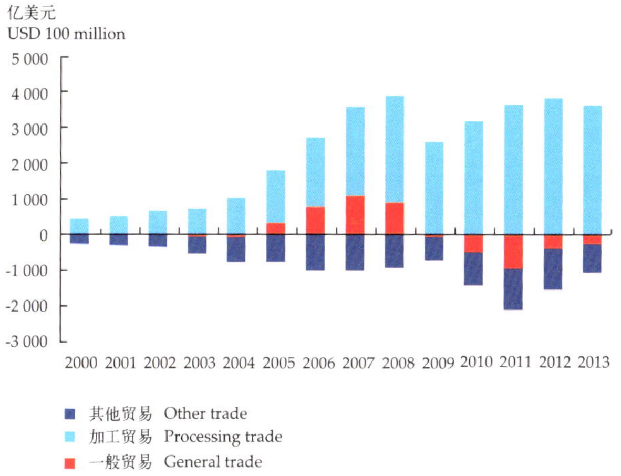

月度累计贸易差额按企业性质分
Accumulated monthly trade balance by enterprise

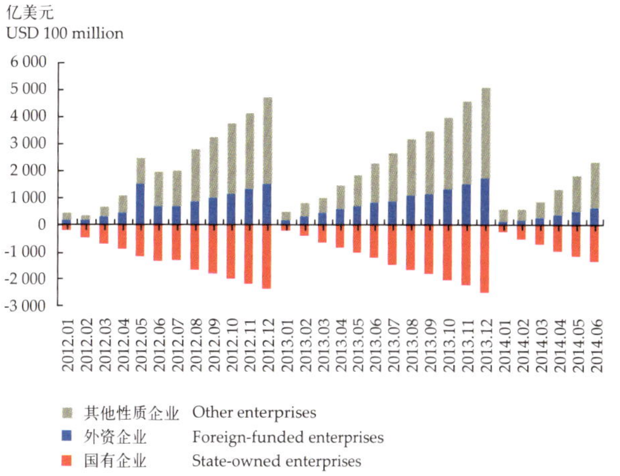

一般贸易累计进出口及其增长率
Accumulated imports and exports under general trade and growth rates

加工贸易累计进出口及其增长率
Accumulated imports and exports under processing trade and growth rates

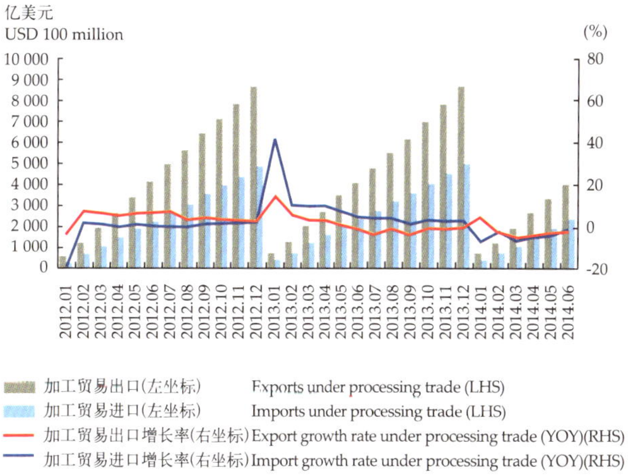

中国大陆对美国进出口及其增长趋势
Mainland China's imports from and exports to the U.S. and their growth

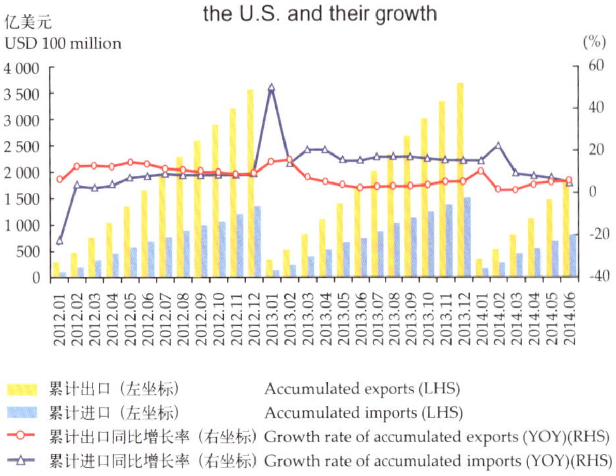

中国大陆对美国贸易总额和贸易差额
Mainland China's trade volume and trade balance with the U.S.

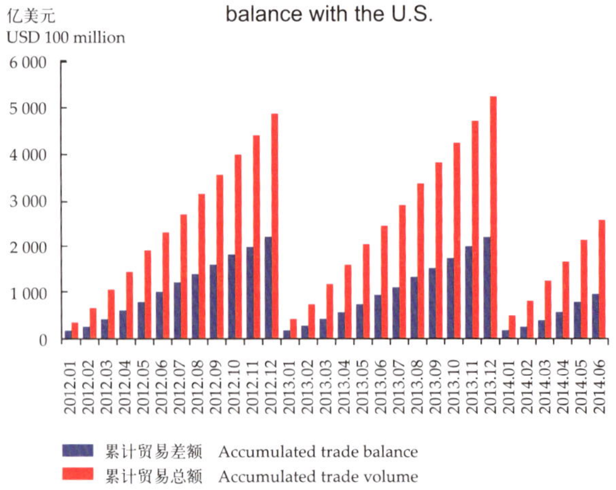

中国大陆对欧盟进出口及其增长趋势
Mainland China's imports from and exports to the EU and their growth

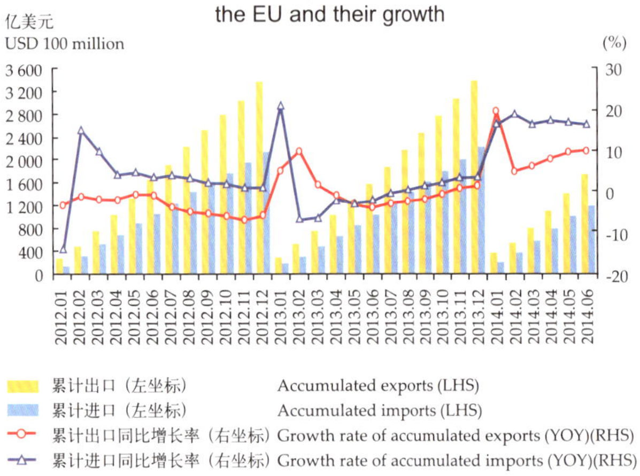

中国大陆对欧盟贸易总额和贸易差额
Mainland China's trade volume and trade balance with the EU

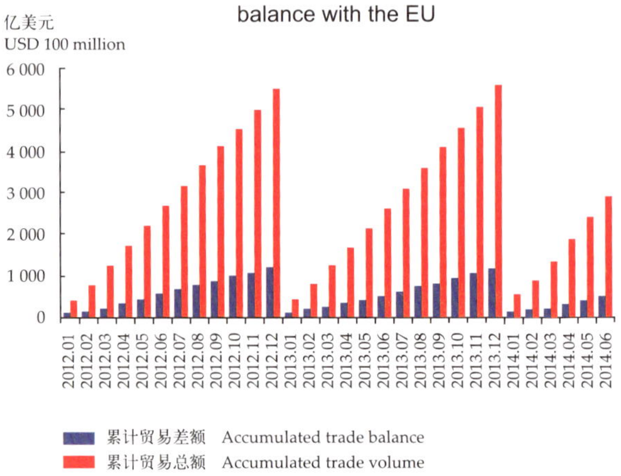

中国大陆对日本进出口及其增长趋势
Mainland China's imports from and exports to Japan and their growth

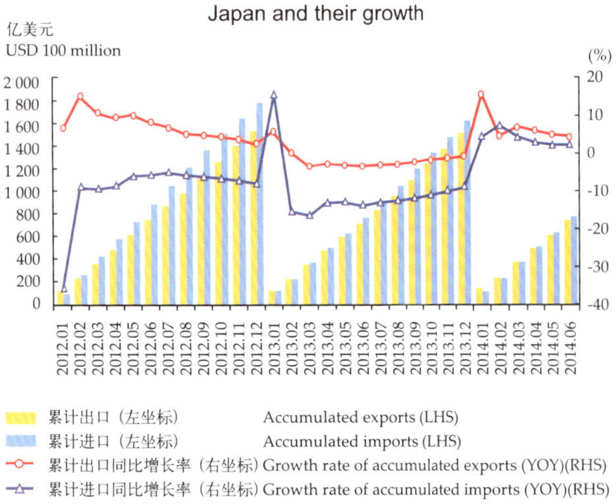

中国大陆对日本贸易总额和贸易差额
Mainland China's trade volume and trade balance with Japan

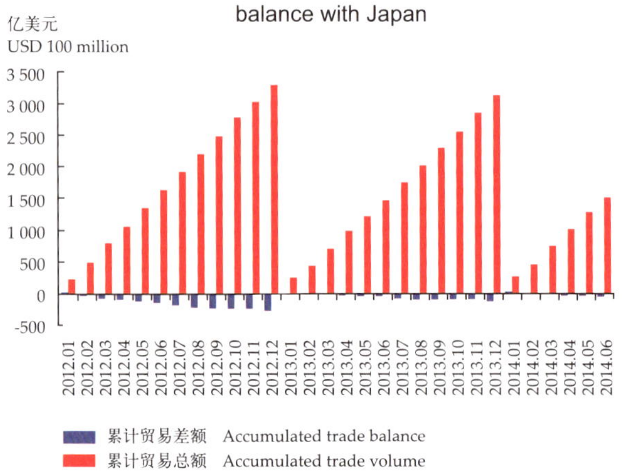

中国大陆对东盟进出口及其增长趋势
Mainland China's imports from and exports to ASEAN and their growth

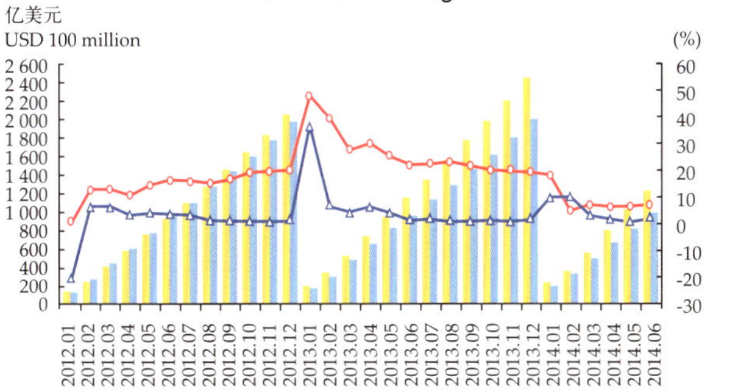

累计出口（左坐标） Accumulated exports (LHS)
累计进口（左坐标） Accumulated imports (LHS)
累计出口同比增长率（右坐标） Growth rate of accumulated exports (YOY)(RHS)
累计进口同比增长率（右坐标） Growth rate of accumulated imports (YOY)(RHS)

中国大陆对东盟贸易总额和贸易差额
Mainland China's trade volume and trade balance with ASEAN

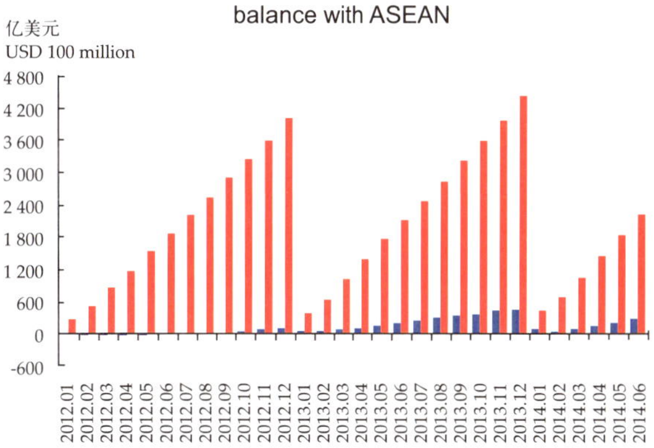

累计贸易差额 Accumulated trade balance
累计贸易总额 Accumulated trade volume

中国大陆对中国香港地区进出口及其增长趋势
Mainland China's imports from and exports to Hong Kong SAR of China and their growth

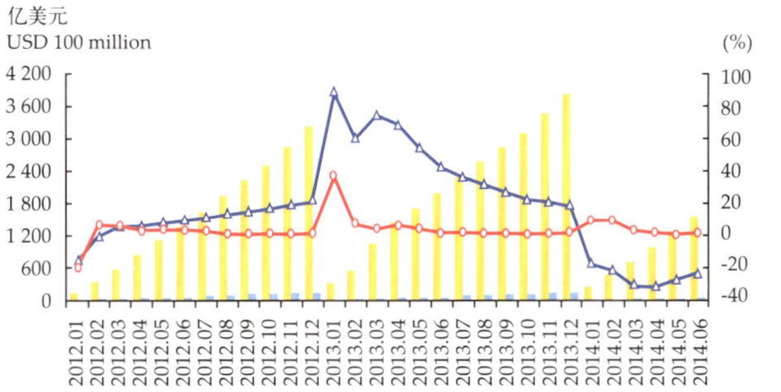

累计出口（左坐标） Accumulated exports (LHS)
累计进口（左坐标） Accumulated imports (LHS)
累计出口同比增长率（右坐标） Growth rate of accumulated exports (YOY)(RHS)
累计进口同比增长率（右坐标） Growth rate of accumulated imports (YOY)(RHS)

中国大陆对中国香港地区贸易总额和贸易差额
Mainland China's trade volume and trade balance with Hong Kong SAR of China

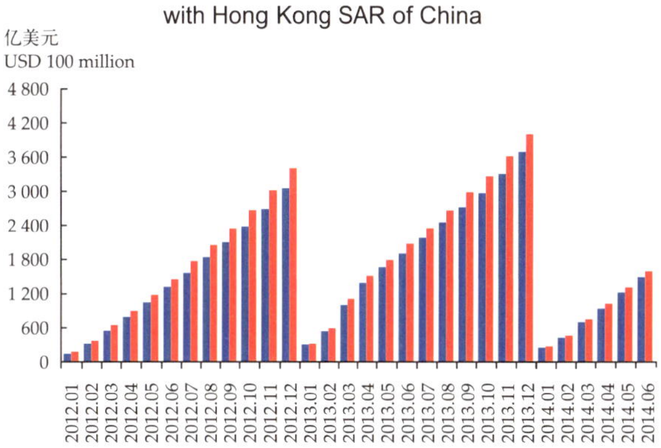

累计贸易差额 Accumulated trade balance
累计贸易总额 Accumulated trade volume

中国大陆对中国台湾地区进出口及其增长趋势
Mainland China's imports from and exports to China Taiwan and their growth

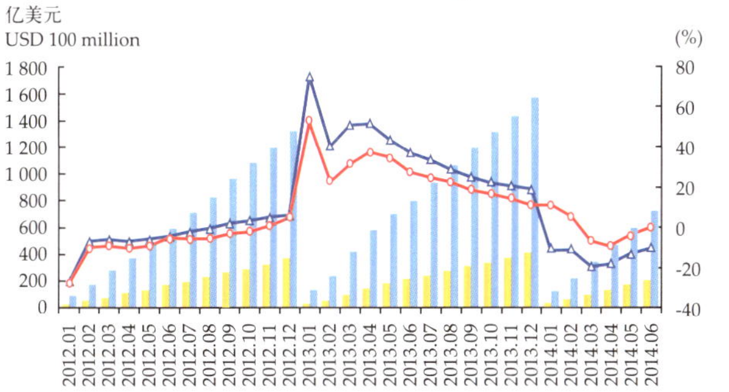

累计出口（左坐标） Accumulated exports (LHS)
累计进口（左坐标） Accumulated imports (LHS)
累计出口同比增长率（右坐标） Growth rate of accumulated exports (YOY)(RHS)
累计进口同比增长率（右坐标） Growth rate of accumulated imports (YOY)(RHS)

中国大陆对中国台湾地区贸易总额和贸易差额
Mainland China's trade volume and trade balance with China Taiwan

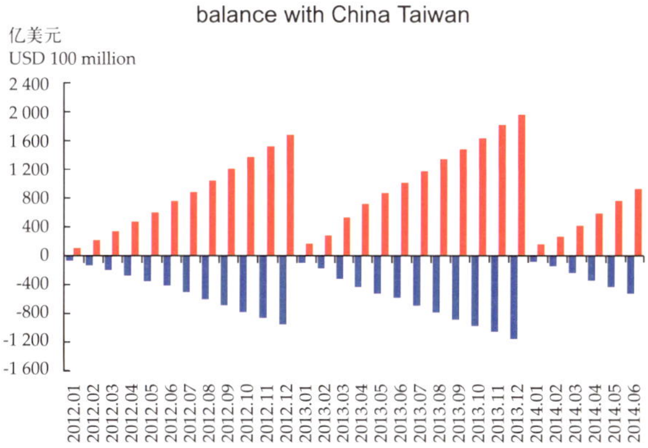

累计贸易差额 Accumulated trade balance
累计贸易总额 Accumulated trade volume

2. 外资

(2) Foreign investment

据联合国贸易与发展会议2014年6月发布的《2014年世界投资报告》，中国以1 239亿美元流入量成为2013年全球发展中国家中第一大外国直接投资接受国，报告指出：2013年全球外国直接投资流入量为1.45万亿美元，较上年增长9%。

另据商务部统计，2013年，新批设立外商投资企业22 773家，实际使用外资金额1 175.9亿美元。

According to the UNCTAD's *World Investment Report 2014* published in June 2014, China became the world's No.1 recipient of foreign direct investment (FDI) among developing countries in 2013, with capital inflows of USD123.9 billion. It is pointed out in the report that global FDI inflows increased by 9% to USD1.45 trillion in 2013.

According to statistics of the Ministry of Commerce, in 2013, 22,773 foreign-invested enterprises were approved for incorporation in China, with actual utilized FDI reaching USD 117.59 billion.

实际利用外商直接投资及其增长趋势

Actual utilized foreign direct investments and growth rates

单位：亿美元
Unit: USD 100 million

年 Year	绝对值 Absolute value	增长率(%) Growth rates (%)
1991	43.7	28.7
1992	110.1	152.1
1993	275.2	150.0
1994	337.7	22.7
1995	375.2	11.1
1996	417.3	11.2
1997	452.6	8.5
1998	454.6	0.5
1999	403.2	-11.3
2000	407.2	1.0
2001	468.5	14.9
2002	527.4	12.6
2003	535.1	1.4
2004	606.3	13.3
2005	603.3	-0.5
2006	630.2	4.5
2007	747.7	13.6
2008	924.0	23.6
2009	900.3	-2.6
2010	1 057.0	17.4
2011	1 160.1	9.7
2012	1 117.2	-3.7
2013	1 175.9	5.3

实际利用外商直接投资及其增长率

Actual utilized foreign direct investments and growth rates

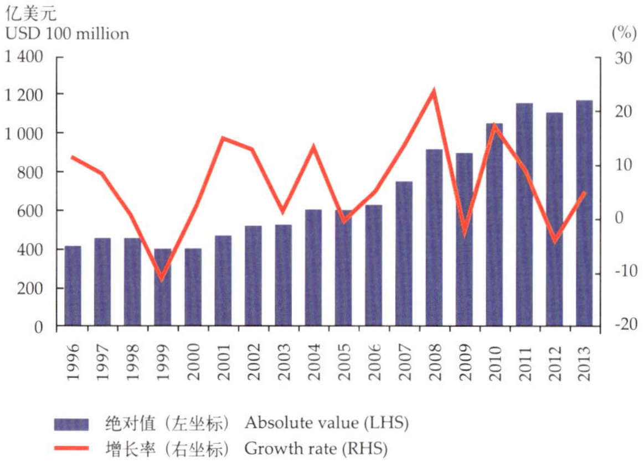

月度累计实际外商直接投资
Accumulated utilized FDI on a monthly basis

单位：亿美元
Unit: USD 100 million

年/月 Year/Month	实际外商直接投资累计金额 Accumulated utilized FDI	实际外商直接投资累计同比增长率(%) Growth rate of accumulated utilized FDI (%)
2013.01	93	-7.3
2013.02	175	-1.4
2013.03	299	1.4
2013.04	383	1.2
2013.05	476	1.0
2013.06	620	4.9
2013.07	714	7.0
2013.08	798	6.3
2013.09	886	6.2
2013.10	970	5.7
2013.11	1 055	5.4
2013.12	1 176	5.3
2014.01	108	16.1
2014.02	193	10.4
2014.03	315	5.5
2014.04	403	5.0
2014.05	489	2.8
2014.06	633	2.2

月度累计实际外商直接投资
Accumulated utilized FDI on a monthly basis

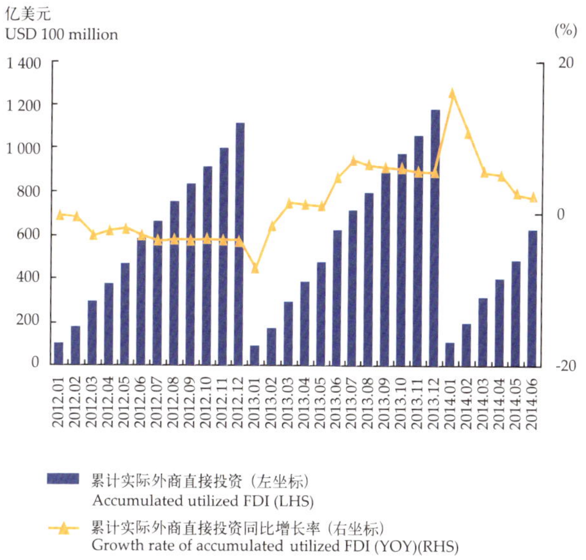

3.国际收支
(3) Balance of payments (BOP)

中国国际收支变化趋势
Movement of China's balance of payments

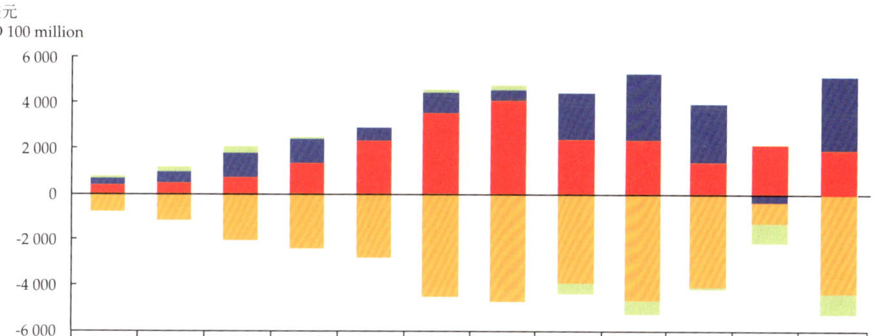

	2002	2003	2004	2005	2006	2007	2008	2009	2010	2011	2012	2013
净误差与遗漏差额 Balance of errors and omissions (net)	78	184	270	155	37	133	188	-434	-530	-138	-870	-776
储备资产差额 Balance of reserve assets	-755	-1 170	-2 064	-2 506	-2 848	-4 607	-4 795	-3 984	-4 717	-3 878	-966	-4 314
资本和金融项目差额 Balance of capital and financial accounts	323	527	1 107	1 010	493	942	401	1 985	2 869	2 655	-318	3 262
经常项目差额 Balance of current account	354	459	687	1 341	2 318	3 532	4 206	2 433	2 378	1 361	2 154	1 828

注：1. 储备资产的增加用负值表示，储备资产的减少用正值表示。
2. 图中数据根据国家统计局最新数据修订。

Notes: 1. The increase in the reserve assets is expressed in a negative figure and the decresae in the reserve assets is expressed in a positive figure.
2. Data are revised by State Administration of Foregn Exchange.

2014年第一季度国际收支平衡表
BOP sheet in the first quarter of 2014

单位：亿美元
Unit: USD 100 million

项 目	Items	差额 Balance	贷方 Credit	借方 Debit
一、经常项目	**Current account**	431	37 227	36 797
A. 货物和服务	Goods and services	462	33 461	32 999
a.货物	Goods	2 471	30 216	27 744
b.服务	Services	-2 009	3 245	5 254
B. 收益	Yields	201	2 949	2 749
C. 经常转移	Current transfers	-232	817	1 050
二、资本和金融项目	**Capital and financial accounts**	5 749	36 909	31 159
A. 资本项目	Capital account	10	39	29
B. 金融项目	Financial account	5 740	36 870	31 130
1.直接投资	Direct investment	3 283	5 702	2 419
1.1 我国在外直接投资	FDI outflow	-762	703	1 464
1.2 外国在华直接投资	FDI inflow	4 045	4 999	954
2.证券投资	Portfolio investment	1 367	2 467	1 101
2.1 资产	Assets	109	534	425
2.2 负债	Liabilities	1 257	1 933	676
3.其他投资	Other investment	1 090	28 701	27 611
三、储备资产	**Reserve assets**	-7 677	26	7 702
3.1 货币黄金	Monetary gold	0	0	0
3.2 特别提款权	SDRs	-5	0	5
3.3 在国际货币基金组织的储备头寸	Reserve position in IMF	26	26	0
3.4 外汇	Foreign exchange	-7 698	0	7 698
3.5 其他债权	Other claims	0	0	0
四、净误差与遗漏	**Errors and omissions (net)**	1 497	1 497	0

4.外汇储备
(4) Foreign exchange reserves

外汇储备及其增长率
Foreign exchange reserves and growth rates

单位：亿美元
Unit: USD 100 million

年/月 Year/Month	外汇储备 Foreign exchange reserves	同比增长(%) Growth rate (YOY)(%)
2013.01	34,101	4.8
2013.02	33,954	2.6
2013.03	34,426	4.2
2013.04	35,345	7.1
2013.05	35,148	9.6
2013.06	34,967	7.9
2013.07	35,478	9.5
2013.08	35,530	8.6
2013.09	36,627	11.5
2013.10	37,366	13.7
2013.11	37,895	14.9
2013.12	38,213	15.4
2014.01	38,666	13.4
2014.02	39,137	15.3
2014.03	39,481	14.7
2014.04	39,788	12.6
2014.05	39,839	13.3
2014.06	39,932	14.2

外汇储备及其增长率
Foreign exchange reserves and growth rates

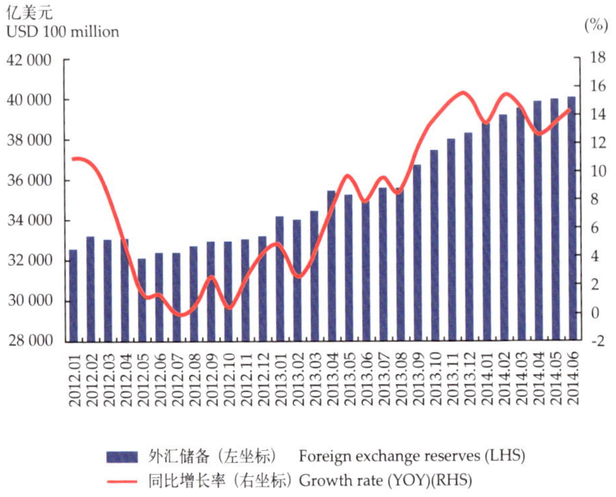

5.外债
(5) External debt

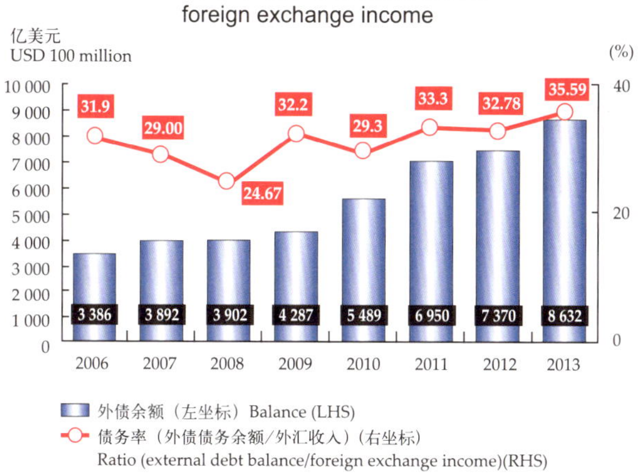

注：图中数据根据国家外汇管理局最新数据修订。
Note: Data are revised by State Administration of Foreign Exchange.

2014年3月末外债数据
External debt balance at the end of March of 2014

单位：亿美元
Unit: USD 100 million

	登记外债 Registered external debt	中资金融机构 Chinese financial institutions	外商投资企业 Foreign investment enterprises	境内外资金融机构 Domestic foreign financial institutions	贸易信贷 Trade credit	合计 Total
外债余额 Debt balance	5 648.67	2 848.81	1 681.23	700.44	3 190.00	8 838.67
比重(%) Share (%)	100	50.43	29.76	12.40	—	—

注：2014年第一季度，中国新借入中长期外债146.87亿美元，还本59.34亿美元，付息5.98亿美元。
Note: In the first quarter of 2014, China borrowed medium and long-term external debts totaling USD14.687 billion, repaid principal in the amount of USD5.934 billion and interest in the amount of USD0.598 billion.

2014年3月末外债结构
External debt structure at the end of March of 2014

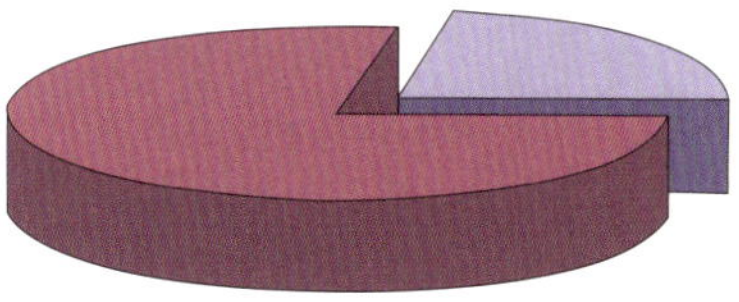

2014年3月末，中国外债余额为8 838.67亿美元，其中，中长期外债余额为1 930.49亿美元，占外债余额的21.84%；短期外债余额为6 908.18亿美元，占外债余额的78.16%。
China's outstanding balance of external debt was USD883.867 billion at the end of March of 2014, among which USD193.049 billion or 21.84 percent was medium- and long-term debt, and USD690.818 billion or 78.16 percent was short-term debt.

六、财政收支与债务
6. Fiscal Revenue, Expenditure and Debt

年度财政收入、财政支出及其增长趋势
Annual budgetary revenue, budgetary expenditure, and their growth

单位：亿元
Unit: RMB 100 million yuan

年 Year	财政收入 Budgetary revenue	财政支出 Budgetary expenditure	财政收入同比增长率(%) Growth rate of budgetary revenue (YOY) (%)	财政支出同比增长率(%) Growth rate of budgetary expenditure (YOY)(%)
1993	4 349	4 642	24.8	24.1
1994	5 218	5 793	20.0	24.8
1995	6 242	6 824	19.6	17.8
1996	7 408	7 938	18.7	16.3
1997	8 651	9 234	16.8	16.3
1998	9 876	10 798	14.2	16.9
1999	11 444	13 188	15.9	22.1
2000	13 395	15 887	17.0	20.5
2001	16 386	18 903	22.3	19.0
2002	18 904	22 053	15.4	16.7
2003	21 715	24 650	14.9	11.8
2004	26 396	28 487	21.6	15.6
2005	31 649	33 930	19.9	19.1
2006	38 760	40 423	22.5	19.1
2007	51 322	49 781	32.4	23.2
2008	61 330	62 593	19.5	25.4
2009	68 518	76 300	11.7	21.9
2010	83 080	89 575	21.3	17.4
2011	103 740	108 930	24.8	21.2
2012	117 210	125 712	12.8	15.1
2013	129 143	139 744	10.2	11.2

注：表中数据根据财政部最新数据修订。
Note: Data are revised by Ministry of Finance People's Republic of China.

月度累计财政收支增长率与收支差额
Monthly growth rate and balance of accumulated fiscal revenue and expenditure

单位：亿元
Unit: RMB 100 million yuan

年/月 Year/Month	财政收入累计同比增长率(%) Growth rate of accumulated fiscal revenue(YOY)(%)	财政支出累计同比增长率(%) Growth rate of accumulated fiscal expenditure(YOY)(%)	累计财政收支总量差额 Balance of accumulated fiscal revenue and expenditure
2012.07	11.6	23.4	11 046
2012.08	10.8	21.8	9 890
2012.09	10.9	21.1	6 469
2012.10	11.2	19.6	8 296
2012.11	11.9	17.9	4 008
2012.12	13.0	15.4	-8 000
2013.01	5.8	19.1	5 289
2013.02	7.2	15.7	6 321
2013.03	6.9	12.1	4 997
2013.04	6.7	13.6	7 120
2013.05	6.6	13.2	9 603
2013.06	7.5	10.8	8 877
2013.07	8.0	8.9	11 371
2013.08	8.1	8.6	10 351
2013.09	8.6	8.8	6 857
2013.10	9.4	10.0	8 486
2013.11	9.9	9.3	4 953
2013.12	10.2	11.2	-12 000
2014.01	13.0	21.3	5 281
2014.02	11.1	6.0	7 856
2014.03	9.3	12.6	4 593
2014.04	9.3	9.6	7 665
2014.05	8.8	12.9	8 545
2014.06	8.8	15.8	5 484

注：表中数据根据财政部最新数据修订。
Note: Data are revised by Ministry of Finance People's Republic of China.

年度财政收入、财政支出及其增长趋势
Annual budgetary revenue, budgetary expenditure, and their growth

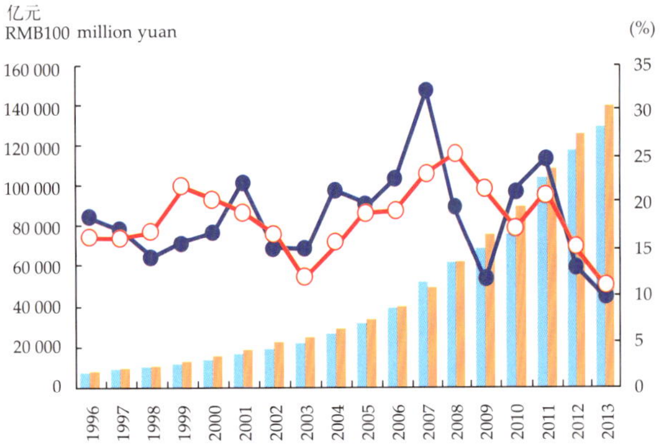

财政收入(左坐标) Budgetary revenue (LHS)
财政支出(左坐标) Budgetary expenditure (LHS)
财政收入同比增长率(右坐标) Growth rate of budgetary revenue (YOY)(RHS)
财政支出同比增长率(右坐标) Growth rate of budgetary expenditure (YOY)(RHS)

月度累计财政收支增长率与收支差额
Monthly growth rate and balance of accumulated fiscal revenue and expenditure

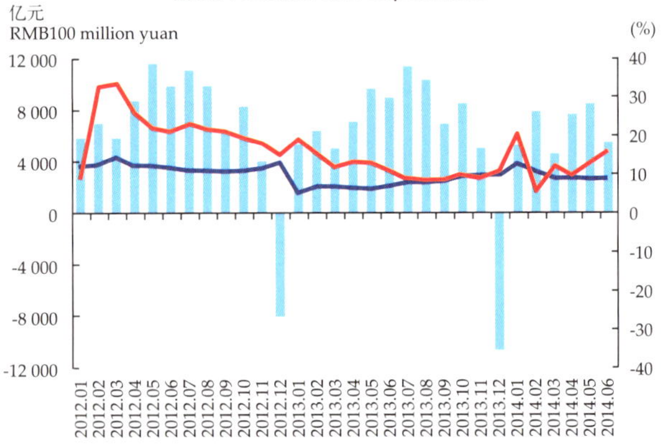

累计财政收支差额（左坐标）
Balance of accumulated fiscal revenue and expenditure (LHS)
财政收入累计同比增长率（右坐标）
Growth rate of accumulated fiscal revenue (YOY)(RHS)
财政支出累计同比增长率（右坐标）
Growth rate of accumulated fiscal expenditure (YOY)(RHS)

中央财政收支在全部财政收支中所占的比重
Ratio of revenues and expenditures of the central government to total fiscal revenues and expenditures

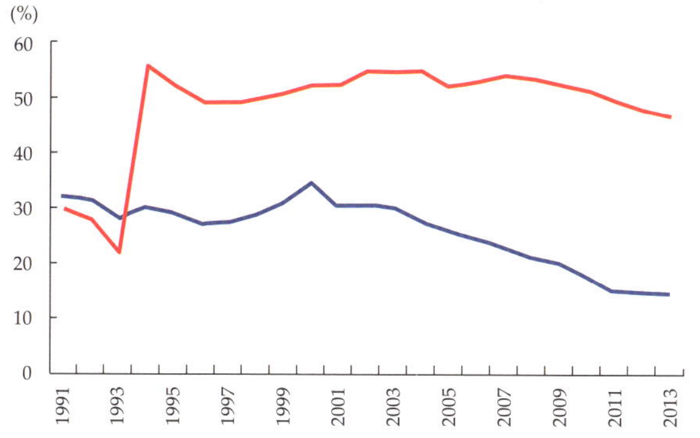

中央财政收入占全部财政收入的百分比
Revenues of central government as a percentage of total fiscal revenues
中央财政支出占全部财政支出的百分比
Expenditures of central government as a percentage of total fiscal expenditures

财政风险
Fiscal risks

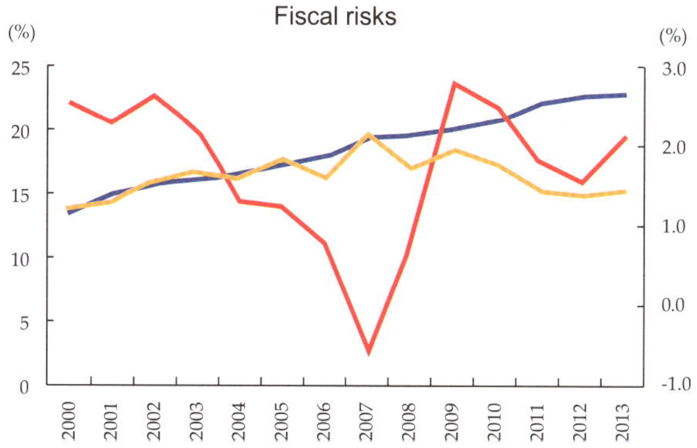

财政赤字/GDP（右坐标）
Fiscal deficit to GDP ratio (RHS)
财政收入/GDP（左坐标）
Fiscal revenue to GDP ratio (LHS)
国债余额/GDP（左坐标）
Outstanding government debt to GDP ratio (LHS)

2014年主要预算指标：

2014年，中央财政预算收入为64 380亿元，比2013年执行数（下同）增长7%。从中央预算稳定调节基金中调入1 000亿元，合计收入总量为65 380亿元。中央财政预算支出总量74 880亿元，增长9%。中央财政收支总量相抵，赤字为9 500亿元，比上年预算数增加1 000亿元。中央财政国债余额限额为100 708.35亿元。

汇总中央预算和地方预算安排，2014年全国财政收入139 530亿元，增长8%，加上从中央预算稳定调节基金调入1 000亿元，可安排的收入总量为140 530亿元；全国财政支出153 037亿元，增长9.5%。全国财政收支差额13 500亿元。

Budgetary targets for 2014:

In 2014 Revenue in the central budget will reach RMB6.438 trillion yuan, 7% over the figure for 2013 (here and below). The central budget stabilization fund will contribute RMB100 billion yuan, bringing total revenue to RMB6.538 trillion yuan. Expenditures in the central budget will reach RMB7.488 trillion yuan, an increase of 9%. Expenditures in the central budget will exceed revenue, resulting in a deficit of RMB950 billion yuan, an increase of RMB100 billion yuan than previous year's budget. The limit for the outstanding balance of government bonds issued by the central government will be RMB10.070835 trillion yuan.

Total combined revenue of central and local governments is budgeted at RMB13.953 trillion yuan, an increase of 8%. Adding RMB100 billion yuan from the central budget stabilization fund, total national revenue is projected to reach RMB14.053 trillion yuan. Total national expenditures are budgeted at RMB15.3037 trillion yuan, up 9.5%. Total expenditures will exceed total revenue by RMB1.35 trillion yuan.

七、货币银行
7. Money and Banking

1.货币供应量
(1) Money supply

年度M0、M1、M2及其变化趋势
Annual M0, M1 and M2 and their changes

单位：万亿元 Unit: RMB trillion yuan

年 Year	M0	M1	M2	M0同比增长率(%) Growth rate of M0 (YOY)(%)	M1同比增长率(%) Growth rate of M1 (YOY)(%)	M2同比增长率(%) Growth rate of M2 (YOY)(%)
1999	1.4	4.6	12.0	20.1	17.7	14.7
2000	1.5	5.3	13.5	8.9	16.0	12.3
2001	1.6	6.0	15.8	7.1	12.7	14.4
2002	1.7	7.1	18.5	10.1	16.8	16.8
2003	2.0	8.4	22.1	14.3	18.7	19.6
2004	2.2	9.6	25.4	8.7	13.6	14.7
2005	2.4	10.7	29.9	11.9	11.8	17.6
2006	2.7	12.6	34.6	12.7	17.5	16.9
2007	3.0	15.3	40.3	12.1	21.0	16.7
2008	3.4	16.6	47.5	12.7	9.1	17.8
2009	3.8	22.0	60.6	11.8	32.4	27.7
2010	4.5	26.7	72.6	16.7	21.2	19.7
2011	5.1	29.0	85.2	13.8	7.9	13.6
2012	5.5	30.9	97.4	7.7	6.5	13.8
2013	5.9	33.7	110.7	7.1	9.3	13.6

月度M0、M1、M2及其变化趋势
Monthly M0, M1 and M2 and their changes

单位：万亿元 Unit: RMB trillion yuan

年/月 Year/Month	M0	M1	M2	M0同比增长率(%) Growth rate of M0 (YOY)(%)	M1同比增长率(%) Growth rate of M1 (YOY)(%)	M2同比增长率(%) Growth rate of M2 (YOY)(%)
2012.01	6.0	27.0	85.6	3.0	3.1	12.4
2012.02	5.1	27.0	86.7	8.8	4.3	13.0
2012.03	5.0	27.8	89.6	10.6	4.4	13.4
2012.04	5.0	27.5	89.0	10.4	3.1	12.8
2012.05	4.9	27.9	90.0	10.0	3.5	13.2
2012.06	4.9	28.8	92.5	10.8	4.7	13.6
2012.07	5.0	28.3	91.9	10.0	4.6	13.9
2012.08	5.0	28.6	92.5	9.7	4.5	13.5
2012.09	5.3	28.7	94.4	13.3	7.3	14.8
2012.10	5.1	29.3	93.6	10.5	6.1	14.1
2012.11	5.2	29.7	94.5	10.7	5.5	13.9
2012.12	5.5	30.9	97.4	7.7	6.5	13.8
2013.01	6.2	31.1	99.2	4.4	15.3	15.9
2013.02	6.0	29.6	99.9	17.2	9.5	15.2
2013.03	5.5	31.1	103.6	12.4	11.9	15.7
2013.04	5.6	30.8	103.3	10.8	11.9	16.1
2013.05	5.4	31.0	104.2	10.8	11.3	15.8
2013.06	5.4	31.4	105.4	9.9	9.1	14.0
2013.07	5.4	31.1	105.2	9.5	9.7	14.5
2013.08	5.5	31.4	106.1	9.3	9.9	14.7
2013.09	5.6	31.2	107.7	5.7	8.9	14.2
2013.10	5.6	32.0	107.0	8.0	8.9	14.3
2013.11	5.6	32.5	107.9	7.7	9.4	14.2
2013.12	5.9	33.7	110.7	7.1	9.3	13.6
2014.01	7.6	31.5	112.4	22.5	1.2	13.2
2014.02	6.2	31.7	113.2	3.3	6.9	13.3
2014.03	5.8	32.8	116.1	5.2	5.4	12.1
2014.04	5.9	32.4	116.9	5.4	5.5	13.2
2014.05	5.8	32.8	118.2	6.7	5.7	13.4
2014.06	5.7	34.1	121.0	5.3	8.9	14.7

货币供应量与货币流动性
Money supply and monetary liquidity

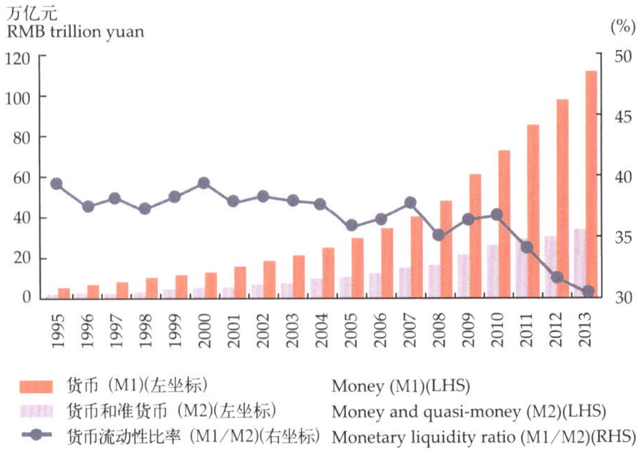

年度M0、M1、M2及其变化趋势
Annual M0, M1 and M2 and their changes

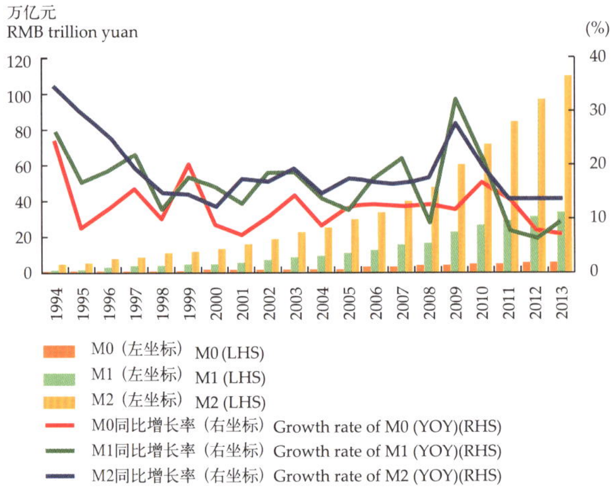

月度M0、M1、M2及其变化趋势
Monthly M0, M1 and M2 and their changes

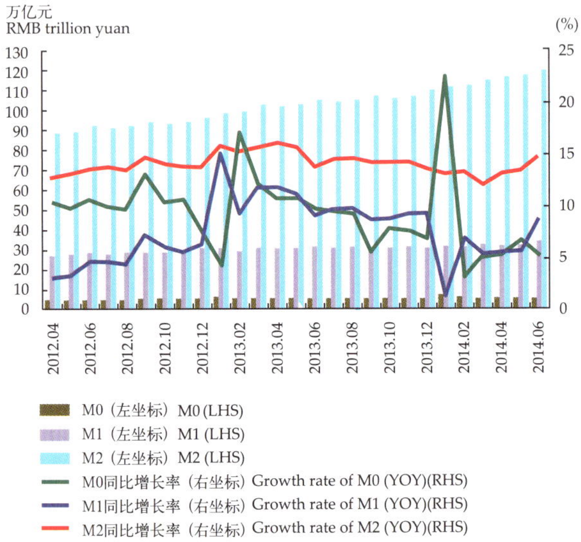

货币供应量构成
Composition of money supply

单位：亿元
Unit: RMB 100 million yuan

年/月 Year/Month	货币和准货币 Money & quasi-money M2	货币 Money M1	流通中货币 Currency in circulation M0	单位活期存款 Coporate demand deposits	准货币 Quasi-money	单位定期存款 Coporate time deposits	个人存款 Personal deposits	其他存款 Other deposits
2012.04	889 604	274 984	50 199	224 785	614 620	179 841	378 926	55 853
2012.05	900 049	278 656	49 040	229 617	621 392	181 670	381 242	58 480
2012.06	924 991	287 526	49 285	238 242	637 465	186 606	396 300	54 560
2012.07	919 072	283 091	49 706	233 385	635 982	188 282	390 815	56 884
2012.08	924 895	285 739	50 235	235 504	639 155	190 002	391 897	57 256
2012.09	943 689	286 788	53 433	233 355	656 901	200 657	403 175	53 069
2012.10	936 404	293 310	51 468	241 842	643 094	191 727	396 448	54 920
2012.11	944 832	296 883	52 392	244 491	647 949	192 174	398 962	56 813
2012.12	974 149	308 664	54 660	254 004	665 485	195 940	411 363	58 182
2013.01	992 129	311 229	62 450	248 779	680 901	202 559	419 143	59 198
2013.02	998 601	296 103	60 314	235 790	702 498	204 965	436 912	60 621
2013.03	1 035 858	310 898	55 461	255 438	724 960	215 733	449 007	60 220
2013.04	1 032 552	307 648	55 607	252 041	724 903	223 900	439 471	61 532
2013.05	1 042 169	310 204	54 431	255 773	731 965	227 155	442 270	62 539
2013.06	1 054 404	313 500	54 064	259 436	740 904	228 029	453 411	59 464
2013.07	1 052 212	310 596	54 413	256 184	741 616	226 039	449 302	66 275
2013.08	1 061 256	314 086	54 925	259 161	747 171	229 496	450 214	67 461
2013.09	1 077 379	312 330	56 493	255 838	765 049	239 080	461 958	64 010
2013.10	1 070 242	319 509	55 596	263 914	750 733	230 221	452 907	67 605
2013.11	1 079 257	324 822	56 441	268 381	754 435	230 550	453 819	70 067
2013.12	1 106 525	337 291	58 574	278 717	769 234	232 697	467 031	69 506
2014.01	1 123 521	314 901	76 489	238 412	808 621	244 132	484 967	79 522
2014.02	1 131 761	316 625	62 321	254 304	815 136	242 009	486 056	87 071
2014.03	1 160 687	327 684	58 329	269 354	833 004	250 779	500 399	81 825
2014.04	1 168 813	324 483	58 616	265 867	844 330	256 490	487 912	99 928
2014.05	1 182 294	327 840	58 051	269 788	854 454	261 048	489 486	103 921
2014.06	1 209 587	341 487	56 951	284 536	868 100	265 644	508 025	94 431

广义货币供应量M2变动
Changes in the composition of broad money M2

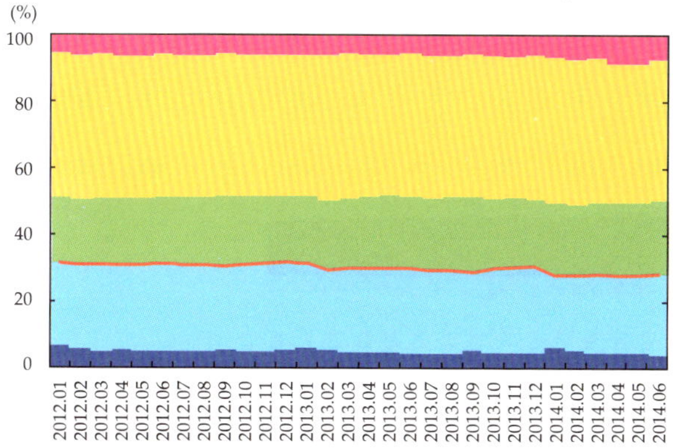

其他存款占M2的比重　Other deposits/M2
个人存款占M2的比重　Personal deposits/M2
单位定期存款占M2的比重　Coporate time deposits/M2
单位活期存款占M2的比重　Coporate demand deposits/M2
M0占M2的比重　M0/M2
M1占M2的比重　M1/M2

2014年6月末货币供应量构成
Composition of money supply at the end of June, 2014

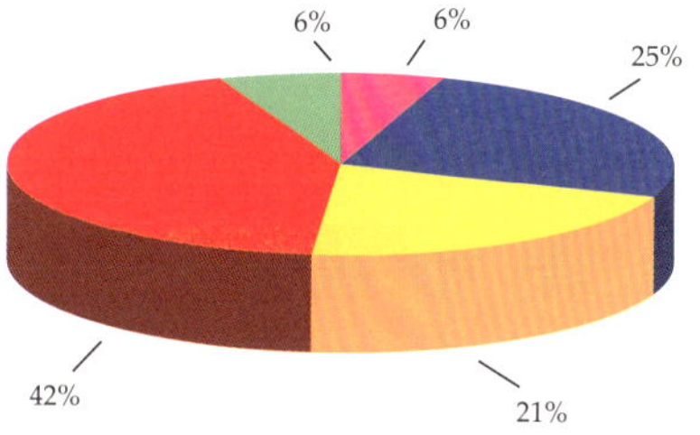

流通中货币　Currency in circulation M0
单位活期存款　Corporate demand deposits
单位定期存款　Corporate time deposits
个人存款　Personal deposits
其他存款　Other deposits

存款性公司概览
Depository corporations survey

单位：万亿元
Unit: RMB trillion yuan

年/月 Year/Month	国外净资产 Net foreign assets	国内信贷 Domestic credit	对政府债权(净) Claims on government (net)	对非金融部门债权 Claims on non-financial sectors	对其他金融部门债权 Claims on other financial sectors	其他 Others	货币和准货币 Money & quasi-money M2
2012.01	25.37	69.12	3.95	60.90	4.28	-8.90	85.59
2012.02	25.55	70.03	3.85	61.72	4.46	-8.87	86.72
2012.03	25.81	72.20	4.21	62.90	5.09	-8.45	89.56
2012.04	25.90	71.89	3.84	63.48	4.57	-8.83	88.96
2012.05	25.98	72.52	3.60	64.34	4.58	-8.49	90.00
2012.06	26.13	74.65	3.89	65.36	5.40	-8.28	92.50
2012.07	26.23	74.32	3.63	65.98	4.71	-8.64	91.91
2012.08	26.24	75.19	3.84	66.70	4.64	-8.93	92.49
2012.09	26.19	77.26	4.21	67.51	5.55	-9.08	94.37
2012.10	26.11	77.02	3.76	68.13	5.14	-9.49	93.64
2012.11	25.97	77.89	3.91	68.77	5.21	-9.38	94.48
2012.12	25.89	80.56	5.07	69.44	6.06	-9.03	97.41
2013.01	26.49	81.43	4.75	70.76	5.93	-8.71	99.21
2013.02	26.69	82.00	4.67	71.54	5.79	-8.83	99.86
2013.03	26.95	84.64	4.86	72.95	6.84	-8.01	103.59
2013.04	27.18	84.53	4.48	73.95	6.10	-8.46	103.26
2013.05	27.22	85.12	4.13	74.60	6.39	-8.13	104.22
2013.06	27.27	86.80	4.16	75.38	7.26	-8.63	105.44
2013.07	27.17	86.98	3.80	76.19	6.99	-8.93	105.22
2013.08	27.20	87.90	3.85	76.92	7.13	-8.97	106.13
2013.09	27.27	89.92	4.16	78.04	7.72	-9.46	107.74
2013.10	27.67	89.61	3.59	78.58	7.44	-10.26	107.02
2013.11	27.97	90.33	3.53	79.02	7.77	-10.37	107.93
2013.12	28.10	92.70	4.90	79.65	8.15	-10.15	110.65
2014.01	28.31	94.12	4.92	81.06	8.13	-10.08	112.35
2014.02	28.36	94.80	4.52	81.77	8.51	-9.98	113.18
2014.03	28.40	97.23	4.84	83.11	9.28	-9.57	116.07
2014.04	28.56	97.95	4.33	83.80	9.82	-9.62	116.88
2014.05	28.75	99.12	4.32	84.65	10.16	-9.64	118.23
2014.06	28.90	101.69	4.67	85.82	11.20	-9.63	120.96

国外净资产及国内信贷对广义货币的影响
The impact of net foreign assets and domestic credit on broad money M2

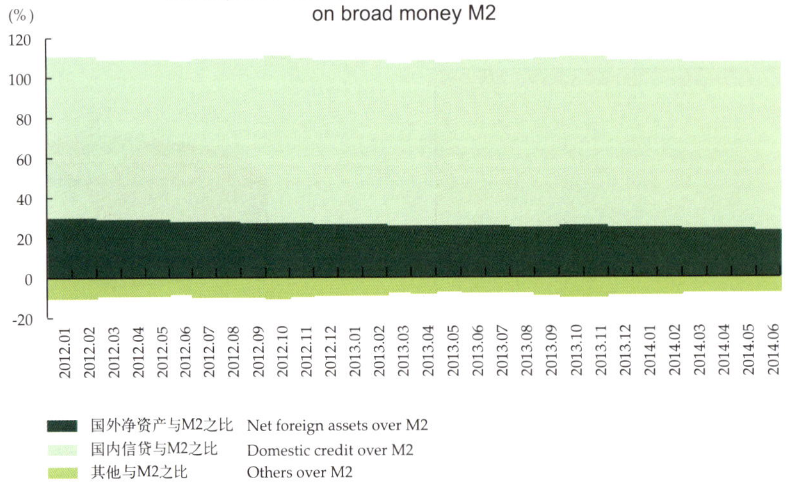

2.存贷款

(2) Deposits and loans

金融机构人民币各项存贷款余额及其增长趋势
Outstanding amounts of total deposits & loans and their growth in financial institutions

单位：万亿元
Unit: RMB trillion yuan

年/月 Year/Month	各项存款 Total deposits	各项贷款 Total loans	各项存款同比增长率(%) Growth rate of deposits (YOY)(%)	各项贷款同比增长率(%) Growth rate of loans (YOY)(%)
2012.01	80.1	55.5	12.4	15.0
2012.02	81.7	56.2	12.6	15.2
2012.03	84.7	57.2	12.5	15.7
2012.04	84.2	57.9	11.4	15.4
2012.05	85.4	58.7	11.4	15.7
2012.06	88.3	59.6	12.3	16.0
2012.07	87.8	60.2	12.6	16.0
2012.08	88.3	60.9	12.2	16.1
2012.09	90.0	61.5	13.3	16.3
2012.10	89.7	62.0	13.3	15.9
2012.11	90.2	62.5	13.4	15.7
2012.12	91.7	63.0	13.3	15.0
2013.01	92.9	64.1	16.0	15.4
2013.02	93.7	64.7	14.6	15.0
2013.03	97.9	65.8	15.6	14.9
2013.04	97.8	66.6	16.2	14.9
2013.05	99.3	67.2	16.2	14.5
2013.06	100.9	68.1	14.3	14.2
2013.07	100.7	68.8	14.6	14.3
2013.08	101.5	69.5	14.9	14.1
2013.09	103.1	70.3	14.6	14.3
2013.10	102.7	70.8	14.5	14.2
2013.11	103.2	71.4	14.5	14.2
2013.12	104.4	71.9	13.8	14.1
2014.01	103.4	73.2	11.3	14.3
2014.02	105.4	73.9	12.5	14.2
2014.03	109.1	74.9	11.4	13.9
2014.04	108.4	75.7	10.9	13.7
2014.05	109.8	76.6	10.6	13.9
2014.06	113.6	77.6	12.6	14.0

金融机构人民币各项存贷款余额及其增长趋势
Outstanding amounts of total deposits & loans and their growth in financial institutions

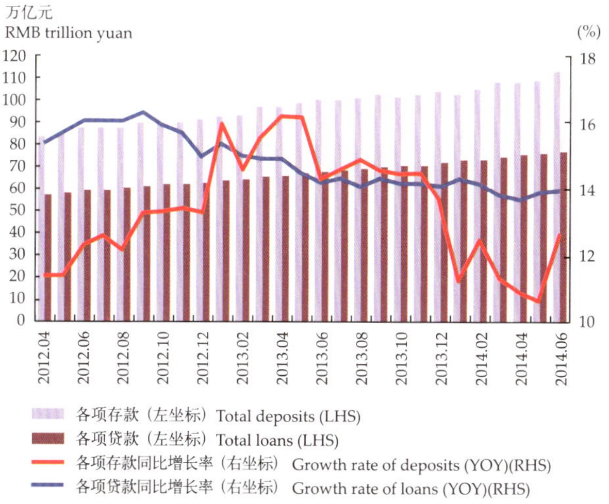

金融机构当年累计新增人民币存款
Accumulated new RMB deposits in financial institutions

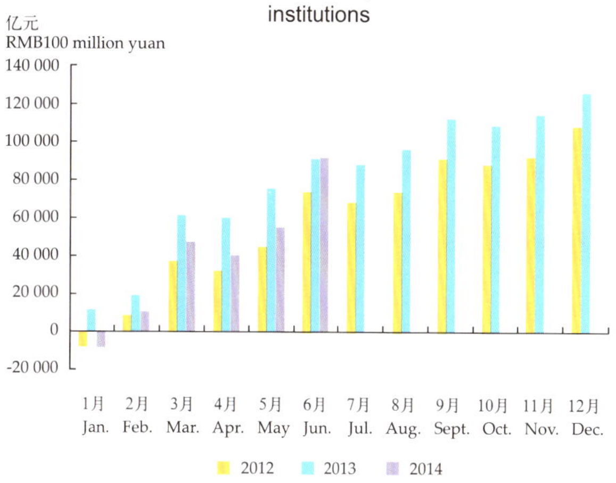

金融机构当月新增人民币存款
New RMB deposits in financial institutions by month

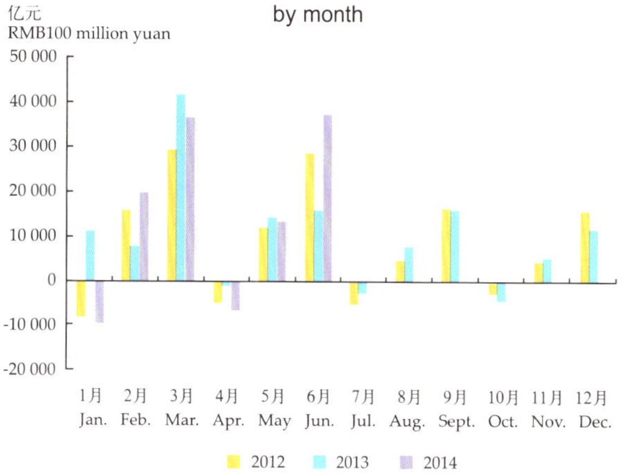

2014年6月末人民币存款余额
Outstanding amounts of RMB deposits at the end of June, 2014

单位：亿元
Unit: RMB 100 million yuan

		余额 Outstanding amount
各项存款	Total deposits	1 136 075
单位存款	Corporate deposits	561 698
个人存款	Personal deposits	507 464
财政性存款	Fiscal deposits	36 674
临时性存款	Temporary deposits	1 542
委托存款	Designated deposits	150
其他存款	Other deposits	28 547

住户存款和非金融企业存款余额
Outstanding amounts of household deposits and non-financial corporate deposits

单位：亿元
Unit: RMB 100 million yuan

年/月 Year/Month	住户存款 Deposits of households	活期及临时性存款 Demand & temporary deposits	定期及保证性存款 Time & marginal deposits	非金融企业存款 Deposits of non-financial enterprises	活期及临时性存款 Demand & temporary deposits	定期及保证性存款 Time & marginal deposits
2012.04	374 119	138 798	235 321	296 285	123 413	172 872
2012.05	376 379	140 041	236 338	301 806	126 675	175 131
2012.06	391 186	148 865	242 321	311 167	130 445	180 722
2012.07	385 846	144 160	241 686	307 197	126 854	180 343
2012.08	386 878	145 937	240 941	309 161	127 474	181 687
2012.09	398 070	150 833	247 237	313 960	125 826	188 134
2012.10	391 431	147 279	244 152	312 800	131 052	181 747
2012.11	393 947	149 874	244 073	316 049	133 099	182 950
2012.12	406 181	158 265	247 916	327 445	140 900	186 544
2013.01	413 958	162 592	251 366	327 904	135 453	192 452
2013.02	431 656	167 187	264 469	318 498	127 440	191 059
2013.03	443 408	173 557	269 851	342 606	137 114	205 492
2013.04	434 067	163 516	270 551	345 752	134 317	211 435
2013.05	436 833	164 319	272 514	349 577	135 071	214 507
2013.06	447 772	169 141	278 632	349 741	135 326	214 415
2013.07	443 837	165 060	278 777	343 816	133 247	210 569
2013.08	444 717	166 378	278 338	347 263	133 646	213 618
2013.09	456 348	171 760	284 589	350 387	131 108	219 279
2013.10	447 381	167 439	279 942	348 348	136 096	212 253
2013.11	448 321	168 230	280 091	352 225	138 403	213 822
2013.12	461 370	178 050	283 320	361 555	145 522	216 033
2014.01	479 173	185 000	294 172	334 200	118 928	215 272
2014.02	480 063	180 468	299 595	343 941	127 359	216 582
2014.03	494 023	189 049	304 974	361 794	134 252	227 542
2014.04	481 741	176 334	305 407	363 513	132 714	230 799
2014.05	483 432	175 586	307 846	368 957	134 154	234 803
2014.06	501 628	187 221	314 407	383 718	141 437	242 281

住户存款和非金融企业存款余额
Outstanding amounts of household deposits and non-financial enterprises deposits

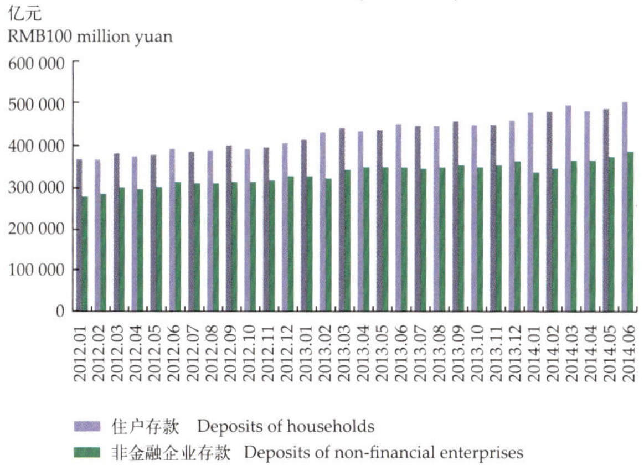

住户存款构成
Composition of households deposits

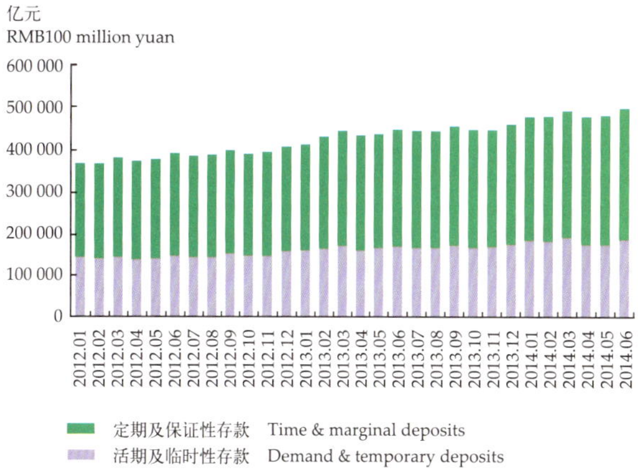

非金融企业存款构成
Composition of non-financial enterprise deposits

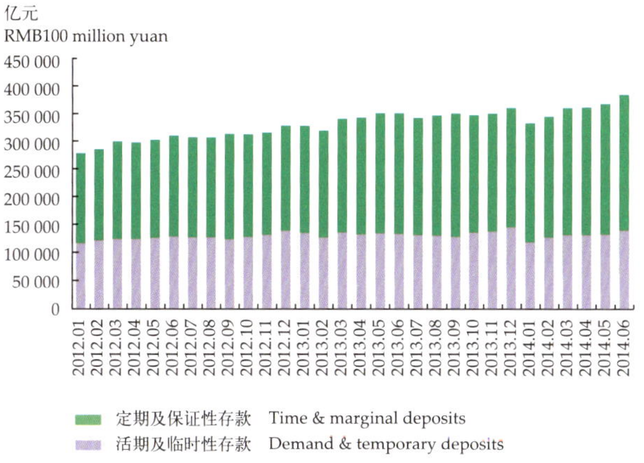

2014年6月末人民币存款余额构成
Outstanding amounts of RMB deposits at the end of June, 2014

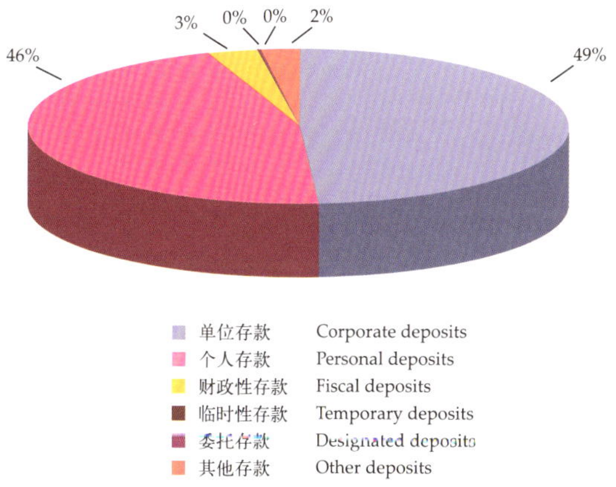

2014年6月末人民币贷款按部门分类
RMB loans issued at the end of June 2014 by sectors

单位：亿元
Unit: RMB 100 million yuan

	余额 Outstanding amounts	比年初增加 Increase over the beginning of the year
住户贷款 Loans to households	217 290	18 787
消费性贷款 Consumer loans	141 857	12 136
短期消费性贷款 Short-term consumer loans	28 975	2 385
中长期消费性贷款 Medium- and long-term consumer loans	112 882	9 750
经营性贷款 Business loans	75 433	6 652
短期经营性贷款 Short-term business loans	47 771	4 216
中长期经营性贷款 Medium- and long-term business loans	27 662	2 436
非金融性企业及其他部门贷款 Loans to non-financial enterprises and other sectors	557 134	38 560
短期贷款及票据融资 Short-term loans and bill financing	255 906	16 201
中长期贷款 Medium- and long-term loans	291 102	20 622
其他贷款 Other loans	10 127	1 738

金融机构当年累计新增人民币贷款
Accumulated new RMB loans in financial institutions

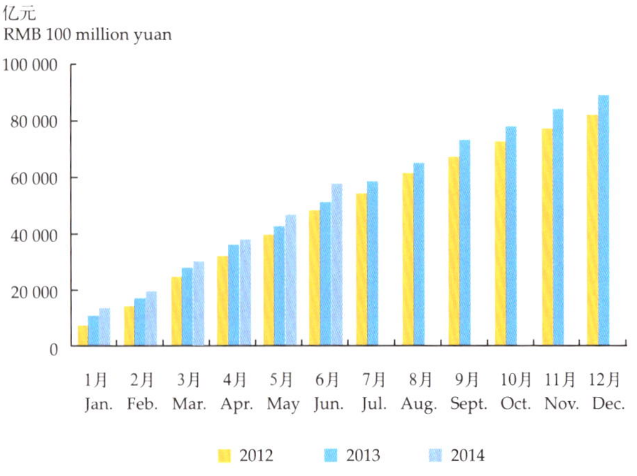

金融机构当月新增人民币贷款
New RMB loans in financial institutions by month

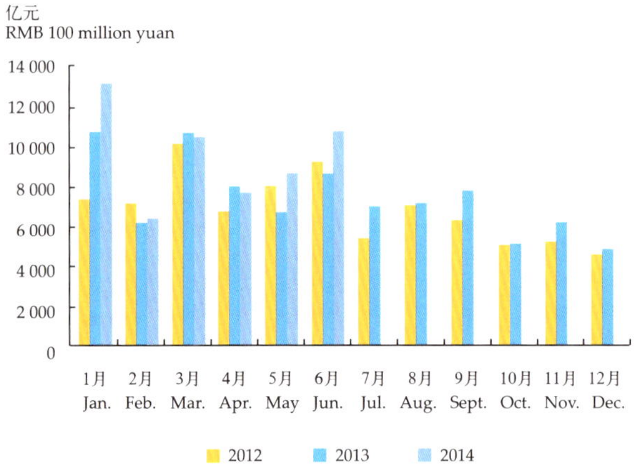

2014年上半年金融机构新增人民币贷款构成
Composition of new RMB loans of financial institutions in the first half of 2014

单位：亿元
Unit: RMB 100 million yuan

		2014年上半年 First half of 2014		2013年上半年 First half of 2013	
		比年初增加 Increase over the beginning of the year	比重(%) Share (%)	比年初增加 Increase over the beginning of the year	比重(%) Share (%)
各项贷款	Total loans	57 382	100	50 792	100
短期贷款	Short-term loans	20 370	35.5	20 917	41.2
中长期贷款	Medium- and long-term loans	32 808	57.2	25 831	50.9
票据融资	Bill financing	2 432	4.2	2 793	5.5
其他贷款	Other loans	1 773	3.1	1 251	2.5

当年累计新增住户贷款
Accumulated new loans to households

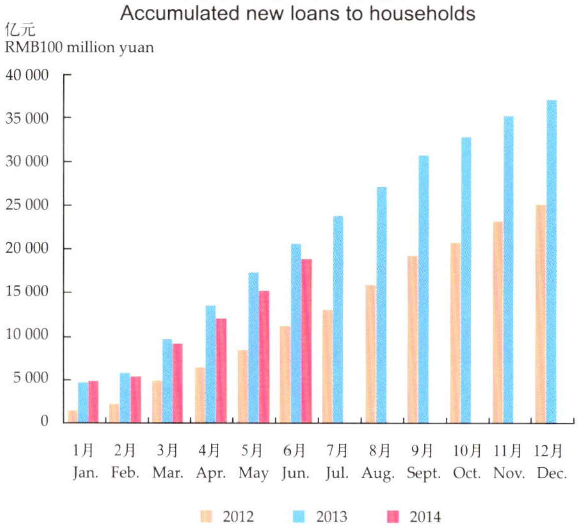

当月新增住户贷款
New loans to households by month

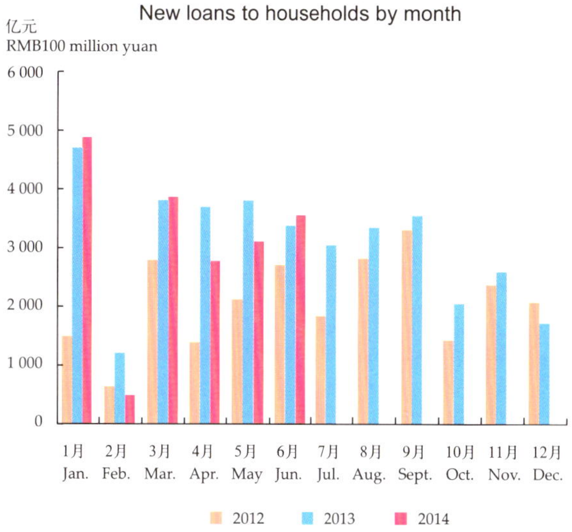

当年累计新增非金融企业及其他部门贷款
Accumulated new loans to non-financial insititutions and other sectors

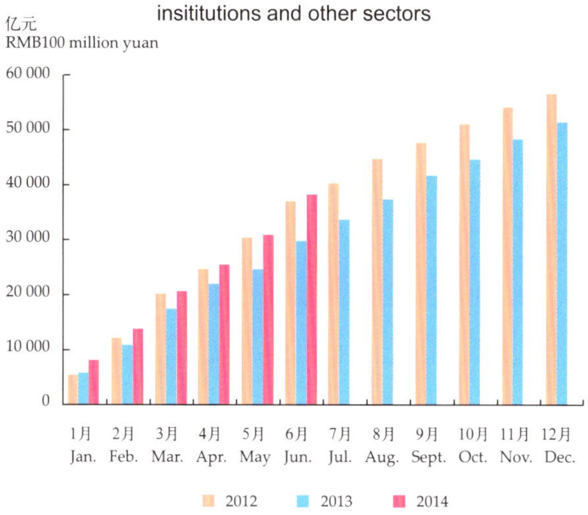

当月新增非金融企业及其他部门贷款
New loans to non-financial institutions and other sectors by month

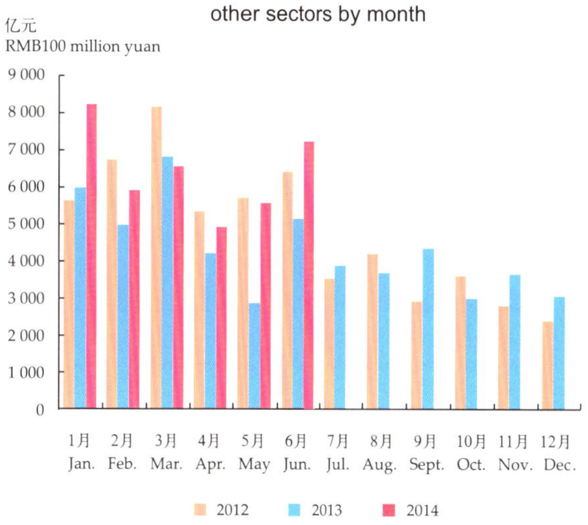

2014年6月末个人消费贷款构成
Composition of consumer loans at the end of June, 2014

单位：亿元
Unit: RMB 100 million yuan

	余额 Outstanding amounts	同比增长率(%) Growth rate (YOY)(%)	比年初增加 Increase over the beginning of the year	比上年同期 Change compared with the same period of last year
个人消费贷款 Consumer loans	**141 857**	**20.7**	**12 136**	**-1 070**
个人住房贷款 Individual housing mortgage loans	98 303	18.7	8 704	-97
个人汽车消费贷款 Individual auto loans	3 715	29.4	351	146
助学贷款 Student loans	517	10.3	-37	1
其他贷款 Other loans	39 322	25.3	3 117	-1 119

2014年6月末个人消费贷款构成
Composition of consumer loans at the end of June, 2014

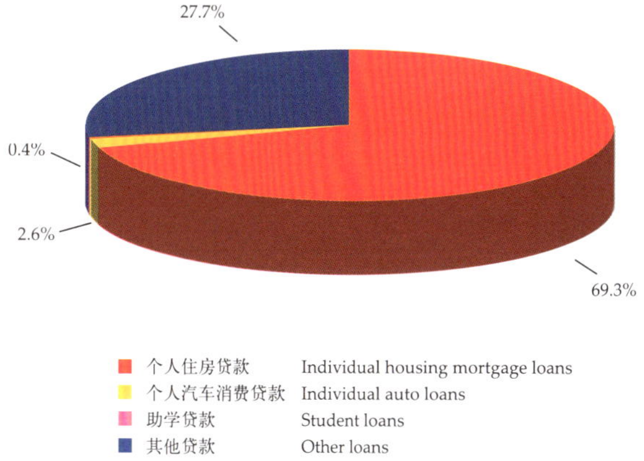

当年累计新增个人消费贷款
Accumulated new consumer loans

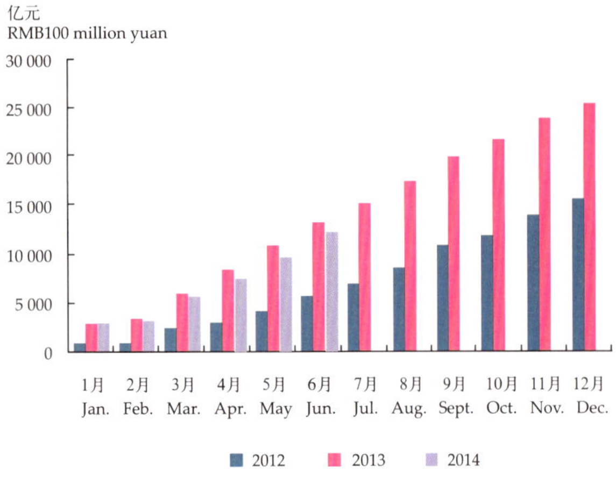

当月新增个人消费贷款
New consumer loans by month

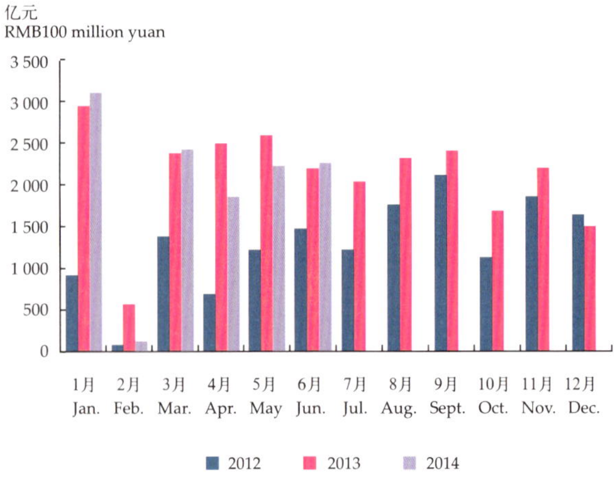

当年累计新增个人住房贷款
Accumulated new housing mortgage loans

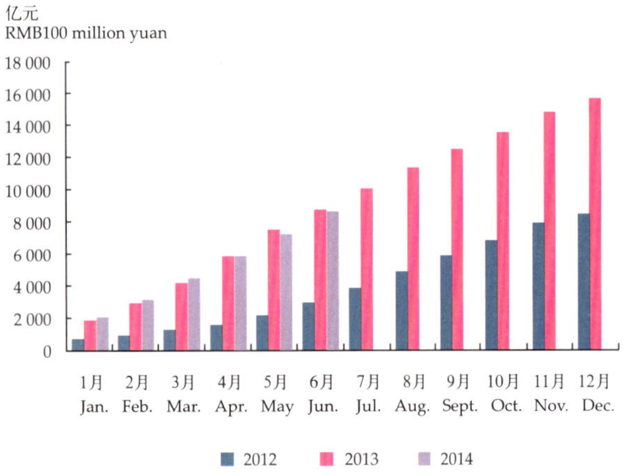

当月新增个人住房贷款
New housing mortgage loans by month

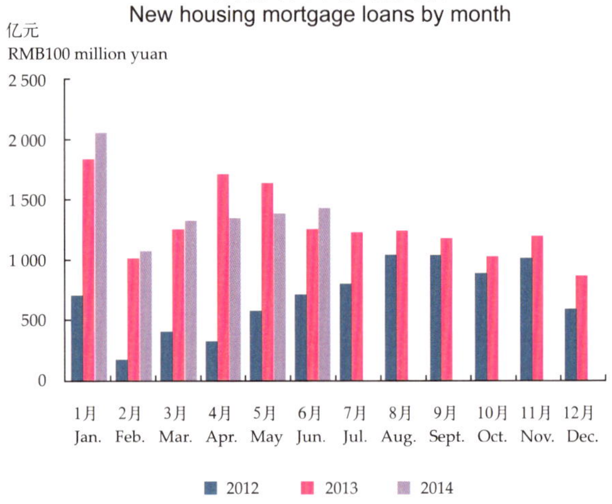

个人消费贷款余额及其增长趋势
Consumer loans and their growth

个人住房贷款余额及其增长趋势
Individual housing mortgage loans and their growth

个人汽车消费贷款余额及其增长趋势
Individual auto loans and their growth

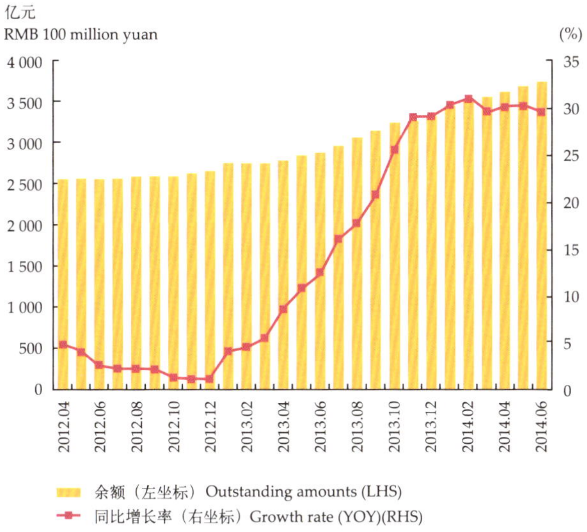

3.基础货币
(3) Monetary base

基础货币余额及其增长趋势
Monetary base and its growth

单位：万亿元
Unit: RMB trillion yuan

年/月 Year/Month	余额 Outstanding amounts	同比增长率(%) Growth rate (YOY) (%)
2012.01	23.74	22.3
2012.02	22.33	16.8
2012.03	22.67	17.7
2012.04	22.44	16.1
2012.05	22.20	13.1
2012.06	22.81	12.1
2012.07	22.55	11.4
2012.08	22.85	11.4
2012.09	23.60	11.2
2012.10	23.45	10.2
2012.11	23.49	8.4
2012.12	25.21	12.2
2013.01	25.29	6.5
2013.02	25.20	12.8
2013.03	25.37	11.9
2013.04	25.15	12.1
2013.05	24.95	12.4
2013.06	25.78	13.0
2013.07	25.44	12.8
2013.08	25.73	11.4
2013.09	26.31	11.5
2013.10	25.84	10.2
2013.11	26.01	10.7
2013.12	27.10	7.4
2014.01	28.77	13.8
2014.02	27.40	8.7
2014.03	27.47	8.3
2014.04	27.30	8.5
2014.05	27.39	9.8
2014.06	27.99	8.6

助学贷款余额及其增长趋势
Student loans and their growth

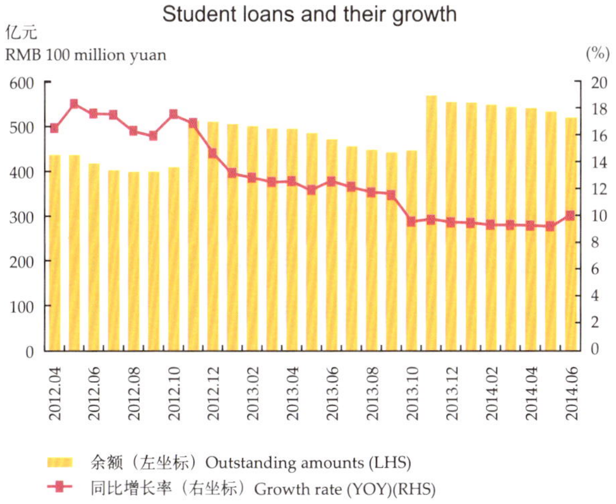

基础货币余额及其增长趋势
Monetary base and its growth

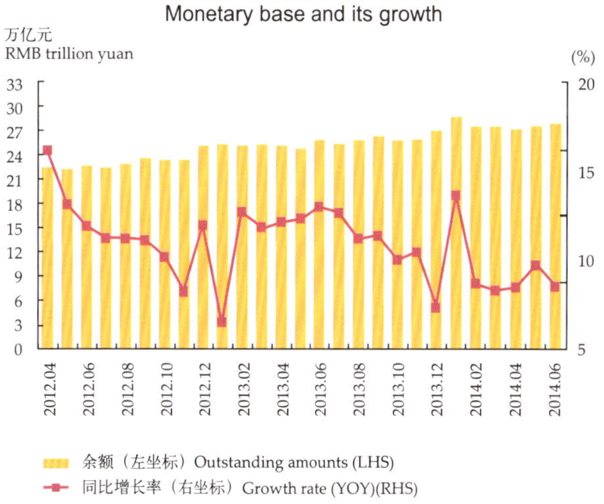

基础货币构成
Composition of monetary base

单位：亿元
Unit: RMB 100 million yuan

年/季 Year/Quarter	货币发行 Currency issue	金融性公司存款 Deposits of financial corporations	其他存款性公司存款 Deposits of other depository corporations	其他金融性公司存款 Deposits of other financial corporations
2010Q1	42 836	107 197	107 058	139
2010Q2	42 567	111 668	111 506	161
2010Q3	46 220	115 101	114 946	155
2010Q4	48 646	136 665	136 481	184
2011Q1	49 273	143 293	143 293	—
2011Q2	48 816	154 654	154 654	—
2011Q3	52 203	160 001	160 001	—
2011Q4	55 850	168 792	168 792	—
2012Q1	54 379	172 306	172 306	—
2012Q2	54 294	173 757	173 757	—
2012Q3	59 178	176 855	176 855	—
2012Q4	60 646	191 699	191 699	—
2013Q1	61 331	192 319	192 319	—
2013Q2	59 831	197 945	197 945	—
2013Q3	63 041	200 097	200 097	—
2013Q4	64 981	206 042	206 042	—
2014Q1	64 816	209 925	209 925	—
2014Q2	63 260	216 638	216 638	—

注：2011年1月起，中国人民银行采用国际货币基金组织关于储备货币的定义，不再将其他金融性公司在货币当局的存款计入储备货币。
Note: Since January 2011, the PBC used the definition of reserve money defined by IMF, deposits of other financial corporation are no longer included in reserve money.

基础货币构成
Composition of monetary base

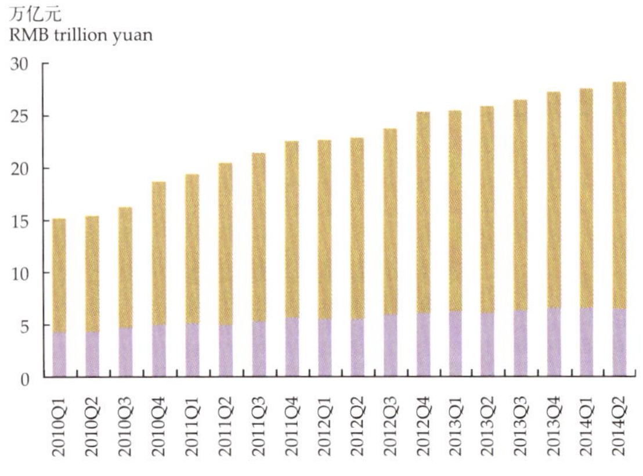

金融机构准备金和超额准备金率
Reserves and excess reserve ratio of financial institutions

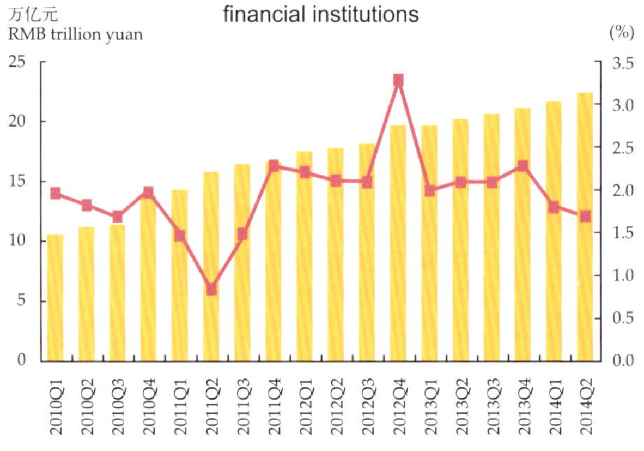

金融机构法定人民币存款准备金率
Official RMB reserve requirement ratios of financial institutions

单位：%
Unit: %

日期 Date	中资全国性大型银行① Chinese-funded large banks operating nationwide[1]	中小金融机构② Medium- and small-sized financial institutions[2]	农村合作银行 Rural cooperative banks	城市信用社 Urban credit cooperatives	农村信用社 Rural credit cooperatives
2003.09.21	7.0	7.0	—	6.0	6.0
2004.04.25	7.5	7.5	7.5	6.0	6.0
2006.07.05	8.0	8.0	7.5	6.5	6.0
2006.08.15	8.5	8.5	7.5	7.0	6.0
2006.11.15	9.0	9.0	8.0	7.5	6.5
2007.01.15	9.5	9.5	8.5	8.0	7.0
2007.02.25	10.0	10.0	9.0	8.5	7.5
2007.04.16	10.5	10.5	9.5	9.0	8.0
2007.05.15	11.0	11.0	10.0	9.5	8.5
2007.06.05	11.5	11.5	10.5	10.0	9.0
2007.08.15	12.0	12.0	11.0	10.5	9.5
2007.09.25	12.5	12.5	11.5	11.0	10.0
2007.10.25	13.0	13.0	12.0	11.5	10.5
2007.11.26	13.5	13.5	12.5	12.0	11.0
2007.12.25	14.5	14.5	13.5	13.0	12.0
2008.01.25	15.0	15.0	14.0	13.5	12.5
2008.03.25	15.5	15.5	14.5	14.0	13.0
2008.04.25	16.0	16.0	15.0	14.5	13.5
2008.05.20	16.5	16.5	15.5	15.0	14.0
2008.06.15	17.0	17.0	16.0	15.5	14.5
2008.06.25	17.5	17.5	16.5	16.0	15.0
2008.09.25	17.5	16.5	15.5	15.0	14.0
2008.10.15	17.0	16.0	15.0	14.5	13.5
2008.12.05	16.0	14.0	13.0	11.5	11.5
2008.12.25	15.5	13.5	11.0	11.0	11.0
2010.01.18	16.0	14.0	11.0	11.0	11.0
2010.02.25	16.5	14.5	11.0	11.0	11.0
2010.05.10	17.0	15.0	11.5	11.5	11.0
2010.11.16	17.5	15.5	12.0	12.0	11.5
2010.11.29	18.0	16.0	12.5	12.5	12.0
2010.12.20	18.5	16.5	13.0	13.0	12.5
2011.01.20	19.0	17.0	13.5	13.5	13.0
2011.02.24	19.5	17.5	14.0	14.0	13.5
2011.03.25	20.0	18.0	14.5	14.5	14.0
2011.04.21	20.5	18.5	15.0	15.0	14.5
2011.05.18	21.0	19.0	15.5	15.5	15.0
2011.06.20	21.5	19.5	16.0	16.0	15.5
2011.12.05	21.0	19.0	15.5	15.5	15.0
2012.02.24	20.5	18.5	15.0	15.0	14.5
2012.05.18	20.0	18.0	14.5	14.5	14.0

注：①包括中国工商银行、中国农业银行、中国银行、中国建设银行、交通银行和中国邮政储蓄银行。
②包括中国农业发展银行、股份制商业银行、城市商业银行、农村商业银行、有关外资金融机构。
③2014年4月和6月，中国人民银行两次实施定向降准，分别下调县域农村商业银行和县域农村合作银行存款准备金率2个和0.5个百分点，对符合审慎经营要求且"三农"或小微企业贷款达到一定比例的商业银行（不含4月已下调过准备金率的机构）下调人民币存款准备金率0.5个百分点。此外，为鼓励财务公司、金融租赁公司和汽车金融公司发挥好提高企业资金运用效率及扩大消费等作用，下调其人民币存款准备金率0.5个百分点。

Notes: 1. Including Industrial and Commercial Bank of China, Agricultural Bank of China, Bank of China, China Construction Bank, Bank of Communication, Postal Savings Bank of China.
2. Including Agricultural Development Bank of China, joint-stock commercial banks, city commercial banks, rural commercial banks and foreign-funded financial institutions.
3. In April and June, 2014, the PBC conducted targeted reductions of the deposit reserve requirement ratio (RRR) on two occasions, lowered the RRR of rural commercial banks and rural cooperative banks at the county-level by 2 and 0.5 percentage points respectively, and cut by 0.5 percentage point the RRR of commercial banks (excluding those that were subject to the deposit reserve requirement ratio reduction in April 2014) that have complied with prudential requirements and have reached the required ratios in their lending to the agricultural sector, rural areas, and farmers (agro loans), and lending to small and micro enterprises. In addition, to encourage finance companies, financial leasing companies, and automobile finance companies to play a role in facilitating the efficient use of funds and to boost consumption, their RMB deposit RRR was cut by 0.5 percentage point.

4. 社会融资规模

(4) All-system financing aggregate

社会融资规模统计表

Statistics of all-system financing aggregate

单位：亿元人民币
Unit: RMB100 million yuan

日期 Date	社会融资规模 All-system financing aggregate	其中 Of which:						
		人民币贷款 RMB bank loans	外币贷款(折合人民币) Foreign currency bank loans (converted into RMB)	委托贷款 Entrusted loans	信托贷款 Trust loans	未贴现的银行承兑汇票 Undiscounted bankers' acceptences	企业债券 Net financing of corporate bonds	非金融企业境内股票融资 Equity financing on the domestic stock market by non-financial enterprises
2012.01	9 754	7 381	- 148	1 646	247	- 214	442	81
2012.02	10 431	7 107	526	394	522	- 284	1 544	229
2012.03	18 704	10 114	950	770	1 018	2 821	1 974	565
2012.04	9 637	6 818	96	1 015	37	279	887	190
2012.05	11 432	7 932	302	215	557	380	1 441	184
2012.06	17 802	9 198	1 040	789	988	3 113	1 982	246
2012.07	10 522	5 401	70	1 279	384	218	2 486	316
2012.08	12 475	7 039	743	1 046	1 238	- 846	2 579	208
2012.09	16 462	6 226	1 764	1 449	2 012	2 155	2 278	158
2012.10	12 906	5 054	1 290	941	1 444	729	2 992	88
2012.11	11 225	5 220	1 045	1 218	1 802	- 489	1 820	107
2012.12	16 282	4 546	1 486	2 079	2 598	2 637	2 126	135
2013.01	25 446	10 721	1 795	2 061	2 108	5 798	2 249	244
2013.02	10 705	6 200	1 149	1 426	1 825	-1 823	1 454	165
2013.03	25 503	10 625	1 509	1 748	4 312	2 731	3 870	208
2013.04	17 629	7 923	847	1 926	1 942	2 218	2 039	274
2013.05	11 871	6 694	357	1 967	971	-1 141	2 230	231
2013.06	10 375	8 628	133	1 990	1 208	-2 615	323	126
2013.07	8 191	6 997	-1 157	1 927	1 151	-1 777	476	128
2013.08	15 841	7 128	- 360	2 938	1 209	3 049	1 240	136
2013.09	14 120	7 870	891	2 218	1 130	- 79	1 443	113
2013.10	8 645	5 060	53	1 834	431	- 345	1 078	78
2013.11	12 310	6 246	122	2 704	1 006	60	1 424	147
2013.12	12 532	4 824	509	2 727	1 111	1 679	287	369
2014.01	26 004	13 190	1 588	3 971	1 059	4 902	375	454
2014.02	9 370	6 448	1 302	799	747	-1 419	1 026	169
2014.03	20 934	10 497	1 363	2 413	1 071	2 252	2 464	352
2014.04	15 259	7 745	186	1 505	398	789	3 664	582
2014.05	14 013	8 708	- 162	1 987	125	- 94	2 797	162
2014.06	19 678	10 793	357	2 616	1 200	1 445	2 631	154

注：①社会融资规模是指一定时期内实体经济从金融体系获得的资金总额，是增量概念。

②当期数据为初步统计数。

③表中的人民币贷款为历史公布数。

数据来源：中国人民银行、国家发展和改革委员会、中国证券监督管理委员会、中国保险监督管理委员会、中央国债登记结算有限责任公司和银行间市场交易商协会等部门。

Notes: 1. All-system financing aggregate refers to the total value of funds provided by the financial system to the real economy in a certain period of time. It is a flow.

2. Data for the current period is preliminary.

3. Data for RMB loans in the table are the historical numbers released in the past.

Sources: The People's Bank of China, National Development and Reform Commission, China Securities Regulatory Commission, China Insurance Regulatory Commission, China Government Securities Depository Trust and Clearing Co., Ltd., National Association of Financial Market Institutional Investors, and etc..

5. 利率
(5) Interest rates

中央银行基准利率
Central bank benchmark interest rates

单位：年利率%
Unit: annual interest rate%

日期 Date	法定存款准备金 Required reserves	超额存款准备金 Excess reserves	对金融机构贷款 Lending to financial institutions				再贴现 Rediscount
			1年期 1-year	6个月以内 6-month and less	3个月以内 3-month and less	20天以内 20 days and less	
1996.05.01	8.82	8.82	10.98	10.17	10.08	9.00	*
1996.08.23	8.28	7.92	10.62	—	9.72	—	*
1997.10.23	7.56	7.02	9.36	9.09	8.82	8.55	*
1998.03.25	5.22	—	7.92	7.02	6.84	6.39	6.03
1998.07.01	3.51	—	5.67	5.58	5.49	5.22	4.32
1998.12.07	3.24	—	5.13	5.04	4.86	4.59	3.96
1999.06.10	2.07	—	3.78	3.69	3.51	3.24	2.16
2001.09.11	—	—	—	—	—	—	2.97
2002.02.21	1.89	—	3.24	3.15	2.97	2.70	2.97
2003.12.20	—	1.62	—	—	—	—	—
2004.03.25	—	—	3.87	3.78	3.60	3.33	3.24
2005.03.17	—	0.99	—	—	—	—	—
2008.01.01	—	—	4.68	4.59	4.41	4.14	4.32
2008.11.27	1.62	0.72	3.60	3.51	3.33	3.06	2.97
2008.12.23	—	—	3.33	3.24	3.06	2.79	1.80
2010.12.26	—	—	3.85	3.75	3.55	3.25	2.25

注：①1998年3月法定准备金和超额准备金两个账户合并为准备金账户。
②*按同档次中央银行贷款利率下浮5%～10%。

Notes: 1. The required reserves account and excess reserves account were merged into the reserves account in March 1998.
2. *The interest rate is 5%~10% below that of the central bank lending rate of the same tranche.

法定存款准备金利率和再贴现利率
Required reserves interest rates and rediscount interest rates

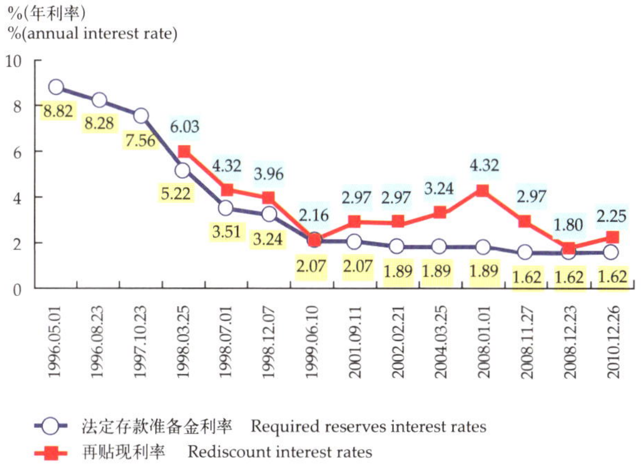

对金融机构贷款利率
Interest rates of central bank lending to financial institutions

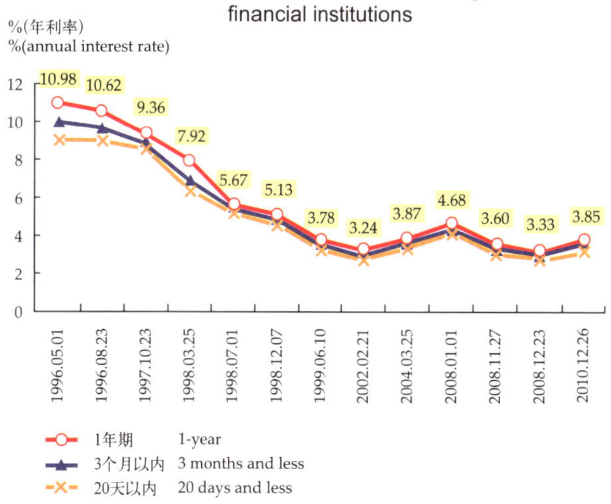

金融机构人民币存款基准利率
RMB deposit benchmark interest rates in financial institutions

单位：年利率%
Unit: annual interest rate %

日期 Date	活期 Demand deposits	定期 Time deposits					
		3个月 3-month	6个月 6-month	1年 1-year	2年 2-year	3年 3-year	5年 5-year
1990.04.15	2.88	6.30	7.74	10.08	10.98	11.88	13.68
1990.08.21	2.16	4.32	6.48	8.64	9.36	10.08	11.52
1991.04.21	1.80	3.24	5.40	7.56	7.92	8.28	9.00
1993.05.15	2.16	4.86	7.20	9.18	9.90	10.80	12.06
1993.07.11	3.15	6.66	9.00	10.98	11.70	12.24	13.86
1996.05.01	2.97	4.86	7.20	9.18	9.90	10.80	12.06
1996.08.23	1.98	3.33	5.40	7.47	7.92	8.28	9.00
1997.10.23	1.71	2.88	4.14	5.67	5.94	6.21	6.66
1998.03.25	1.71	2.88	4.14	5.22	5.58	6.21	6.66
1998.07.01	1.44	2.79	3.96	4.77	4.86	4.95	5.22
1998.12.07	1.44	2.79	3.33	3.78	3.96	4.14	4.50
1999.06.10	0.99	1.98	2.16	2.25	2.43	2.70	2.88
2002.02.21	0.72	1.71	1.89	1.98	2.25	2.52	2.79
2004.10.29	0.72	1.71	2.07	2.25	2.70	3.24	3.60
2006.08.19	0.72	1.80	2.25	2.52	3.06	3.69	4.14
2007.03.18	0.72	1.98	2.43	2.79	3.33	3.96	4.41
2007.05.19	0.72	2.07	2.61	3.06	3.69	4.41	4.95
2007.07.21	0.81	2.34	2.88	3.33	3.96	4.68	5.22
2007.08.22	0.81	2.61	3.15	3.60	4.23	4.95	5.49
2007.09.15	0.81	2.88	3.42	3.87	4.50	5.22	5.76
2007.12.21	0.72	3.33	3.78	4.14	4.68	5.40	5.85
2008.10.09	0.72	3.15	3.51	3.87	4.41	5.13	5.58
2008.10.30	0.72	2.88	3.24	3.60	4.14	4.77	5.13
2008.11.27	0.36	1.98	2.25	2.52	3.06	3.60	3.87
2008.12.23	0.36	1.71	1.98	2.25	2.79	3.33	3.60
2010.10.20	0.36	1.91	2.20	2.50	3.25	3.85	4.20
2010.12.26	0.36	2.25	2.50	2.75	3.55	4.15	4.55
2011.02.09	0.40	2.60	2.80	3.00	3.90	4.50	5.00
2011.04.06	0.50	2.85	3.05	3.25	4.15	4.75	5.25
2011.07.07	0.50	3.10	3.30	3.50	4.40	5.00	5.50
2012.06.08	0.40	2.85	3.05	3.25	4.10	4.65	5.10
2012.07.06	0.35	2.60	2.80	3.00	3.75	4.25	4.75

人民币存款基准利率
RMB deposit benchmark interest rates

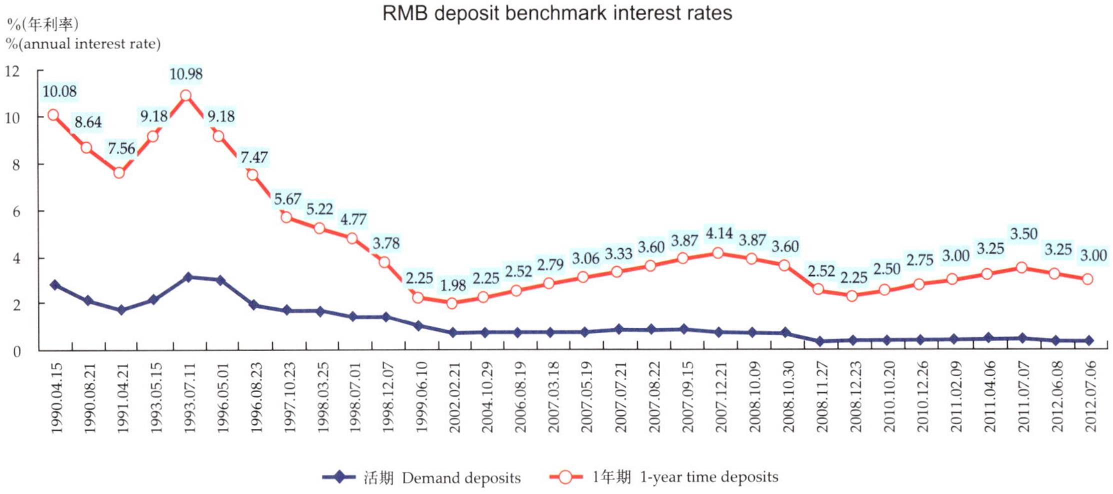

金融机构人民币贷款基准利率
RMB lending benchmark interest rates in financial institutions

单位：年利率%
Unit: annual interest rate %

日期 Date	短期贷款 Short-term loans		中长期贷款 Medium- and long-term loans		
	6个月以内(含6个月) 6-month and less (including 6-month)	6个月至1年(含1年) 6-month to 1-year (including 1-year)	1～3年(含3年) 1 to 3-year (including 3-year)	3～5年(含5年) 3 to 5-year (including 5-year)	5年以上 More than 5-year
1991.04.21	8.10	8.64	9.00	9.54	9.72
1993.05.15	8.82	9.36	10.80	12.06	12.24
1993.07.11	9.00	10.98	12.24	13.86	14.04
1995.01.01	9.00	10.98	12.96	14.58	14.76
1995.07.01	10.08	12.06	13.50	15.12	15.30
1996.05.01	9.72	10.98	13.14	14.94	15.12
1996.08.23	9.18	10.08	10.98	11.70	12.42
1997.10.23	7.65	8.64	9.36	9.90	10.53
1998.03.25	7.02	7.92	9.00	9.72	10.35
1998.07.01	6.57	6.93	7.11	7.65	8.01
1998.12.07	6.12	6.39	6.66	7.20	7.56
1999.06.10	5.58	5.85	5.94	6.03	6.21
2002.02.21	5.04	5.31	5.49	5.58	5.76
2004.10.29	5.22	5.58	5.76	5.85	6.12
2006.04.28	5.40	5.85	6.03	6.12	6.39
2006.08.19	5.58	6.12	6.30	6.48	6.84
2007.03.18	5.67	6.39	6.57	6.75	7.11
2007.05.19	5.85	6.57	6.75	6.93	7.20
2007.07.21	6.03	6.84	7.02	7.20	7.38
2007.08.22	6.21	7.02	7.20	7.38	7.56
2007.09.15	6.48	7.29	7.47	7.65	7.83
2007.12.21	6.57	7.47	7.56	7.74	7.83
2008.09.16	6.21	7.20	7.29	7.56	7.74
2008.10.09	6.12	6.93	7.02	7.29	7.47
2008.10.30	6.03	6.66	6.75	7.02	7.20
2008.11.27	5.04	5.58	5.67	5.94	6.12
2008.12.23	4.86	5.31	5.40	5.76	5.94
2010.10.20	5.10	5.56	5.60	5.96	6.14
2010.12.26	5.35	5.81	5.85	6.22	6.40
2011.02.09	5.60	6.06	6.10	6.45	6.60
2011.04.06	5.85	6.31	6.40	6.65	6.80
2011.07.07	6.10	6.56	6.65	6.90	7.05
2012.06.08	5.85	6.31	6.40	6.65	6.80
2012.07.06	5.60	6.00	6.15	6.40	6.55

人民币贷款基准利率
RMB lending benchmark interest rates

%(年利率)
% (annual interest rate)

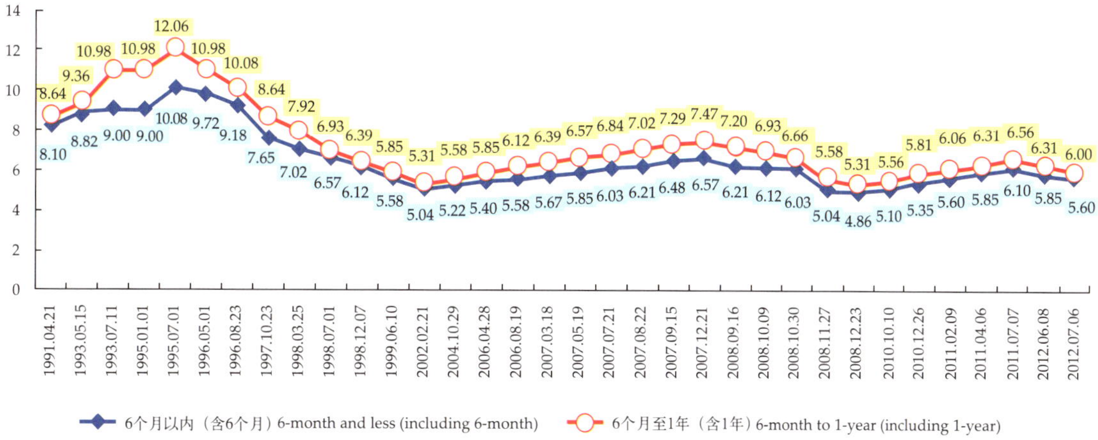

金融机构人民币贷款各利率区间占比表
Share of loans with floating rates in various ranges

单位：% Unit: %

日期 Date	下浮 Floating downward	基准 At benchmark	上浮 Floating upward					
			小计 Subtotal	(1.0, 1.1]	(1.1, 1.3]	(1.3, 1.5]	(1.5, 2.0]	2.0以上Above 2.0
2012.01	4.79	26.22	68.99	22.33	25.51	8.76	9.22	3.17
2012.02	5.53	27.59	66.88	23.12	23.76	7.98	8.61	3.40
2012.03	4.62	24.95	70.43	21.12	26.99	9.48	9.41	3.43
2012.04	5.03	23.06	71.91	20.76	28.92	10.10	8.98	3.16
2012.05	5.35	24.08	70.57	20.51	28.90	9.73	8.31	3.12
2012.06	7.92	25.08	66.99	19.94	27.87	8.90	7.66	2.63
2012.07	9.51	24.38	66.11	19.74	26.78	9.13	7.61	2.85
2012.08	11.61	22.66	65.73	19.64	26.45	8.30	8.33	3.01
2012.09	11.31	24.57	64.12	20.16	25.18	8.13	7.67	2.98
2012.10	10.88	26.80	62.32	20.15	24.30	7.28	7.53	3.06
2012.11	11.70	25.74	62.56	19.43	24.52	7.64	7.71	3.26
2012.12	14.16	26.10	59.74	18.41	22.87	7.58	7.84	3.04
2013.01	10.62	25.08	64.30	19.84	25.23	7.87	8.29	3.07
2013.02	11.69	25.05	63.26	19.57	23.96	7.88	8.83	3.02
2013.03	11.44	23.79	64.77	19.55	24.71	8.15	9.27	3.09
2013.04	10.56	23.53	65.91	18.96	25.52	8.96	9.23	3.24
2013.05	11.89	22.45	65.66	19.65	25.92	8.84	8.46	2.79
2013.06	12.55	24.52	62.93	19.47	24.95	7.95	8.04	2.52
2013.07	10.54	23.32	66.14	19.99	27.07	8.61	7.96	2.51
2013.08	10.23	21.95	67.82	19.70	27.33	9.46	8.60	2.73
2013.09	10.70	23.31	65.99	19.59	26.58	9.33	8.03	2.46
2013.10	9.81	24.23	65.96	19.85	26.26	8.86	8.41	2.58
2013.11	10.41	24.09	65.50	19.13	26.15	8.90	8.45	2.87
2013.12	12.48	24.12	63.40	17.89	24.66	9.64	8.55	2.66
2014.01	8.20	22.81	68.99	17.90	27.39	11.00	9.78	2.92
2014.02	7.56	24.96	67.48	20.61	26.09	10.13	8.05	2.60
2014.03	8.35	21.40	70.25	18.81	27.69	11.17	9.56	3.02
2014.04	6.14	20.60	73.26	20.20	28.47	11.93	9.69	2.97
2014.05	7.35	19.81	72.84	20.45	28.12	11.97	9.52	2.78
2014.06	9.32	21.57	69.11	20.24	26.71	11.19	8.42	2.55

2014年第二季度金融机构人民币贷款各利率区间占比表
Share of loans with rates floating at various ranges in the second quarter of 2014

单位：% Unit: %

	下浮 Floating downward	基准 At benchmark	上浮 Floating upward					
			小计 Subtotal	(1.0, 1.1]	(1.1, 1.3]	(1.3, 1.5]	(1.5, 2.0]	2.0以上 Above 2.0
四大国有商业银行 Four state-owned commercial banks	10.44	30.43	59.13	29.97	24.02	4.69	0.34	0.11
股份制商业银行 Joint-stock commercial banks	3.83	12.37	83.80	22.55	44.88	12.80	1.84	1.73
外资商业银行 Foreign commercial banks	32.39	16.09	51.52	21.06	21.10	7.66	1.54	0.16
城市商业银行 City commercial banks	2.52	14.75	82.73	13.67	32.31	20.40	13.17	3.18
城乡信用社 Urban and rural credit cooperatives	1.46	8.02	90.52	6.22	19.20	21.50	34.21	9.39
政策性银行 Policy banks	22.28	53.55	24.17	20.10	3.86	0.21	0.00	0.00
合计 Total	7.28	20.84	71.88	20.66	28.10	11.58	8.82	2.72

大额美元存款与美元贷款平均利率表
Average interest rates of large-value dollar deposits and loans

单位：% Unit: %

日期 Date	大额存款 Large-value deposits						贷款 Loans				
	活期 Demand	3个月以内 Within 3 months	3(含)~6个月 3~6 months (including 3 months)	6(含)~12个月 6~12 months (including 6 months)	1年 1 year	1年以上 Above 1 year	3个月以内 Within 3 months	3(含)~6个月 3~6 months (including 3 months)	6(含)~12个月 6~12 months (including 6 months)	1年 1 year	1年以上 Above 1 year
2012.01	0.34	3.29	4.24	4.73	5.46	5.87	3.78	4.35	4.81	4.47	4.27
2012.02	0.29	3.16	3.93	4.34	4.64	4.50	3.51	4.08	4.35	4.28	4.29
2012.03	0.27	2.91	3.61	4.34	4.76	5.35	3.56	4.00	4.36	4.03	3.53
2012.04	0.21	2.69	3.54	3.97	4.40	3.32	3.54	3.96	4.44	4.07	3.99
2012.05	0.26	2.37	3.33	3.92	4.12	4.16	3.50	4.11	4.27	4.21	3.90
2012.06	0.26	2.07	2.93	3.39	4.07	4.36	3.38	3.74	3.72	4.02	4.10
2012.07	0.19	2.80	2.57	3.06	3.78	2.13	3.01	3.29	3.54	3.00	3.76
2012.08	0.20	0.96	2.08	2.43	3.21	1.59	2.48	2.70	3.11	2.44	4.04
2012.09	0.17	0.63	1.45	1.65	2.13	1.88	2.05	2.09	2.24	2.15	3.36
2012.10	0.14	0.71	1.30	1.50	2.14	2.17	2.01	2.01	2.05	2.00	3.60
2012.11	0.13	0.60	1.19	1.27	1.86	1.98	1.99	1.89	2.21	2.34	3.73
2012.12	0.17	0.51	1.01	1.52	1.76	1.67	2.02	1.96	1.97	2.73	3.42
2013.01	0.11	0.90	1.35	1.75	1.90	2.45	1.74	2.04	1.87	2.00	3.25
2013.02	0.12	0.84	1.42	1.75	2.04	2.12	2.18	1.91	1.82	2.14	4.08
2013.03	0.11	0.92	1.57	1.91	2.44	1.54	1.97	2.16	2.07	2.35	3.03
2013.04	0.10	0.82	1.36	2.04	2.36	1.27	1.99	2.13	2.22	2.30	3.26
2013.05	0.12	0.80	1.39	1.89	2.31	1.20	2.00	2.11	2.34	2.38	3.02
2013.06	0.12	1.07	1.69	1.86	2.50	1.14	2.23	2.34	2.40	2.78	3.33
2013.07	0.13	1.14	1.97	2.15	2.57	1.79	2.25	2.58	2.69	2.77	3.13
2013.08	0.12	1.17	1.84	2.05	2.68	2.39	2.29	2.41	2.57	2.63	3.23
2013.09	0.19	1.58	2.37	2.06	3.43	2.22	2.28	2.80	2.63	2.49	3.18
2013.10	0.22	1.63	2.38	2.65	3.18	1.58	2.46	2.60	2.83	2.75	3.36
2013.11	0.17	1.81	2.69	2.91	3.36	1.87	2.52	2.64	2.88	2.91	3.29
2013.12	0.18	1.99	3.19	2.89	2.70	1.96	2.66	2.82	2.88	2.95	3.71
2014.01	0.21	2.41	3.43	3.48	3.54	2.68	2.82	2.90	3.14	2.88	3.56
2014.02	0.20	2.50	3.54	3.68	3.66	3.08	3.08	3.13	3.46	3.10	3.08
2014.03	0.25	2.60	3.68	3.63	3.85	2.72	3.08	3.20	3.35	3.30	3.16
2014.04	0.27	2.45	3.56	3.70	3.66	2.81	3.11	3.24	3.59	3.52	3.47
2014.05	0.26	2.21	3.24	3.43	3.58	2.83	2.97	3.09	3.45	3.52	3.63
2014.06	0.22	1.99	3.03	3.17	3.69	2.78	2.87	3.03	3.37	3.42	3.45

八、金融市场
8. Financial Market

1.货币市场
(1) Money market

银行间市场交易量
Transaction volume in the inter-bank market

单位：万亿元
Unit: RMB trillion yuan

年 Year	债券回购 Repurchasing	同业拆借 Inter-bank borrowing	现券买卖 Outright transactions
2000	1.6	0.7	0.1
2001	4.0	0.8	0.1
2002	10.2	1.2	0.4
2003	11.7	2.4	3.1
2004	9.4	1.5	2.5
2005	15.9	1.3	6.0
2006	26.6	2.2	10.2
2007	44.8	10.6	15.6
2008	58.1	15.0	37.1
2009	70.3	19.4	47.3
2010	87.6	27.9	64.0
2011	99.5	33.4	63.6
2012	141.7	46.7	75.2
2013	158.2	35.5	41.6

银行间市场月加权平均利率
Monthly weighted average interest rates in the inter-bank market

单位：% Unit: %

年/月 Year/Month	同业拆借市场 Inter-bank borrowing market	质押式债券回购 Bond-pledged repurchasing
2012.07	2.78	2.85
2012.08	2.84	2.87
2012.09	2.93	3.01
2012.10	2.87	2.82
2012.11	2.57	2.55
2012.12	2.61	2.62
2013.01	2.27	2.25
2013.02	2.77	2.89
2013.03	2.47	2.46
2013.04	2.50	2.55
2013.05	2.92	3.01
2013.06	6.58	6.82
2013.07	3.54	3.60
2013.08	3.44	3.45
2013.09	3.47	3.49
2013.10	3.83	3.86
2013.11	4.12	4.12
2013.12	4.16	4.28
2014.01	3.86	3.98
2014.02	3.01	2.99
2014.03	2.49	2.48
2014.04	2.72	2.69
2014.05	2.56	2.56
2014.06	2.85	2.89

银行间市场交易量
Transaction volume in the inter-bank market

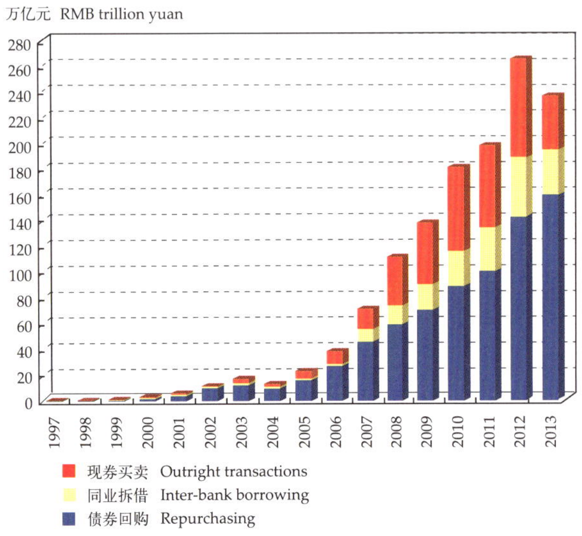

银行间市场月加权平均利率
Monthly weighted average interest rates in the inter-bank market

各品种Shibor走势图
Movements of the Shibor

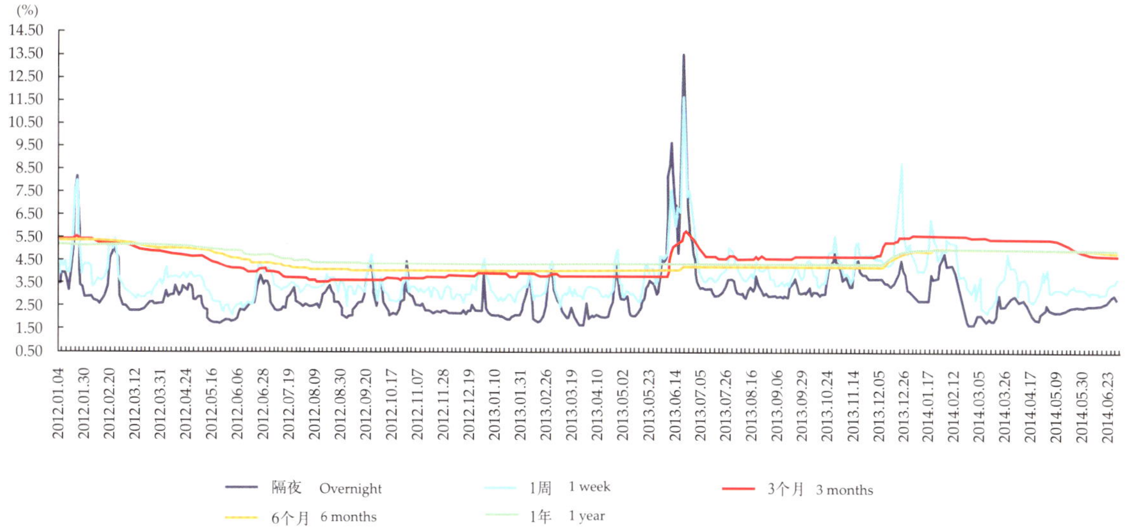

全国银行间同业拆借各期限当月交易量及月加权平均利率
Monthly transaction volume and monthly weighted average interest rates of inter-bank borrowing with different maturities

单位：亿元、%
Unit: RMB 100 million yuan, %

年/月 Year/Month	1天 1 day		7天 7 days		14天 14 days		21天 21 days		1个月 1 month		2个月 2 months		3个月 3 months		4个月 4 months		6个月 6 months		9个月 9 months		1年 1 year	
	交易量 Volume	利率 Rate	交易量 Volume	利率 Rate	交易量 Volume	利率 Rate	交易量 Volume	利率 Rate	交易量 Volume	利率 Rate	交易量 Volume	利率 Rate	交易量 Volume	利率 Rate	交易量 Volume	利率 Rate	交易量 Volume	利率 Rate	交易量 Volume	利率 Rate	交易量 Volume	利率 Rate
2012.07	42 053	2.68	3 840	3.52	731	3.76	228	3.58	322	3.93	94	3.21	50	4.19	1	3.20	19	3.50	2	3.60	4	3.95
2012.08	34 303	2.72	3 631	3.54	797	3.79	152	3.78	546	3.64	158	3.67	121	3.84	0	—	6	3.78	0	—	10	4.24
2012.09	30 994	2.79	3 538	3.54	2 022	3.67	361	3.48	422	4.03	62	4.11	91	4.10	0	4.50	11	4.47	3	4.40	20	4.35
2012.10	22 345	2.73	3 658	3.17	1 362	3.59	209	3.76	546	3.88	160	3.71	249	3.78	0	—	98	4.12	0	—	1	4.60
2012.11	32 078	2.41	3 502	3.26	1 112	3.40	228	3.70	430	3.77	500	3.77	186	4.07	42	4.37	32	4.46	7	4.80	15	5.00
2012.12	31 167	2.36	3 891	3.50	1 646	3.77	592	3.99	481	4.09	279	4.27	126	4.62	20	4.20	18	4.48	5	4.25	12	5.08
2013.01	33 896	2.13	3 047	3.27	719	3.14	91	3.68	234	3.89	69	4.17	222	4.11	17	3.86	41	4.16	0	—	9	4.48
2013.02	23 010	2.59	3 102	3.44	1 140	3.67	195	4.00	337	4.16	70	3.75	34	4.03	11	4.48	1	4.40	0	—	6	4.42
2013.03	30 720	2.31	4 302	3.22	564	3.47	98	3.32	767	3.41	38	3.87	112	4.24	1	3.88	2	4.30	0	—	3	4.33
2013.04	37 911	2.38	3 160	3.37	738	3.50	345	3.32	588	3.66	53	3.52	116	3.88	2	4.20	5	4.01	0	—	1	4.00
2013.05	38 622	2.80	3 953	3.71	864	3.69	67	3.34	748	3.88	69	3.57	53	4.26	2	4.03	0	—	0	—	1	4.33
2013.06	11 324	6.43	3 125	6.98	805	7.07	32	7.13	161	6.79	57	6.44	86	5.92	3	5.00	23	5.91	0	—	11	3.97
2013.07	18 775	3.34	3 759	4.10	807	4.24	101	4.58	352	5.23	52	5.07	152	5.08	3	4.43	6	5.01	0	4.80	8	5.23
2013.08	19 592	3.23	3 911	4.10	675	4.52	97	4.83	255	4.67	55	5.27	84	5.24	2	5.80	14	4.98	0	—	15	5.49
2013.09	22 371	3.22	3 892	3.87	1 911	4.64	473	4.57	447	5.18	83	5.41	125	5.46	6	4.57	0	—	2	5.09	18	5.51
2013.10	16 880	3.62	3 311	4.39	1 158	4.24	92	5.04	440	5.26	116	5.05	225	5.32	4	4.30	7	5.78	0	—	10	5.72
2013.11	20 190	3.88	4 623	4.53	1 057	5.08	34	6.01	390	5.75	159	5.68	335	6.45	2	4.63	8	5.25	0	—	0	—
2013.12	16 345	3.71	3 839	5.17	1 143	5.63	204	5.51	352	5.82	212	6.18	205	6.10	15	5.35	12	7.00	0	—	2	6.47
2014.01	16 783	3.36	3 864	4.84	1 333	5.44	221	6.38	462	6.07	170	6.72	103	6.14	5	6.95	6	5.47	0	—	2	6.24
2014.02	12 863	2.49	3 036	4.40	675	4.50	51	4.97	220	5.15	114	5.27	194	5.84	10	5.70	11	6.32	0	—	21	6.66
2014.03	26 694	2.30	3 079	3.47	662	3.42	58	3.57	394	4.04	102	4.26	198	5.35	9	5.42	7	5.52	8	5.64	6	6.20
2014.04	24 816	2.47	4 190	3.62	677	3.76	21	4.33	675	3.90	143	4.10	199	5.20	5	4.75	4	5.08	0	—	12	5.87
2014.05	34 823	2.44	3 316	3.31	561	3.44	106	3.47	464	3.77	52	4.41	95	4.74	1	4.55	10	5.10	8	5.17	12	5.46
2014.06	31 107	2.72	4 171	3.45	486	4.21	63	4.51	307	4.53	26	4.47	89	4.98	2	5.06	1	5.06	5	5.00	13	4.20

全国银行间同业拆借各期限月加权平均利率
Monthly weighted average interest rates of inter-bank borrowing with different maturities

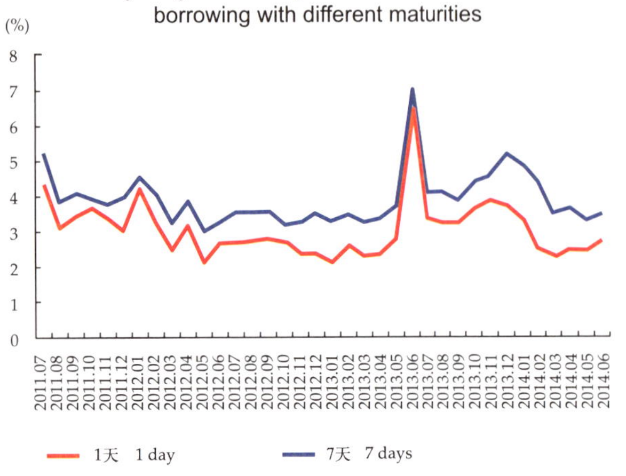

全国银行间同业拆借各期限当月交易量
Monthly transaction volume of inter-bank borrowing with different maturities

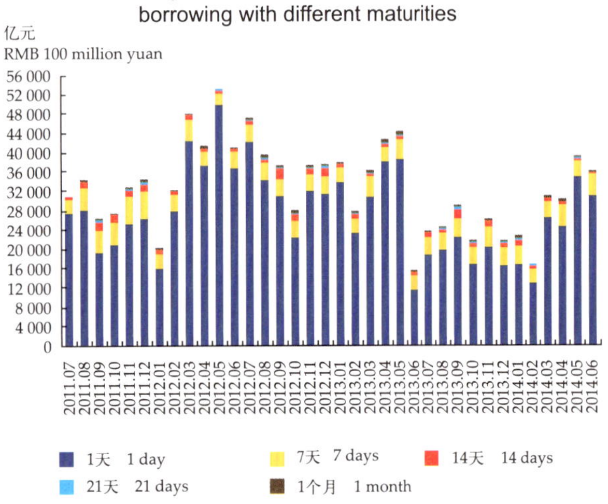

2.债券市场
(2) Bond market

债券回购交易成交金额
Turnover of repurchasing

单位：亿元
Unit: RMB 100 million yuan

年／月 Year/Month	银行间债券市场 Inter-bank bond market	交易所 Stock exchanges
2012.07	133 956	38 150
2012.08	127 722	40 642
2012.09	114 132	34 931
2012.10	100 780	34 774
2012.11	120 104	42 016
2012.12	118 454	41 144
2013.01	138 841	40 964
2013.02	101 705	30 824
2013.03	137 814	45 877
2013.04	147 431	40 396
2013.05	147 189	56 130
2013.06	122 313	50 127
2013.07	127 290	70 623
2013.08	127 709	67 660
2013.09	125 937	55 901
2013.10	115 707	56 056
2013.11	143 350	69 318
2013.12	146 351	77 148
2014.01	121 230	68 877
2014.02	101 112	54 808
2014.03	166 087	67 165
2014.04	171 564	69 560
2014.05	185 801	68 650
2014.06	197 516	70 541

债券现券交易成交金额
Turnover of outright transactions

单位：亿元
Unit: RMB 100 million yuan

年/月 Year/Month	银行间债券市场 Inter-bank bond market	交易所 Stock exchanges
2013.01	80 027	1 300
2013.02	51 930	1 041
2013.03	84 974	1 569
2013.04	67 927	1 424
2013.05	26 892	1 525
2013.06	11 839	1 266
2013.07	12 852	1 417
2013.08	13 688	1 323
2013.09	14 058	1 663
2013.10	14 540	1 139
2013.11	17 925	1 682
2013.12	19 454	2 025
2014.01	19 145	1 690
2014.02	21 018	1 514
2014.03	30 728	2 017
2014.04	34 436	1 877
2014.05	36 436	1 626
2014.06	33 562	2 062

债券回购交易成交金额
Turnover of repurchasing

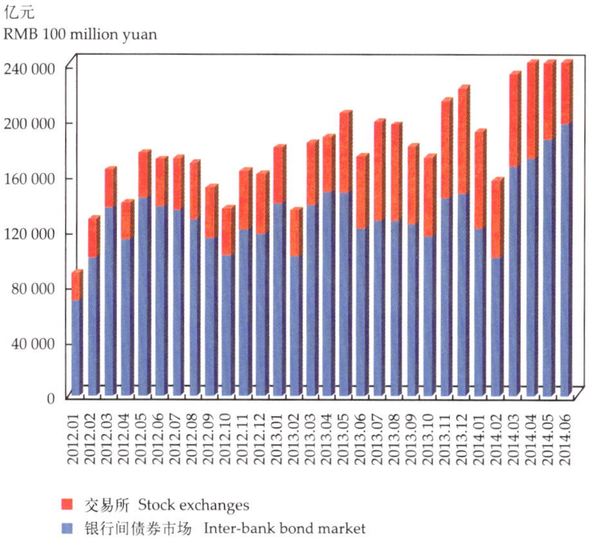

债券现券交易成交金额
Turnover of outright transactions

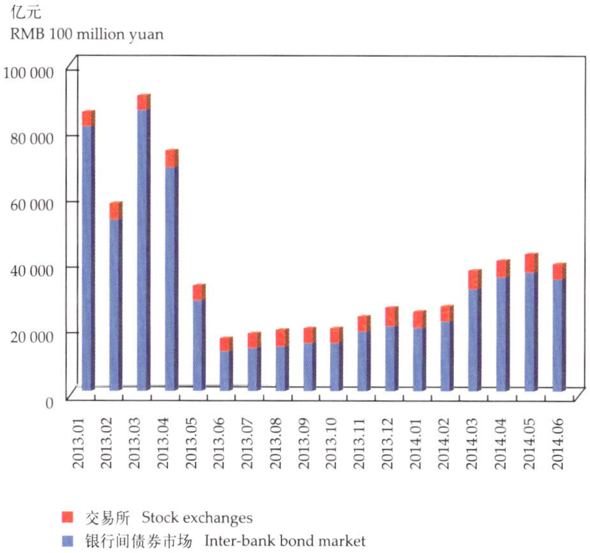

国债发行、兑付、期末余额
Issue and redemption values and end-period balance of government bonds

单位：亿元
Unit: RMB 100 million yuan

年/月 Year/Month	发行额 Issue value	兑付额 Redemption value	期末余额 End-period balance
2012.07	2 262	1 564	71 447
2012.08	2 243	4 463	69 227
2012.09	1 992	857	70 362
2012.10	1 147	464	71 045
2012.11	1 118	676	71 487
2012.12	572	66	71 994
2013.01	1 120	881	84 253
2013.02	780	1 063	84 026
2013.03	733	726	84 262
2013.04	2 231	687	85 668
2013.05	2 310	506	87 161
2013.06	1 537	927	88 092
2013.07	2 281	432	89 697
2013.08	2 585	1 193	91 278
2013.09	2 062	830	92 601
2013.10	2 346	363	94 216
2013.11	1 280	878	94 878
2013.12	965	374	95 471
2014.01	540	753	95 235
2014.02	560	601	95 200
2014.03	1 040	1 267	95 162
2014.04	2 157	1 124	95 940
2014.05	1 836	577	97 134
2014.06	2 587	1 754	98 282

国债发行与兑付
Issue and redemption values of government bonds

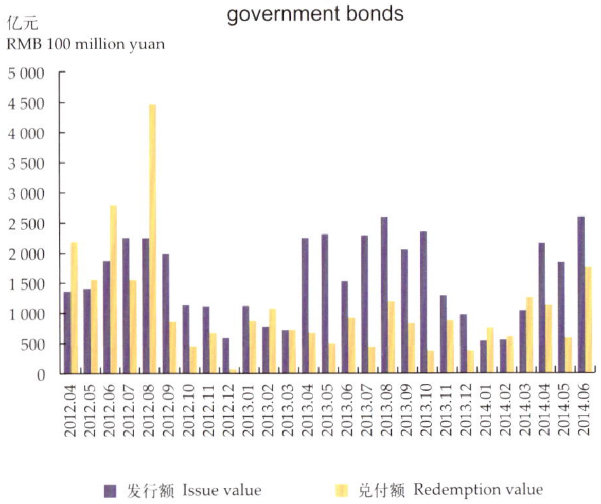

国债期末余额
Outstanding amounts of government bonds at end-period

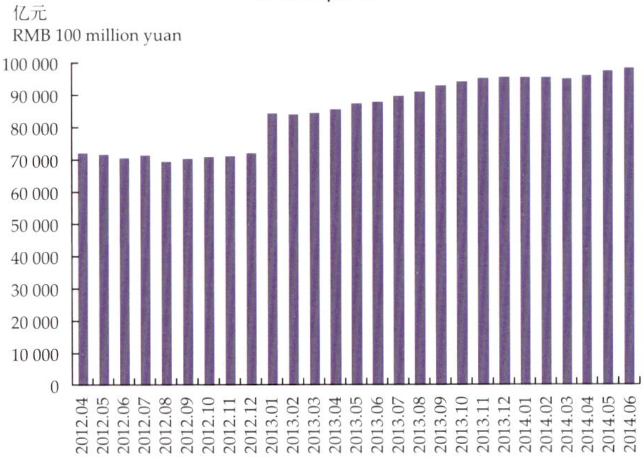

3.股票市场
(3) Stock market

股票成交、发行筹资额
Turnover of stock trading and funds raised in the stock market

年／月 Year/month		成交金额（亿元）Turnover of stock trading (RMB100 million yuan)		A股筹资（亿元）A-shares capital raised (RMB100 million yuan)					B股筹资（亿美元）B-shares capital rasied (USD100 million)	H股筹资（亿美元）H-shares capital rasied (USD100 million)	
		上海证券交易所A股 A-shares on the Shanghai stock exchange	深圳证券交易所A股 A-shares on the Shenzhen stock exchange	首次发行金额 Initial public offering	公开增发 Additional offering	定向增发（现金）Placement (Cash)	配股 Allotment	权证行权 Exercise warrant		首次发行金额 Initial public offering	再筹资金额 Refinancing
2011	1	20 198	14 365	454.1	35.1	141.7	99.7	0.0	0.0	0.0	0.0
	2	21 593	15 851	242.9	1.3	19.4	6.8	0.0	0.0	0.0	0.0
	3	36 920	26 190	342.6	25.3	208.7	6.1	0.0	0.0	0.0	0.0
	4	27 271	18 486	259.7	6.9	270.0	113.7	0.0	0.0	0.0	7.7
	5	20 431	13 530	222.9	0.0	128.4	0.0	0.0	0.0	22.5	0.0
	6	18 480	12 797	204.8	0.0	111.4	3.3	0.0	0.0	8.5	24.9
	7	22 994	19 063	113.6	14.6	145.3	175.6	0.0	0.0	0.0	12.8
	8	19 128	17 744	260.7	21.5	240.5	0.0	29.5	0.0	0.0	0.0
	9	12 099	10 155	182.2	0.0	53.5	0.0	0.0	0.0	0.0	0.0
	10	11 151	9 475	212.4	0.0	31.6	0.0	0.0	0.0	18.3	0.0
	11	16 285	16 198	163.0	27.4	68.5	9.0	0.0	0.0	0.0	0.0
	12	10 260	9 675	166.5	0.0	245.6	7.7	0.0	0.0	18.6	0.0
2012	1	9 052	7 531	63.6	0.0	17.2	0.0	0.0	0.0	0.0	0.0
	2	17 706	15 867	73.6	84.8	48.7	22.1	0.0	0.0	0.0	3.2
	3	20 278	18 239	214.3	19.9	375.4	73.0	0.0	0.0	0.0	14.4
	4	14 682	12 079	112.2	0.0	98.8	0.0	0.0	0.0	18.5	0.0
	5	19 408	15 645	135.2	0.0	60.3	6.2	0.0	0.0	0.0	0.0
	6	12 137	11 823	127.2	0.0	214.6	0.0	0.0	0.0	3.5	0.0
	7	12 167	12 723	135.0	0.0	181.5	0.0	0.0	0.0	10.9	0.0
	8	11 447	12 510	72.9	0.0	432.9	0.0	0.0	0.0	0.0	42.4
	9	11 555	11 606	68.5	0.0	122.8	6.3	0.0	0.0	0.0	0.0
	10	9 216	8 986	31.6	0.0	56.5	0.0	0.0	0.0	5.3	0.0
	11	9 193	8 276	0.4	0.0	101.1	5.7	0.0	0.0	0.0	13.4
	12	17 208	14 383	0.0	0.0	157.6	7.7	0.0	0.0	44.3	3.8
2013	1	22 552	20 394	0.0	10.3	452.1	18.5	0.0	0.0	0.0	0.0
	2	16 243	13 875	0.0	0.0	165.0	193.5	0.0	0.0	0.0	31.3
	3	20 389	18 176	0.0	0.0	159.6	48.4	0.0	0.0	0.0	5.3
	4	12 848	12 799	0.0	0.0	238.4	35.7	0.0	0.0	0.0	0.0
	5	20 915	23 965	0.0	7.8	262.4	0.0	0.0	0.0	28.9	0.0
	6	13 290	15 115	0.0	16.4	83.6	26.4	0.0	0.0	0.0	5.0
	7	18 206	23 224	0.0	7.0	112.9	7.8	0.0	0.0	0.0	0.0
	8	20 669	24 394	0.0	7.0	114.7	14.5	0.0	0.0	0.0	0.0
	9	25 377	21 378	0.0	0.0	112.9	275.3	0.0	0.0	0.0	11.8
	10	20 956	22 394	0.0	0.0	78.5	0.0	0.0	0.0	0.0	6.2
	11	19 249	20 755	0.0	0.0	146.6	0.0	0.0	0.0	18.9	0.0
	12	18 224	21 244	0.0	32.0	320.1	49.2	0.0	0.0	65.4	0.0
2014	1	13 638	22 086	188.0	0.0	407.0	8.0	0.0	0.0	0.9	9.6
	2	17 933	25 884	36.0	0.0	137.0	39.0	0.0	0.0	0.0	1.5
	3	18 671	23 472	0.0	0.0	339.0	13.0	0.0	0.0	0.0	2.3
	4	16 853	17 957	0.0	0.0	619.4	0.0	0.0	0.0	0.0	0.0
	5	12 039	15 436	0.0	3.7	239.7	30.7	0.0	0.0	12.2	5.5
	6	13 179	19 091	16.9	0.0	125.7	11.1	0.0	0.0	8.2	0.0

月末加权平均市盈率
Weighted average price-earnings ratio at month-end

年/月 Year/Month	上海证券交易所A股 A-shares on the Shanghai stock exchange	上海证券交易所B股 B-shares on the Shanghai stock exchange	深圳证券交易所A股 A-shares on the Shenzhen stock exchange	深圳证券交易所B股 B-shares on the Shenzhen stock exchange
2012.07	11.3	10.7	21.3	8.7
2012.08	11.0	11.3	21.0	8.8
2012.09	11.3	11.6	21.5	8.8
2012.10	11.2	11.6	21.3	9.1
2012.11	10.7	11.5	18.9	9.4
2012.12	12.3	13.2	22.2	12.2
2013.01	13.0	14.9	23.6	15.1
2013.02	12.9	14.9	24.4	13.8
2013.03	12.2	14.2	24.1	13.8
2013.04	11.9	13.7	24.1	13.9
2013.05	11.8	12.3	27.5	14.9
2013.06	10.2	11.2	23.5	13.1
2013.07	10.3	11.1	24.9	13.0
2013.08	10.8	11.3	26.3	13.6
2013.09	11.2	11.7	27.8	13.8
2013.10	11.1	11.5	26.9	13.8
2013.11	11.5	11.7	28.7	14.7
2013.12	11.0	11.6	28.0	14.5
2014.01	10.6	11.3	28.7	14.0
2014.02	10.7	10.4	28.9	13.7
2014.03	10.7	10.3	25.6	9.6
2014.04	10.7	10.4	24.5	8.5
2014.05	9.8	12.0	25.2	8.1
2014.06	9.8	11.9	26.2	8.7

股票成交金额
Turnover of stock trading

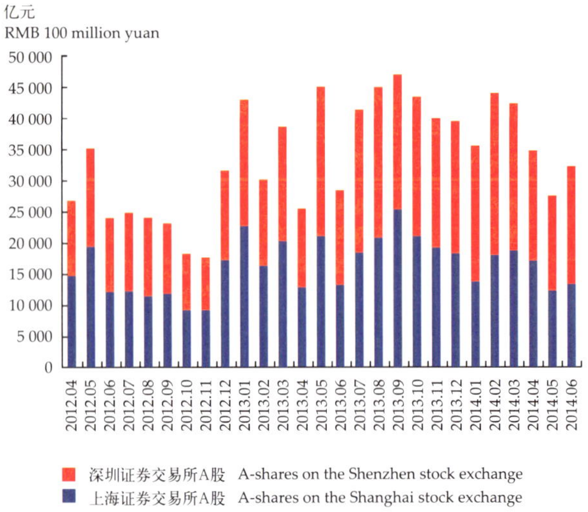

月末加权平均市盈率
Weighted average price-earnings ratio at month-end

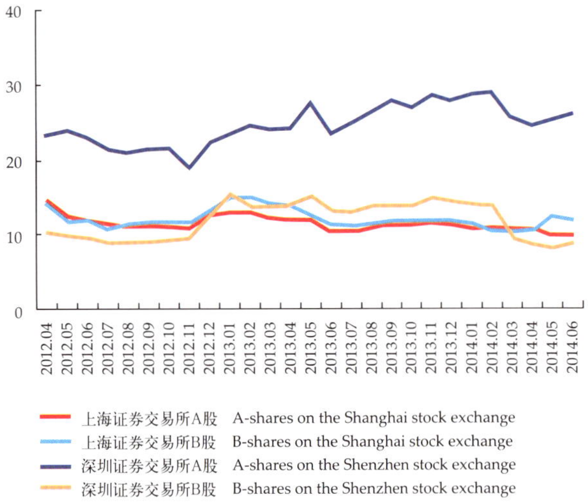

月末收盘指数
Closing index at month-end

4.票据市场
(4) Commercial paper market

票据市场交易额与期末余额
Transactions and outstanding balance of commercial paper market

单位：亿元
Unit: RMB 100 million yuan

年/月 Year/Month	商业汇票 Drafts	贴现 Discount bills	再贴现 Rediscount bills
	发生额 Transactions during the period		
2012.07	13 270	22 458	175
2012.08	13 532	27 826	249
2012.09	16 877	33 654	233
2012.10	12 454	25 941	151
2012.11	17 084	31 292	164
2012.12	17 855	34 508	276
2013.01	22 362	31 346	217
2013.02	11 454	22 159	179
2013.03	20 506	41 691	241
2013.04	16 417	35 659	272
2013.05	18 754	55 447	261
2013.06	17 444	37 239	319
2013.07	10 751	44 562	281
2013.08	16 395	31 899	242
2013.09	17 857	46 205	34
2013.10	17 727	35 687	494
2013.11	15 719	43 037	308
2013.12	17 301	31 655	403
2014.01	21 998	34 951	286
2014.02	12 832	28 495	207
2014.03	21 947	44 792	273
2014.04	16 796	44 197	274
2014.05	18 350	53 959	319
2014.06	17 653	50 041	347
	期末余额 Outstanding balance at the end of the period		
2012.07	82 534	24 279	723
2012.08	82 936	25 599	760
2012.09	84 076	23 437	782
2012.10	82 626	22 705	785
2012.11	82 608	22 336	761
2012.12	83 452	20 426	760
2013.01	84 588	20 155	761
2013.02	87 129	20 336	746
2013.03	92 425	21 520	813
2013.04	94 127	23 207	865
2013.05	94 428	24 045	935
2013.06	91 557	23 283	1 034
2013.07	88 653	22 245	1 028
2013.08	95 874	22 118	1 047
2013.09	89 381	20 594	1 016
2013.10	88 632	19 887	1 007
2013.11	89 487	20 078	1 004
2013.12	90 371	19 594	1 136
2014.01	94 162	17 353	1 115
2014.02	92 671	18 432	1 072
2014.03	94 870	18 840	1 054
2014.04	96 551	19 696	1 036
2014.05	98 782	21 239	1 031
2014.06	102 013	22 028	1 120

商业汇票交易情况
Draft transactions

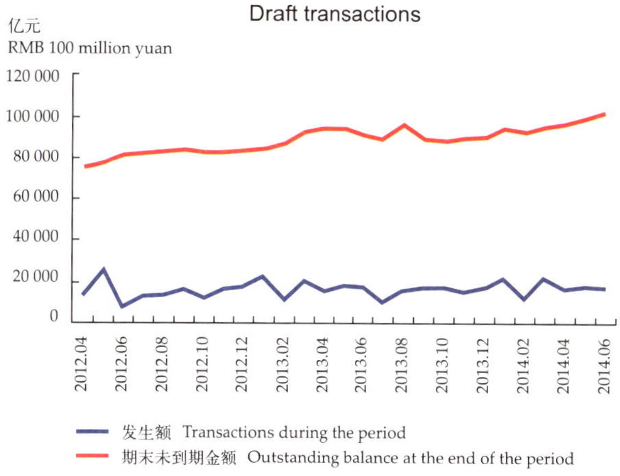

贴现情况
Discount bills

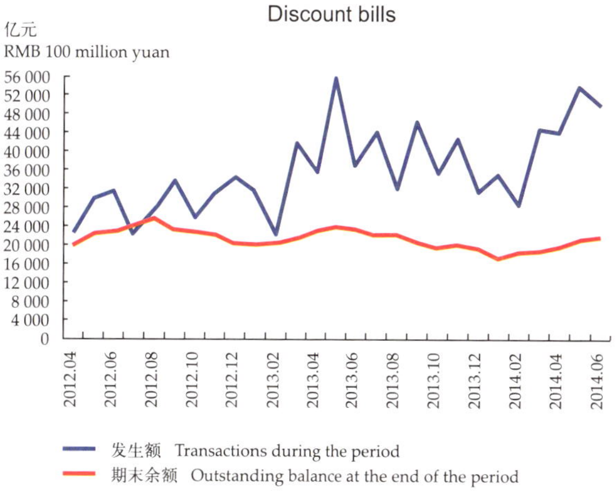

再贴现情况
Rediscount bills

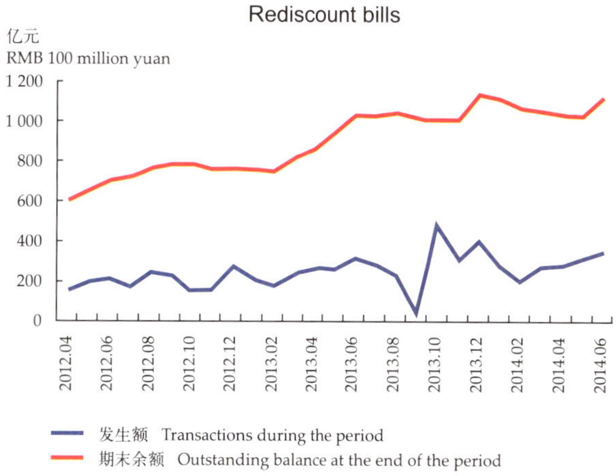

5.外汇市场
(5) Foreign exchange market

世界主要货币兑人民币月平均汇率
Monthly average exchange rate of the RMB against major foreign currencies

年/月 Year/Month	人民币/美元 RMB/USD	人民币/欧元 RMB/EUR	人民币/100日元 RMB/100JPY	人民币/港元 RMB/HKD	卢布/人民币 RUB/RMB
2012.07	6.3235	7.7785	8.0038	0.8153	5.1289
2012.08	6.3404	7.8565	8.0567	0.8175	5.0339
2012.09	6.3395	8.1497	8.1083	0.8175	4.9639
2012.10	6.3144	8.1938	7.9681	0.8146	4.9520
2012.11	6.2953	8.0789	7.7618	0.8122	5.0152
2012.12	6.2900	8.2463	7.4973	0.8112	4.9137
2013.01	6.2787	8.3466	7.0278	0.8098	4.8467
2013.02	6.2842	8.3911	6.7348	0.8103	4.8375
2013.03	6.2743	8.1326	6.6062	0.8086	4.9375
2013.04	6.2471	8.1325	6.3673	0.8047	5.0441
2013.05	6.1970	8.0402	6.1261	0.7984	5.0870
2013.06	6.1718	8.1382	6.3292	0.7953	5.2555
2013.07	6.1725	8.0758	6.1831	0.7958	5.3346
2013.08	6.1708	8.2204	6.2977	0.7957	5.3765
2013.09	6.1588	8.2087	6.1972	0.7942	5.3252
2013.10	6.1393	8.3824	6.2606	0.7918	5.2426
2013.11	6.1372	8.2808	6.1333	0.7917	5.3589
2013.12	6.1160	8.3757	5.8995	0.7888	5.4018
2014.01	6.1043	8.3179	5.8544	0.7869	5.5453
2014.02	6.1128	8.3675	5.9641	0.7880	5.7944
2014.03	6.1358	8.4826	6.0057	0.7905	5.8710
2014.04	6.1553	8.5001	6.0202	0.7938	5.7451
2014.05	6.1636	8.4637	6.0726	0.7951	5.5940
2014.06	6.1557	8.3687	6.0467	0.7941	5.5387

世界主要货币兑人民币期末汇率
Exchange rate of the RMB against major foreign currencies at the end of the period

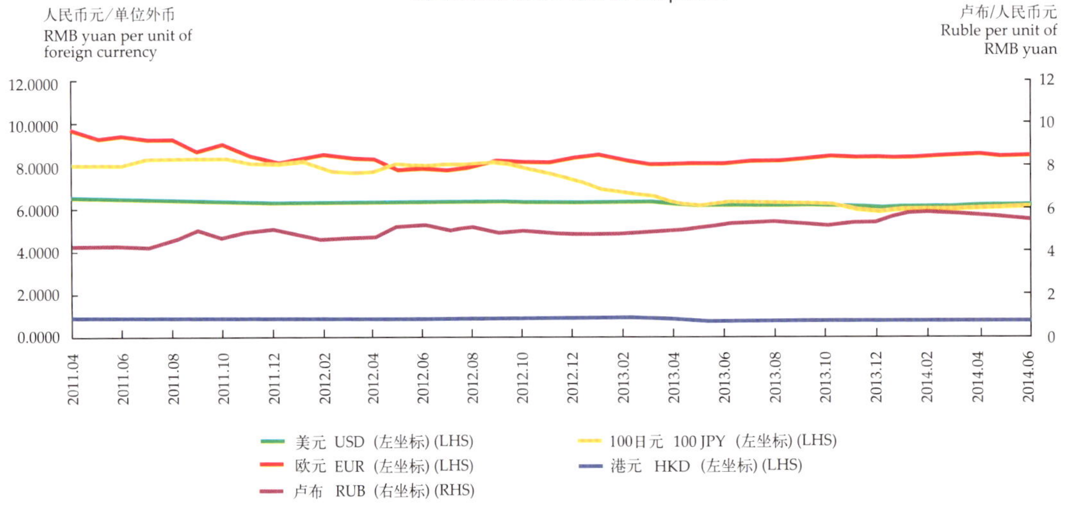

人民币/美元中间价
Central parity of the RMB against the USD

2005年7月21日至2014年6月30日
From July 21, 2005 to June 30, 2014

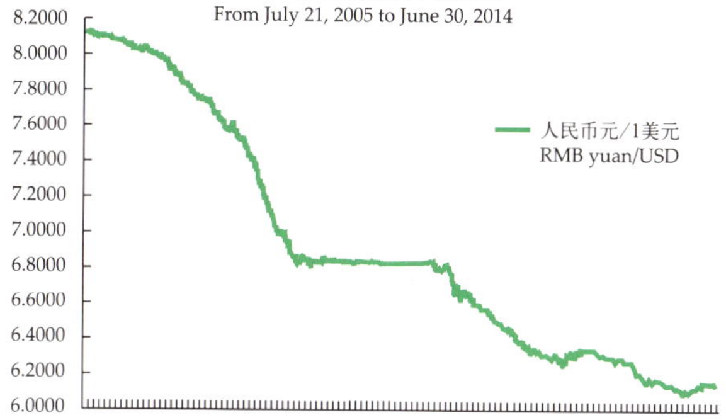

人民币/日元中间价
Central parity of the RMB against the JPY

2005年7月21日至2014年6月30日
From July 21, 2005 to June 30, 2014

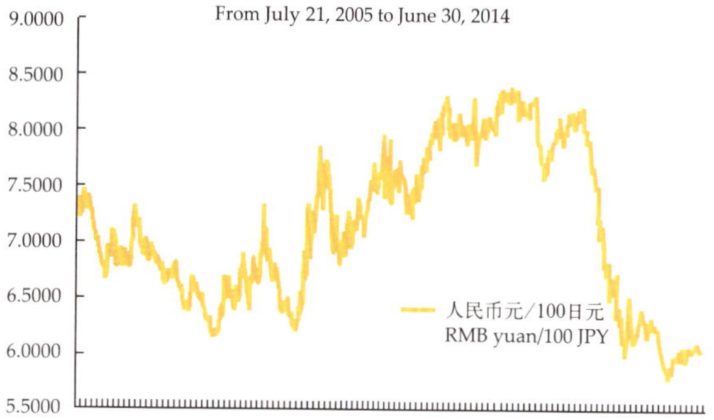

人民币/欧元中间价
Central parity of the RMB against the EUR

2005年7月21日至2014年6月30日
From July 21, 2005 to June 30, 2014

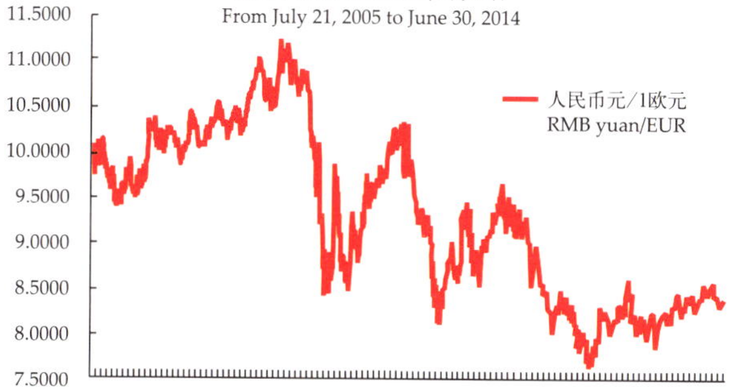

人民币/港元中间价
Central parity of the RMB against the HKD

2005年7月21日至2014年6月30日
From July 21, 2005 to June 30, 2014

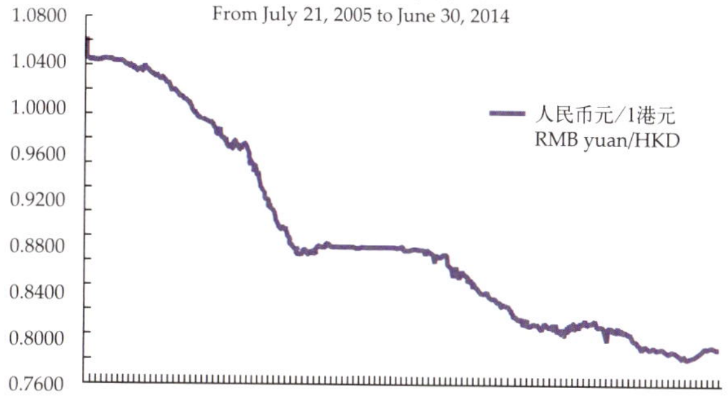

卢布/人民币中间价
Central parity of the RUB against the RMB

2010年11月22日至2014年6月30日
From November 22, 2010 to June 30, 2014

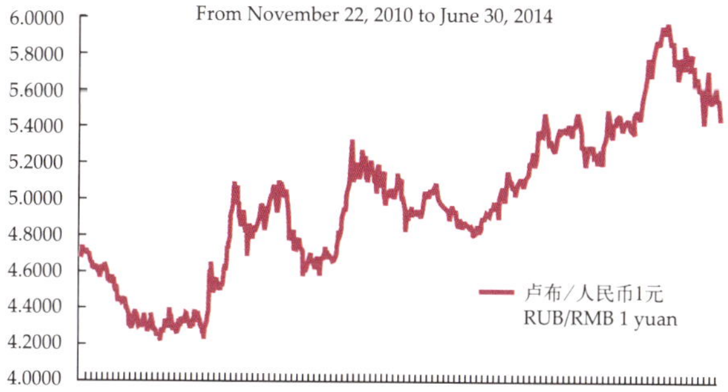

2014年1月2日以来人民币汇率中间价

Central parity of RMB against major foreign currencies
Since January 2, 2014

日期 Date	人民币/美元 RMB/USD	人民币/欧元 RMB/EUR	人民币/100日元 RMB/100JPY	人民币/港元 RMB/HKD	卢布/人民币 RUB/RMB
2014.01.02	6.0990	8.3937	5.7827	0.7866	5.4134
2014.01.03	6.1039	8.3413	5.8115	0.7872	5.4426
2014.01.06	6.1059	8.3010	5.8216	0.7874	5.4585
2014.01.07	6.1042	8.3148	5.8352	0.7872	5.4738
2014.01.08	6.1079	8.3107	5.8194	0.7877	5.4666
2014.01.09	6.1109	8.2959	5.8163	0.7881	5.4672
2014.01.10	6.1008	8.3017	5.8119	0.7868	5.4706
2014.01.13	6.0950	8.3279	5.8542	0.7860	5.4439
2014.01.14	6.0930	8.3264	5.8901	0.7858	5.4933
2014.01.15	6.1005	8.3403	5.8403	0.7867	5.4955
2014.01.16	6.1065	8.3015	5.8160	0.7875	5.5076
2014.01.17	6.1041	8.3104	5.8383	0.7872	5.5114
2014.01.20	6.1083	8.2557	5.8534	0.7876	5.5374
2014.01.21	6.1066	8.2705	5.8385	0.7873	5.5548
2014.01.22	6.1087	8.2886	5.8453	0.7875	5.5993
2014.01.23	6.1107	8.2693	5.8233	0.7877	5.5946
2014.01.24	6.1035	8.3536	5.8873	0.7866	5.6176
2014.01.27	6.1022	8.3475	5.9536	0.7859	5.6918
2014.01.28	6.1053	8.3456	5.9367	0.7862	5.7113
2014.01.29	6.1073	8.3398	5.9052	0.7867	5.7217
2014.01.30	6.1050	8.3388	5.9625	0.7863	5.7791
2014.02.07	6.1089	8.3005	5.9732	0.7873	5.7189
2014.02.10	6.1083	8.3210	5.9468	0.7873	5.6826
2014.02.11	6.1069	8.3521	5.9632	0.7873	5.6808
2014.02.12	6.1078	8.3262	5.9358	0.7875	5.7236
2014.02.13	6.1100	8.3075	5.9483	0.7878	5.7346
2014.02.14	6.1070	8.3535	5.9602	0.7874	5.7823
2014.02.17	6.1053	8.3670	5.9448	0.7872	5.7805
2014.02.18	6.1073	8.3661	5.9679	0.7876	5.8019
2014.02.19	6.1103	8.4093	5.9591	0.7879	5.8352
2014.02.20	6.1146	8.3960	5.9691	0.7884	5.8753
2014.02.21	6.1176	8.3912	5.9624	0.7888	5.8719
2014.02.24	6.1189	8.4083	5.9609	0.7889	5.8161
2014.02.25	6.1184	8.4021	5.9635	0.7886	5.8173
2014.02.26	6.1192	8.4105	5.9863	0.7885	5.8362
2014.02.27	6.1224	8.3785	5.9815	0.7889	5.8719
2014.02.28	6.1214	8.3897	6.0022	0.7888	5.8813
2014.03.03	6.1190	8.4305	6.0391	0.7884	5.8712
2014.03.04	6.1236	8.4105	6.0334	0.7891	5.9431
2014.03.05	6.1257	8.4158	5.9941	0.7893	5.8787
2014.03.06	6.1249	8.4101	5.9841	0.7892	5.8792
2014.03.07	6.1201	8.4840	5.9394	0.7886	5.9023
2014.03.10	6.1312	8.5129	5.9333	0.7900	5.9451
2014.03.11	6.1327	8.5076	5.9380	0.7902	5.9326
2014.03.12	6.1343	8.5006	5.9597	0.7903	5.9404
2014.03.13	6.1320	8.5232	5.9670	0.7898	5.9440
2014.03.14	6.1346	8.5022	6.0245	0.7900	5.9620
2014.03.17	6.1321	8.5264	6.0504	0.7895	5.9611
2014.03.18	6.1341	8.5463	6.0276	0.7899	5.8894
2014.03.19	6.1351	8.5453	6.0562	0.7900	5.8736
2014.03.20	6.1460	8.4953	6.0132	0.7914	5.8414
2014.03.21	6.1475	8.4716	6.0225	0.7918	5.8488
2014.03.24	6.1452	8.4752	6.0251	0.7921	5.8445
2014.03.25	6.1426	8.4995	6.0208	0.7918	5.8426
2014.03.26	6.1440	8.4913	6.0151	0.7921	5.7438
2014.03.27	6.1465	8.4757	6.0472	0.7922	5.7359
2014.03.28	6.1490	8.4506	6.0365	0.7926	5.7420
2014.03.31	6.1521	8.4607	5.9920	0.7931	5.7687
2014.04.01	6.1503	8.4711	5.9761	0.7929	5.6614
2014.04.02	6.1493	8.4833	5.9443	0.7927	5.6595
2014.04.03	6.1520	8.4685	5.9376	0.7931	5.7219
2014.04.04	6.1557	8.4465	5.9387	0.7935	5.7399
2014.04.08	6.1527	8.4560	5.9908	0.7933	5.7406
2014.04.09	6.1490	8.4773	6.0406	0.7930	5.7741
2014.04.10	6.1510	8.5250	6.0336	0.7933	5.7508
2014.04.11	6.1495	8.5438	6.0749	0.7931	5.7403
2014.04.14	6.1531	8.5211	6.0744	0.7936	5.7535
2014.04.15	6.1571	8.5082	6.0646	0.7941	5.7865
2014.04.16	6.1589	8.5064	6.0546	0.7943	5.8358
2014.04.17	6.1575	8.5180	6.0491	0.7941	5.8024
2014.04.18	6.1586	8.5066	6.0304	0.7942	5.7176
2014.04.21	6.1591	8.5066	6.0188	0.7943	5.7299
2014.04.22	6.1610	8.4969	6.0146	0.7946	5.7464
2014.04.23	6.1599	8.5028	6.0171	0.7946	5.7435
2014.04.24	6.1589	8.5107	6.0256	0.7944	5.7409
2014.04.25	6.1576	8.5150	6.0385	0.7942	5.7446
2014.04.28	6.1565	8.5067	6.0505	0.7940	5.7848
2014.04.29	6.1556	8.5289	6.0261	0.7940	5.7560
2014.04.30	6.1580	8.5033	6.0235	0.7942	5.7158
2014.05.05	6.1560	8.5374	6.0495	0.7940	5.7471
2014.05.06	6.1565	8.5428	6.0531	0.7942	5.7361
2014.05.07	6.1542	8.5756	6.0700	0.7939	5.7063
2014.05.08	6.1557	8.5629	6.0574	0.7940	5.6195
2014.05.09	6.1581	8.5213	6.0755	0.7944	5.6472
2014.05.12	6.1625	8.4750	6.0556	0.7950	5.6697
2014.05.13	6.1636	8.4845	6.0445	0.7951	5.6309
2014.05.14	6.1653	8.4468	6.0531	0.7954	5.6084
2014.05.15	6.1640	8.4555	6.0685	0.7952	5.5951
2014.05.16	6.1628	8.4507	6.0825	0.7950	5.5957
2014.05.19	6.1636	8.4457	6.0843	0.7951	5.6081
2014.05.20	6.1626	8.4498	6.0907	0.7950	5.5723
2014.05.21	6.1645	8.4481	6.1008	0.7952	5.5514
2014.05.22	6.1658	8.4351	6.0953	0.7953	5.5247
2014.05.23	6.1681	8.4161	6.0753	0.7955	5.5197
2014.05.26	6.1699	8.4037	6.0728	0.7958	5.4212
2014.05.27	6.1687	8.4305	6.0683	0.7956	5.4939
2014.05.28	6.1694	8.4098	6.0774	0.7958	5.5232
2014.05.29	6.1705	8.3910	6.0878	0.7959	5.5401
2014.05.30	6.1695	8.3921	6.0903	0.7958	5.5685
2014.06.03	6.1710	8.3941	6.0450	0.7959	5.6184
2014.06.04	6.1693	8.4010	6.0310	0.7958	5.7072
2014.06.05	6.1708	8.3932	6.0288	0.7959	5.6032
2014.06.06	6.1623	8.4186	6.0434	0.7949	5.5686
2014.06.09	6.1485	8.3899	6.0276	0.7931	5.5281
2014.06.10	6.1451	8.3503	6.0231	0.7927	5.5239
2014.06.11	6.1506	8.3227	6.0214	0.7935	5.5387
2014.06.12	6.1516	8.3296	6.0436	0.7936	5.5364
2014.06.13	6.1503	8.3358	6.0561	0.7934	5.5409

2014年1月2日以来人民币汇率中间价
Central parity of RMB against major foreign currencies
Since January 2, 2014

日期 Date	人民币/美元 RMB/USD	人民币/欧元 RMB/EUR	人民币/100日元 RMB/100JPY	人民币/港元 RMB/HKD	卢布/人民币 RUB/RMB
2014.06.16	6.1537	8.3340	6.0469	0.7939	5.5468
2014.06.17	6.1529	8.3553	6.0506	0.7938	5.5808
2014.06.18	6.1559	8.3403	6.0421	0.7942	5.6089
2014.06.19	6.1531	8.3618	6.0511	0.7938	5.5376
2014.06.20	6.1524	8.3743	6.0528	0.7938	5.5410
2014.06.23	6.1557	8.3665	6.0430	0.7942	5.5506

续表

日期 Date	人民币/美元 RMB/USD	人民币/欧元 RMB/EUR	人民币/100日元 RMB/100JPY	人民币/港元 RMB/HKD	卢布/人民币 RUB/RMB
2014.06.24	6.1545	8.3704	6.0570	0.7940	5.4961
2014.06.25	6.1555	8.3736	6.0536	0.7941	5.4428
2014.06.26	6.1538	8.3892	6.0638	0.7939	5.4362
2014.06.27	6.1543	8.3794	6.0721	0.7939	5.4261
2014.06.30	6.1528	8.3946	6.0815	0.7938	5.4410

九、中央银行公开市场业务
9. Central Bank Open Market Operations

中央银行公开市场业务交易
Central bank open market operations

日期 Date		操作工具 Mode of transaction	招标方式 Mode of bidding	期限品种(天) Maturity (Day)	招标数量(亿元) Bidding amount (RMB 100 million yuan)	操作量/买入面额(亿元) Transaction volume/ Purchasing face value (RMB 100 million yuan)	发行价格(元)/买入金额(亿元) Issue price (RMB yuan)/ purchasing amount (RMB 100 million yuan)	中标利率/参考收益率(%) Interest rate of successful bidding/ reference yield (%)
2014.01.21	周二 Tuesday	逆回购 Repurchase	利率招标 Interest rate bidding	7天 7-day	750	750	—	4.10
2014.01.21	周二 Tuesday	逆回购 Repurchase	利率招标 Interest rate bidding	21天 21-day	1 800	1 800	—	4.70
2014.01.23	周四 Thursday	逆回购 Repurchase	利率招标 Interest rate bidding	21天 21-day	1 200	1 200	—	4.70
2014.01.28	周二 Tuesday	逆回购 Repurchase	利率招标 Interest rate bidding	14天 14-day	1 500	1 500	—	4.30
2014.02.18	周二 Tuesday	正回购 Reverse repurchase	利率招标 Interest rate bidding	14天 14-day	480	480	—	3.80
2014.02.20	周四 Thursday	正回购 Reverse repurchase	利率招标 Interest rate bidding	14天 14-day	600	600	—	3.80
2014.02.25	周二 Tuesday	正回购 Reverse repurchase	利率招标 Interest rate bidding	14天 14-day	1 000	1 000	—	3.80
2014.02.27	周四 Thursday	正回购 Reverse repurchase	利率招标 Interest rate bidding	14天 14-day	600	600	—	3.80
2014.03.04	周二 Tuesday	正回购 Reverse repurchase	利率招标 Interest rate bidding	14天 14-day	350	350	—	3.80
2014.03.04	周二 Tuesday	正回购 Reverse repurchase	利率招标 Interest rate bidding	28天 28-day	500	500	—	4.00
2014.03.06	周四 Thursday	正回购 Reverse repurchase	利率招标 Interest rate bidding	14天 14-day	430	430	—	3.80
2014.03.06	周四 Thursday	正回购 Reverse repurchase	利率招标 Interest rate bidding	28天 28-day	500	500	—	4.00
2014.03.11	周二 Tuesday	正回购 Reverse repurchase	利率招标 Interest rate bidding	28天 28-day	1 000	1 000	—	4.00
2014.03.13	周四 Thursday	正回购 Reverse repurchase	利率招标 Interest rate bidding	28天 28-day	1 000	1 000	—	4.00
2014.03.18	周二 Tuesday	正回购 Reverse repurchase	利率招标 Interest rate bidding	28天 28-day	1 000	1 000	—	4.00
2014.03.20	周四 Thursday	正回购 Reverse repurchase	利率招标 Interest rate bidding	28天 28-day	260	260	—	4.00

中央银行公开市场业务交易
Central bank open market operations

续表

日期 Date		操作工具 Mode of transaction	招标方式 Mode of bidding	期限品种(天) Maturity (Day)	招标数量(亿元) Bidding amount (RMB 100 million yuan)	操作量／买入面额(亿元) Transaction volume/ Purchasing face value (RMB 100 million yuan)	发行价格(元)／买入金额(亿元) Issue price (RMB yuan)/ purchasing amount (RMB 100 million yuan)	中标利率／参考收益率(%) Interest rate of successful bidding/ reference yield (%)
2014.03.25	周二 Tuesday	正回购 Reverse repurchase	利率招标 Interest rate bidding	28天 28-day	460	460	—	4.00
2014.03.27	周四 Thursday	正回购 Reverse repurchase	利率招标 Interest rate bidding	14天 14-day	320	320	—	3.80
2014.03.27	周四 Thursday	正回购 Reverse repurchase	利率招标 Interest rate bidding	28天 28-day	200	200	—	4.00
2014.04.01	周二 Tuesday	正回购 Reverse repurchase	利率招标 Interest rate bidding	14天 14-day	500	500	—	3.80
2014.04.01	周二 Tuesday	正回购 Reverse repurchase	利率招标 Interest rate bidding	28天 28-day	220	220	—	4.00
2014.04.03	周四 Thursday	正回购 Reverse repurchase	利率招标 Interest rate bidding	14天 14-day	500	500	—	3.80
2014.04.03	周四 Thursday	正回购 Reverse repurchase	利率招标 Interest rate bidding	28天 28-day	400	400	—	4.00
2014.04.08	周二 Tuesday	正回购 Reverse repurchase	利率招标 Interest rate bidding	14天 14-day	470	470	—	3.80
2014.04.08	周二 Tuesday	正回购 Reverse repurchase	利率招标 Interest rate bidding	28天 28-day	160	160	—	4.00
2014.04.10	周四 Thursday	正回购 Reverse repurchase	利率招标 Interest rate bidding	14天 14-day	700	700	—	3.80
2014.04.10	周四 Thursday	正回购 Reverse repurchase	利率招标 Interest rate bidding	28天 28-day	440	440	—	4.00
2014.04.15	周二 Tuesday	正回购 Reverse repurchase	利率招标 Interest rate bidding	14天 14-day	790	790	—	3.80
2014.04.15	周二 Tuesday	正回购 Reverse repurchase	利率招标 Interest rate bidding	28天 28-day	930	930	—	4.00
2014.04.17	周四 Thursday	正回购 Reverse repurchase	利率招标 Interest rate bidding	28天 28-day	950	950	—	4.00
2014.04.22	周二 Tuesday	正回购 Reverse repurchase	利率招标 Interest rate bidding	28天 28-day	1 000	1 000	—	4.00
2014.04.24	周四 Thursday	正回购 Reverse repurchase	利率招标 Interest rate bidding	28天 28-day	850	850	—	4.00
2014.04.29	周二 Tuesday	正回购 Reverse repurchase	利率招标 Interest rate bidding	28天 28-day	500	500	—	4.00
2014.05.06	周二 Tuesday	正回购 Reverse repurchase	利率招标 Interest rate bidding	28天 28-day	600	600	—	4.00

中央银行公开市场业务交易
Central bank open market operations

续表

日期 Date		操作工具 Mode of transaction	招标方式 Mode of bidding	期限品种(天) Maturity (Day)	招标数量(亿元) Bidding amount (RMB 100 million yuan)	操作量/买入面额(亿元) Transaction volume/ Purchasing face value (RMB 100 million yuan)	发行价格(元)/买入金额(亿元) Issue price (RMB yuan)/ purchasing amount (RMB 100 million yuan)	中标利率/参考收益率(%) Interest rate of successful bidding/ reference yield (%)
2014.05.08	周四 Thursday	正回购 Reverse repurchase	利率招标 Interest rate bidding	28天 28-day	600	600	—	4.00
2014.05.13	周二 Tuesday	正回购 Reverse repurchase	利率招标 Interest rate bidding	28天 28-day	970	970	—	4.00
2014.05.15	周四 Thursday	正回购 Reverse repurchase	利率招标 Interest rate bidding	28天 28-day	870	870	—	4.00
2014.05.20	周二 Tuesday	正回购 Reverse repurchase	利率招标 Interest rate bidding	28天 28-day	350	350	—	4.00
2014.05.22	周四 Thursday	正回购 Reverse repurchase	利率招标 Interest rate bidding	28天 28-day	300	300	—	4.00
2014.05.27	周二 Tuesday	正回购 Reverse repurchase	利率招标 Interest rate bidding	28天 28-day	200	200	—	4.00
2014.05.29	周四 Thursday	正回购 Reverse repurchase	利率招标 Interest rate bidding	28天 28-day	100	100	—	4.00
2014.06.03	周二 Tuesday	正回购 Reverse repurchase	利率招标 Interest rate bidding	28天 28-day	300	300	—	4.00
2014.06.05	周四 Thursday	正回购 Reverse repurchase	利率招标 Interest rate bidding	28天 28-day	400	400	—	4.00
2014.06.10	周二 Tuesday	正回购 Reverse repurchase	利率招标 Interest rate bidding	28天 28-day	400	400	—	4.00
2014.06.12	周四 Thursday	正回购 Reverse repurchase	利率招标 Interest rate bidding	28天 28-day	400	400	—	4.00
2014.06.17	周二 Tuesday	正回购 Reverse repurchase	利率招标 Interest rate bidding	28天 28-day	300	300	—	4.00
2014.06.19	周四 Thursday	正回购 Reverse repurchase	利率招标 Interest rate bidding	28天 28-day	200	200	—	4.00
2014.06.24	周二 Tuesday	正回购 Reverse repurchase	利率招标 Interest rate bidding	28天 28-day	180	180	—	4.00

附录四 世界主要经济体经济和金融指标

Appendix 4 Economic and Financial Indicators of Major Economies

一、经济增长率

1. Economic Growth Rate

世界经济增长率

World economic growth rate

单位：% Unit: %

		2011	2012	2013	2014年4月预计 Projection in April, 2014		2014年7月预计 Projection in July, 2014	
					2014	2015	2014	2015
国际货币基金组织 IMF	按购买力平价方法计算的实际GDP增长率 Real GDP growth rate based on PPP	3.9	3.2	3.1	3.6	3.9	3.4	4.0
	按市场汇率法计算的实际GDP增长率 Real GDP growth rate based on market exchange rate	2.9	2.4	2.5	3.1	3.3	2.7	3.3
世界银行 World Bank	按2005年不变价及市场汇率法计算的实际GDP增长率 Real GDP growth rate based on 2005 constant price and market exchange rate	2.8	2.5	2.4	—	—	2.8	3.4

数据来源：国际货币基金组织《世界经济展望更新》（2014年7月），世界银行《全球经济展望》（2014年6月）。

Source: *World Economic Outlook*, IMF, July, 2014; *Global Economic Prospects Forecast*, The World Bank, June, 2014.

世界经济增长率

World economic growth rate

单位：% Unit: %

年 Year	国际货币基金组织按购买力平价方法计算的实际GDP增长率 Real GDP growth rate based on PPP (IMF)	国际货币基金组织按市场汇率法计算的实际GDP增长率 Real GDP growth rate based on market exchange rate (IMF)
1985	3.6	3.6
1986	3.5	3.3
1987	3.7	3.5
1988	4.5	4.5
1989	3.7	3.7
1990	2.9	2.8
1991	1.5	1.0
1992	2.0	1.2
1993	2.0	1.2
1994	3.4	3.0
1995	3.3	2.9
1996	3.7	3.2
1997	4.0	3.5
1998	2.5	2.1
1999	3.5	3.1
2000	4.7	4.1
2001	2.2	1.5
2002	2.8	1.9
2003	3.6	2.6
2004	4.9	4.0
2005	4.4	3.4
2006	5.1	3.9
2007	5.2	3.7
2008	3.0	1.8
2009	-0.7	-2.3
2010	5.1	4.1
2011	3.9	2.9
2012	3.5	2.6
2013	3.2	2.4
2014*	3.4	2.7
2015*	4.0	3.3

注：* 为预测数。

Note: * Projection.

世界经济增长

World economic growth

国际货币基金组织按购买力平价方法计算的实际GDP增长率
Real GDP growth rate based on PPP (IMF)

国际货币基金组织按市场汇率法计算的实际GDP增长率
Real GDP growth rate based on market exchange rate (IMF)

注：* 为预测数。

Note: * Projection.

GDP年度增长率
Annual growth rate of GDP

单位：% Unit: %

年 Year	美国 U.S.	日本 Japan	欧元区 Euro Area	英国 U.K.
2002	1.6	0.3	0.9	2.1
2003	2.5	1.4	0.8	2.8
2004	3.6	2.7	2.1	3.3
2005	2.9	1.9	1.6	1.8
2006	2.8	2.4	2.8	2.8
2007	2.1	2.3	2.7	2.6
2008	0.0	-1.2	0.5	-0.1
2009	-3.5	-6.3	-4.3	-4.9
2010	2.4	4.5	2.0	1.8
2011	1.8	-0.6	1.5	1.1
2012	2.8	1.4	-0.7	0.3
2013	1.9	1.5	-0.4	1.7
2014*	1.7	1.6	1.1	3.2
2015*	3.0	1.1	1.5	2.7

注：*为预测数。
Note: *Projection.

GDP季度同比增长率
Year-on-year growth rate of GDP

单位：% Unit: %

年/季 Year/Quarter	美国 U.S.	日本 Japan	欧元区 Euro Area	英国 U.K.
2010Q3	2.7	6.0	2.0	2.4
2010Q4	2.5	3.3	1.9	1.8
2011Q1	-1.5	0.0	2.4	1.7
2011Q2	2.9	-1.5	1.7	0.8
2011Q3	0.8	-0.5	1.3	1.0
2011Q4	4.6	0.1	0.7	1.1
2012Q1	2.3	3.2	0.0	0.6
2012Q2	1.6	3.3	-0.4	0.1
2012Q3	2.5	-0.2	-0.6	0.3
2012Q4	0.1	-0.3	-0.9	0.2
2013Q1	2.7	0.1	-1.0	0.7
2013Q2	1.8	1.2	-0.6	1.8
2013Q3	4.5	2.3	-0.3	1.8
2013Q4	3.5	2.5	0.5	2.7
2014Q1	-2.1	3.0	0.9	3.0
2014Q2	4.2	-0.1	0.7	3.0

GDP年度增长率
Annual growth rate of GDP

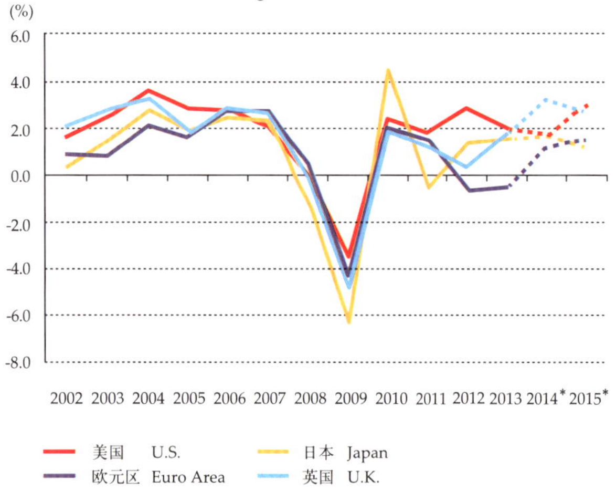

注：*为预测数。
Note: * Projection.
数据来源：国际货币基金组织《世界经济展望》(2014年4月)。
Source: *World Economic Outlook*, IMF, April, 2014.

GDP季度同比增长率
Year-on-year growth rate of GDP

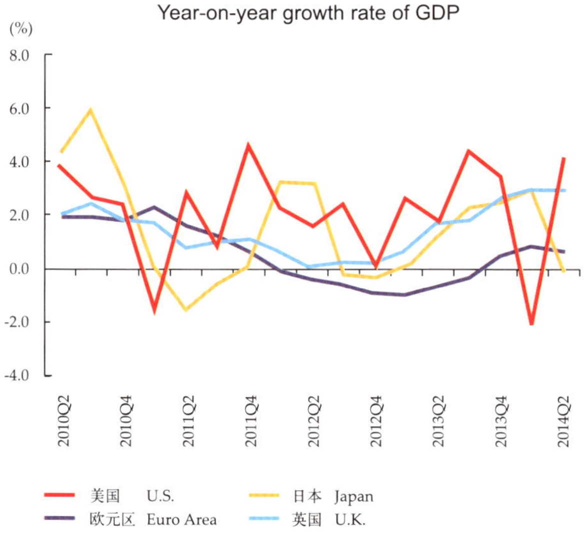

注：美国GDP增长率为环比折年率季节调整后的数据，折年率方法为 $[(GDP_1/GDP_0)^4-1]\times100$。
Note: The U.S. GDP growth rate is an annualized rate after a seasonal adjustment. It can be written as $[(GDP_1/GDP_0)^4-1]\times100$.
数据来源：各经济体官方统计网站。
Source: Official Statistical Websites of the Economies.

二、消费价格指数
2. CPI

消费价格当月同比指数
Monthly CPI (YOY)

单位：% Unit: %

年/月 Year/Month	美国 U.S.	日本 Japan	欧元区 Euro Area	英国 U.K.
2013.04	1.1	-0.7	1.2	2.4
2013.05	1.4	-0.3	1.4	2.7
2013.06	1.8	0.2	1.6	2.9
2013.07	2.0	0.7	1.6	2.8
2013.08	1.5	0.9	1.3	2.7
2013.09	1.1	1.1	1.1	2.7
2013.10	0.9	1.1	0.7	2.2
2013.11	1.2	1.5	0.9	2.1
2013.12	1.5	1.6	0.8	2.0
2014.01	1.6	1.4	0.8	1.9
2014.02	1.1	1.5	0.7	1.7
2014.03	1.5	1.6	0.5	1.6
2014.04	2.0	3.4	0.7	1.8
2014.05	2.1	3.7	0.5	1.5
2014.06	2.1	3.6	0.5	1.9

数据来源：各经济体官方统计网站。
Source: Official Statistical Websites of the Economies.

三、失业率
3. Unemployment Rate

失业率（季节调整后）
Unemployment rate
(after seasonal adjustment)

单位：% Unit: %

年/月 Year/Month	美国 U.S.	日本 Japan	欧元区 Euro Area	英国 U.K.
2013.04	7.5	4.1	12.0	7.8
2013.05	7.5	4.1	12.0	7.8
2013.06	7.5	3.9	12.0	7.8
2013.07	7.3	3.9	12.0	7.6
2013.08	7.2	4.1	12.0	7.6
2013.09	7.2	4.0	12.0	7.6
2013.10	7.2	4.0	11.9	7.2
2013.11	7.0	3.9	11.9	7.2
2013.12	6.7	3.7	11.8	7.2
2014.01	6.6	3.7	11.8	6.8
2014.02	6.7	3.6	11.7	6.8
2014.03	6.7	3.6	11.7	6.8
2014.04	6.3	3.6	11.6	6.4
2014.05	6.3	3.5	11.6	6.4
2014.06	6.1	3.7	11.5	6.4

数据来源：各经济体官方统计网站。
Source: Official Statistical Websites of the Economies.

消费价格当月同比指数
Monthly CPI (YOY)

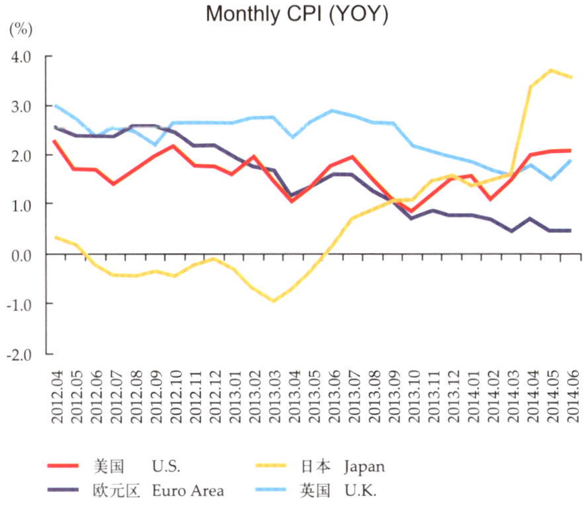

数据来源：各经济体官方统计网站。
Source: Official Statistical Websites of the Economies.

失业率（季节调整后）
Unemployment rate
(after seasonal adjustment)

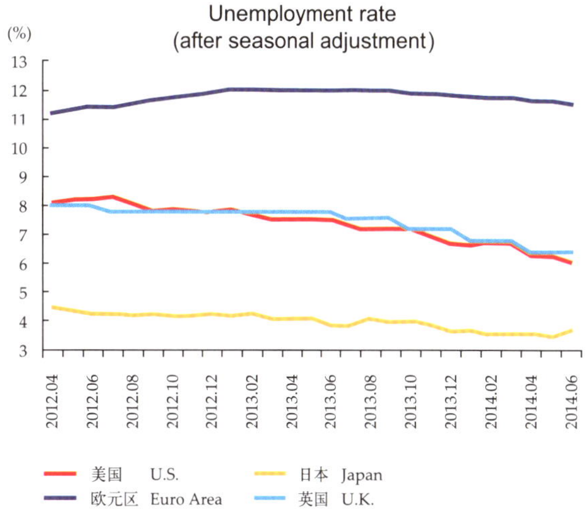

数据来源：各经济体官方统计网站。
Source: Official Statistical Websites of the Economies.

四、国际收支①
4. BOP [1]

经常项目差额
Current account balance

单位：10亿美元
Unit: USD billion

年/季 Year/Quarter	美国 U.S.	日本 Japan	欧元区 Euro Area	英国 U.K.
2009Q1	-78.00	27.88	-34.53	-7.08
2009Q2	-90.05	34.42	-17.70	-16.78
2009Q3	-110.96	45.10	14.43	-9.73
2009Q4	-102.62	39.62	25.26	-3.46
2010Q1	-91.10	57.54	-17.28	-16.98
2010Q2	-118.56	41.52	-5.46	-15.28
2010Q3	-135.10	58.51	9.62	-22.99
2010Q4	-104.72	46.36	25.35	-19.98
2011Q1	-95.36	48.45	-23.33	-7.70
2011Q2	-124.15	18.81	-13.06	-1.50
2011Q3	-123.58	39.84	8.79	-18.05
2011Q4	-114.64	11.96	43.57	-5.51
2012Q1	-100.43	25.92	-2.97	-18.18
2012Q2	-118.34	14.19	35.76	-27.63
2012Q3	-122.48	20.62	56.91	-26.70
2012Q4	-99.18	0.13	81.68	-21.76
2013Q1	-82.06	17.15	38.03	-24.32
2013Q2	-102.14	17.51	79.02	-10.84
2013Q3	-111.34	13.66	68.84	-41.55
2013Q4	-83.74	-14.26	119.52	-37.50

资本项目差额
Capital account balance

单位：10亿美元
Unit: USD billion

年/季 Year/Quarter	美国 U.S.	日本 Japan	欧元区 Euro Area	英国 U.K.
2009Q1	-0.02	-1.04	3.26	1.05
2009Q2	-0.03	-0.76	3.40	1.43
2009Q3	-0.04	-1.98	2.21	1.25
2009Q4	-0.06	-1.21	2.27	1.41
2010Q1	0.00	-1.34	3.19	1.74
2010Q2	0.00	-0.75	1.56	1.28
2010Q3	-0.15	-1.91	1.69	1.12
2010Q4	-0.01	-0.96	0.85	1.60
2011Q1	-0.03	-2.04	2.77	0.91
2011Q2	-0.83	-0.06	1.31	1.49
2011Q3	-0.30	-0.10	2.70	1.62
2011Q4	-0.06	2.69	7.26	1.16
2012Q1	0.00	0.76	-8.87	1.66
2012Q2	-0.24	0.28	1.46	1.64
2012Q3	-0.47	-1.51	4.17	1.71
2012Q4	7.67	-0.54	10.51	1.65
2013Q1	-0.04	-2.49	2.62	1.58
2013Q2	-0.23	-3.52	7.09	2.47
2013Q3	-0.15	-1.12	5.79	1.91
2013Q4	0.00	-0.54	12.40	2.50

经常项目差额
Current account balance

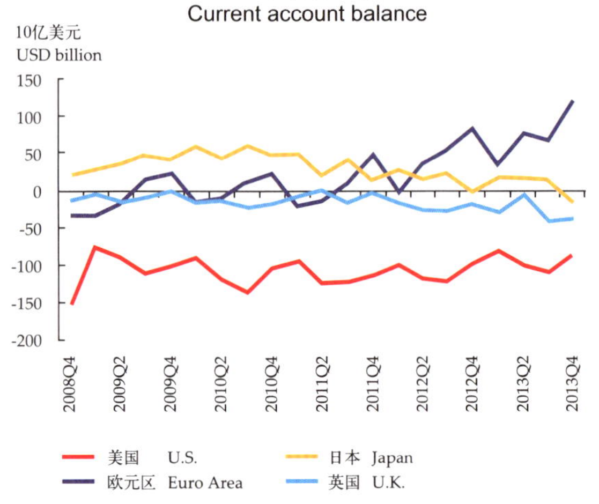

数据来源：国际货币基金组织《国际金融统计》(2014年9月)。
Source: *International Finance Statistics*, IMF, September, 2014.

资本项目差额
Capital account balance

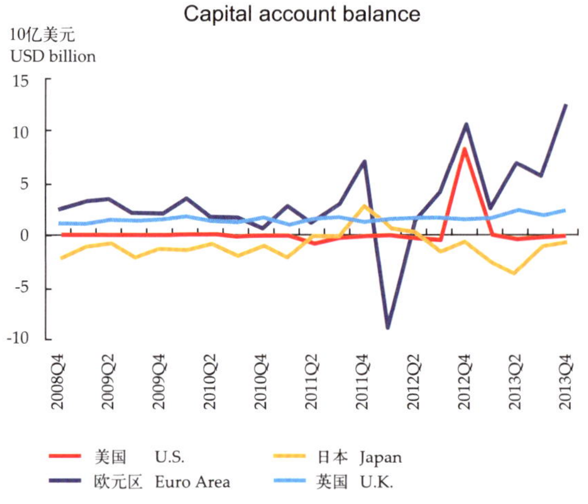

数据来源：国际货币基金组织《国际金融统计》(2014年9月)。
Source: *International Finance Statistics*, IMF, September, 2014.

①国际货币基金组织《国际金融统计》自2012年8月起，将国际收支统计规则由BPM5调整至BPM6。数据从2005年起调整。根据BMP6，金融账户由“贷方和借方”改为“金融资产净获得和负债净产生”，金融账户的总差额为净贷款/净借款。净贷款表示，考虑了金融资产的取得和处置以及负债的发生和偿还后，一个经济体向世界其他地方提供资金。

1. The IMF's *International Financial Statistics* (IFS) is publishing balance of payments data on BPM6 presentational basis instead of BPM5 since the August 2012.The data series stars in 2005. In BPM6, the headings of the financial account have been changed from "credit and debits" to "net acquisition of financial assets" and "net incurrence of liabilities". The overall balance on the financial account is called net lending/net borrowing. Net lending means the economy supplies funds to the rest of the world, taking into account acquisition and disposal of financial assets and incurrence and repayment of liabilities.

金融项目差额
Financial account balance

单位：10亿美元
Unit: USD billion

年/季 Year/Quarter	美国 U.S.	日本 Japan	欧元区 Euro Area	英国 U.K.
2009Q1	-7.27	63.40	-42.03	6.83
2009Q2	-15.84	22.78	-17.95	-30.80
2009Q3	-81.20	30.91	-40.37	-44.43
2009Q4	-178.88	30.86	26.59	-2.72
2010Q1	-72.59	76.09	-19.77	-13.78
2010Q2	-24.26	32.40	-2.15	-3.70
2010Q3	-230.58	57.98	13.28	-21.76
2010Q4	-112.44	29.13	20.86	-34.42
2011Q1	-203.55	57.32	9.10	0.29
2011Q2	-139.16	6.74	8.94	-13.95
2011Q3	-167.97	4.65	27.75	-0.78
2011Q4	-56.91	-87.51	57.45	-5.71
2012Q1	-257.96	39.81	-14.33	-5.94
2012Q2	-13.01	37.92	29.19	-44.94
2012Q3	-23.72	28.90	62.35	-26.40
2012Q4	-149.13	-4.44	136.43	-36.98
2013Q1	-33.55	-4.35	38.10	-16.21
2013Q2	-58.01	-26.88	94.10	-0.76
2013Q3	-65.38	6.41	72.84	-56.31
2013Q4	-191.20	-30.51	140.11	-47.87

金融项目差额
Financial account balance

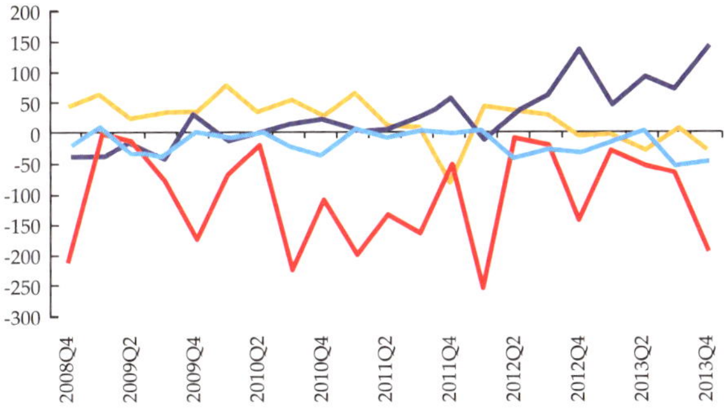

数据来源：国际货币基金组织《国际金融统计》(2014年9月)。
Source: *International Finance Statistics*, IMF, September, 2014.

五、利率
5. Interest Rates

1. 中央银行目标利率
(1) Central bank base rates

中央银行目标利率
Central bank base rates

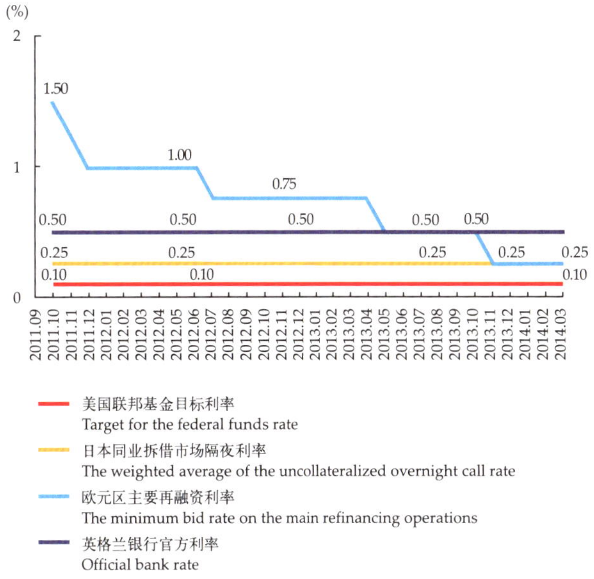

数据来源：各经济体中央银行网站。
Source: Central Bank Websites of the Economies.

2.短期利率

(2) Short-term interest rates

3个月期银行间市场拆借利率（年率，月平均）
3-month inter-bank rate (annualized, monthly average)

单位：% Unit: %

年/月 Year/Month	美元 USD	日元 JPY	欧元 EUR	英镑 GBP
2013.04	0.28	0.16	0.21	0.49
2013.05	0.27	0.16	0.20	0.49
2013.06	0.27	0.15	0.21	0.49
2013.07	0.27	0.16	0.22	0.48
2013.08	0.26	0.15	0.23	0.49
2013.09	0.25	0.15	0.22	0.49
2013.10	0.24	0.15	0.23	0.50
2013.11	0.24	0.15	0.22	0.50
2013.12	0.24	0.15	0.27	0.53
2014.01	0.24	0.14	0.29	0.53
2014.02	0.24	0.14	0.29	0.53
2014.03	0.23	0.14	0.31	0.53
2014.04	2.71	0.63	2.61	2.81
2014.05	2.56	0.60	2.55	2.76
2014.06	2.60	0.61	2.28	2.84

3.长期利率

(3) Long-term interest rates

10年期国债收益率（年率，月平均）
10-year government bond yield (annualized, monthly average)

单位：% Unit: %

年/月 Year/Month	美元 USD	日元 JPY	欧元 EUR	英镑 GBP
2013.04	1.76	0.55	2.86	1.83
2013.05	1.93	0.60	2.69	2.01
2013.06	2.30	0.86	3.07	2.38
2013.07	2.58	0.88	3.10	2.55
2013.08	2.74	0.80	3.10	2.80
2013.09	2.81	0.77	3.41	2.94
2013.10	2.62	0.68	3.16	2.76
2013.11	2.72	0.61	3.17	2.85
2013.12	2.90	0.65	3.31	3.05
2014.01	2.86	0.72	3.21	2.99
2014.02	2.71	0.60	3.09	2.88
2014.03	2.72	0.60	2.89	2.86
2014.04	0.23	0.14	0.33	0.53
2014.05	0.23	0.14	0.32	0.55
2014.06	0.23	0.13	0.24	0.55

3个月期银行间市场拆借利率（年率，月平均）
3-month inter-bank rate (annualized, monthly average)

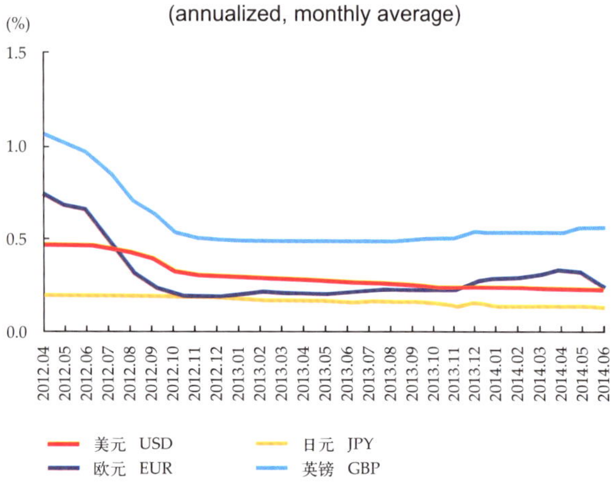

数据来源：《欧洲中央银行统计月报》及CEIC。
Source: *Monthly Bulletin of ECB*, CEIC.

10年期国债收益率（年率，月平均）
10-year government bond yield (annualized, monthly average)

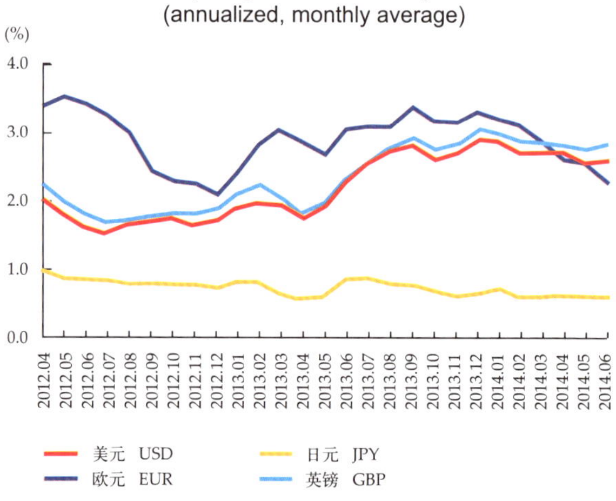

数据来源：CEIC。
Source: CEIC.

六、汇率
6. Exchange Rates

汇率（月平均）
Exchange rates (monthly average)

年/月 Year/Month	美元/欧元 USD/EUR	美元/英镑 USD/GBP	日元/美元 JPY/USD
2013.04	1.3026	1.5296	97.70
2013.05	1.2982	1.5307	101.08
2013.06	1.3189	1.5503	97.33
2013.07	1.3080	1.5191	99.75
2013.08	1.3310	1.5493	97.87
2013.09	1.3348	1.5870	99.28
2013.10	1.3635	1.6100	97.82
2013.11	1.3494	1.6079	99.79
2013.12	1.3704	1.6375	103.41
2014.01	1.3610	1.6474	103.94
2014.02	1.3658	1.6541	102.16
2014.03	1.3822	1.6624	102.27
2014.04	1.3813	1.6738	102.56
2014.05	1.3607	1.6850	101.79
2014.06	1.3592	1.6904	102.05

实际有效汇率（月平均，2010年=100）
Real effective exchange rates
(monthly average, year 2010=100)

年/月 Year/Month	美元 USD	欧元 EUR	日元 JPY	英镑 GBP
2013.04	98.8	96.3	80.1	104.3
2013.05	99.3	96.5	77.5	104.9
2013.06	99.7	98.2	80.7	105.1
2013.07	100.4	98.2	79.1	104.0
2013.08	99.8	99.2	80.3	105.0
2013.09	99.5	99.0	78.9	107.5
2013.10	98.3	99.6	79.4	107.4
2013.11	99.1	99.3	78.3	108.3
2013.12	99.4	100.8	75.6	109.5
2014.01	100.4	100.8	75.3	111.2
2014.02	100.3	100.8	76.5	111.4
2014.03	99.8	101.3	76.0	111.0
2014.04	99.3	100.5	76.9	111.6
2014.05	99.2	98.3	77.6	113.2
2014.06	99.2	98.1	77.5	113.7

汇率(月平均)
Exchange rates (monthly average)

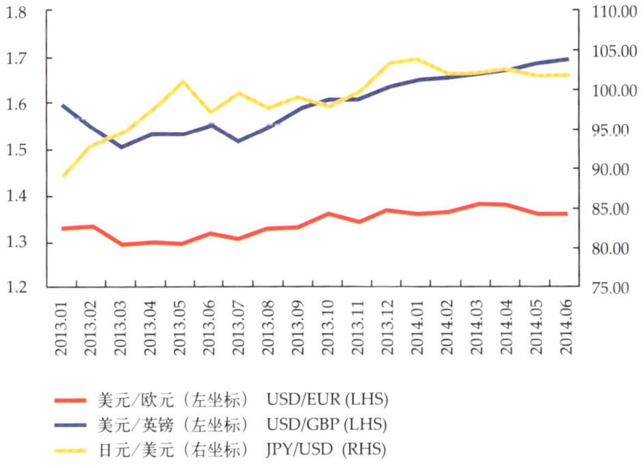

数据来源：国际货币基金组织《国际金融统计》(2014年9月)。
Source: *International Finance Statistics*, IMF, September, 2014.

实际有效汇率（月平均，2010年=100）
Real effective exchange rates
(monthly average, year 2010=100)

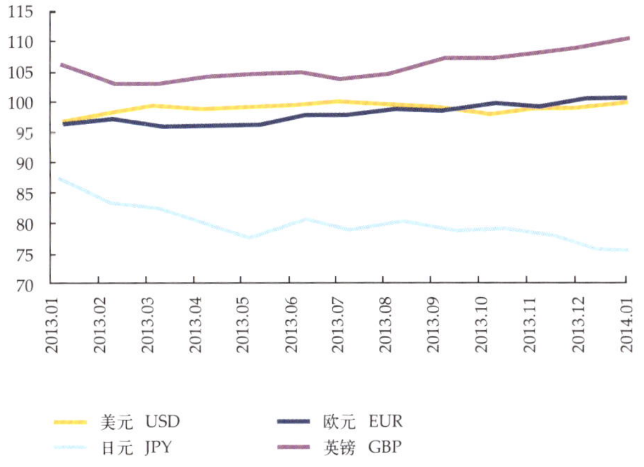

数据来源：国际货币基金组织《国际金融统计》(2014年9月)。
Source: *International Finance Statistics*, IMF, September, 2014.

七、股票市场指数
7. Stock Market Indices

主要股票市场指数（期末）
Major stock market indices (end-period)

年/月 Year/Month	美国道琼斯30种股票平均价格指数 Dow Jones 30	纳斯达克综合指数 NASDAQ	日本日经225种股票平均价格指数 Nikkei 225	道琼斯欧元区STOXX50股票指数 Dow Jones EURO STOXX 50
2013.04	14 840	3 329	13 861	2 712
2013.05	15 116	3 456	13 775	2 770
2013.06	14 910	3 403	13 677	2 603
2013.07	15 500	3 626	13 668	2 768
2013.08	14 810	3 590	13 389	2 721
2013.09	15 130	3 771	14 456	2 893
2013.10	15 546	3 920	14 328	3 041
2013.11	16 086	4 060	15 662	3 087
2013.12	16 577	4 177	16 291	3 109
2014.01	15 699	4 104	14 915	3 014
2014.02	16 322	4 308	14 841	3 149
2014.03	16 458	4 199	14 828	3 162
2014.04	16 581	4 115	14 304	3 198
2014.05	16 717	4 243	14 632	3 245
2014.06	16 827	4 408	15 162	3 228

主要股票市场指数（期末）
Major stock market indices (end-period)

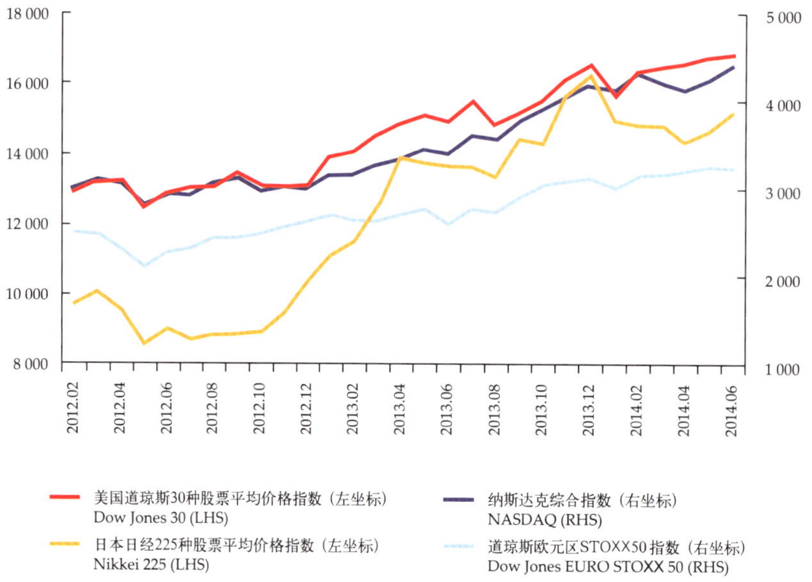